Teaching of Language Arts for Children

유아언어지도

김숙이 · 김연진 · 유준호 · 전정민 · 오승아 · 성숙향

태영출판사

머리말

"매일의 생활사와 관련해서 게르트루트는 …… 읽기, 쓰기, 셈하기의 기초교수 이외에 아이들에게 실 뽑고 가정을 돌보고 항상 질서 있고 청결한 생활을 하도록 가르친다." "아이가 모든 사물의 성질에 관하여 특히 어떠한 사물이나 그 수, 형태, 언어에 대하여 명백히 발표할 수 있도록 모든 기술의 조화에 기초를 두는 것이다. …… 유아는 비로소 어떠한 사물이나 그 본성 전체의 포괄적인 지식에까지 인도되고, 또 그것을 정의하는, 즉 사물의 본성 전체를 정확하게 언어로써 표현할 수 있도록 하는 것이다(페스탈로치의 유아교육론, 1944)."

코메니우스에 의하면 인간이 배워야 될 것은 조각 지식이 아니라 전체적이어야 하며 표면적이 아니라 확실하고 사실적이어야 하며, 강요하는 것이 아니라 유쾌하고 지속적이어야 한다고도 했다. 또한 '인간은 마땅히 알아야 할 것을 알아야 하며, 마땅히 행해야 할 것을 행해야 하며, 언어의 도움으로 설명할 수 있도록 바르게 길러져야 한다'고 했기 때문에 언어와 사고는 불가분의 관계에 있으며 언어를 통해서 유아의 생각을 표출할 수 있도록 적절한 지도방법을 안내하고 포괄적인 도구로 삶의 현장에 활용해 나간다는 것은 아무리 강조해도 지나치지 않을 것이다. 또한 유아들은 모든 인간 본성의 능력을 부여받은 존재지만 아직

피지 않은 봉우리이고 그 봉우리가 열리면 모든 잎이 피는 것 처럼 언어교육의 과정도 적절한 지도방법을 통해서 완전한 의사소통 및 언어의 활용도를 높여 나갈 수 있도록 최적의 시기에 최적의 교육환경 및 언어교육 방법을 제공할 필요가 있다고 본다.

사실 인간의 언어는 의사소통을 위한 하나의 도구로서 필요 불가결한 요소로 작용되며 도구로서의 기능뿐만 아니라 개인적, 발견적, 상호작용적, 표상적, 상상적, 그리고 조정적인 기능을 수반하고 있는 것이다. 언어를 표현하기 위한 능력의 발달은 출생 전부터 시작되며 태내의 환경은 언어발달에 중요한 역할을 한다. 즉, 어머니의 정서적인 상태, 심신의 건강, 그리고 식습관은 출생 전의 태아의 건강과 발달에 영향을 미치게 되는데 이러한 요인들은 유아의 언어학습 수용력에 복합적인 요인으로 작용되고 있다고 본다. 그러므로 영유아기부터 청년기 및 성인기에 이르기까지 유창한 언어력을 구사하고 자신의 생각을 논리적으로 표출할 수 있다는 것은 영아기 및 유아기의 언어학습에 기인하여 나타나게 되는 심층적인 언어교육과 관련이 있다는 것으로 말할 수 있다. 유아 언어학습은 결국 유아들에게 상상력, 언어 표현력, 논리적인 사고, 반복적인 이야기 구성능력 등 언어 표현력 발달에도 의의가 있을 것으로 여겨지며 특히 유아들의 언어를 통한 이야기꾸미기 활동은 그림과 이야기 안에서 줄거리를 구성하며 그 내용을 음성으로 타인에게 전달함으로써 유아들의 지적발달은 물론 구어발달, 문어발달, 그리고 듣기, 말하기, 읽기, 쓰기에 대한 관심을 증가시키며 기초적인 언어를 습득하는데 많은 도움이 되고 있는 것으로 파악되고 있다. 뿐만 아니라 언어활동과 더불어 이야기의 전개 활동은 유아들의 문해발달을 도우며 귀납적이고 연역적인 추론능력을 발달시키고 이야기에 대한 순서개념, 인과관계 추론, 창의적인 사고들의 하위 개념인 사고의 융통성, 언어 독창성, 언어 표현력, 언어 유창성 등 점차 새로운 표현력과 구성력을 가지게 된다.

따라서 효율적인 언어학습은 문장의 구조성을 익히게 되므로 특정범위의 내용을 인지하게 되며 이야기의 구성에 있어서 사건진행의 흐름과 인과관계를 파악할 수 있는 최적의 기회가 될 수도 있다. 뿐만 아니라 언어학습의 효율성은 동화와 조절에 의한 인지적인 감각이 수반되며 이로 인해 도식적인 개념형성과 표상능력 그리고 인과관련성이 수반되어 결국에는 창의적인 아이디어와 언어적인 유창성 요인을 수반한 상황으로 발전될 것이라고 생각한다.

그러므로 본 유아 언어지도는 저자들의 강의 경력과 언어지도에 대한 심층적인 연구를 병합하여 유아교육기관의 교사나 예비 유아교육인인 유아교육과의 학생들이 유아 언어지도의 이론과 실제를 이해하고 현장에서 활용할 수 있도록 최대한 집필하고자 하였다. 따라서 본 서는 언어발달의 이론적 기초, 언어발달에 관한 이론, 언어교육 지도방법, 유아 언어교육 프로그램, 영유아의 문해지도, 총체적인 언어교육, 문학적 접근에 기초한 언어교육, 유아 언어교육 프로그램의 설계, 유아 언어지도의 발달 기록, 그리고 언어 장애아의 지도 등으로 실제편과 함께 구성되었다.

이 책에서는 언어의 제반 이론과 실제편을 쉽게 이해할 수 있도록 하였으며 특히 듣기, 말하기, 읽기, 쓰기에서는 실제편과 함께 통합적인 언어교육을 지도하도록 강조하였다. 또한 누리과정의 의사소통영역도 도입하여 전개하였으며 생동적인 느낌이 나는 문학적인 접근에 기초한 언어교육과 언어교육의 프로그램 설계도 실제 현장에서 활용될 수 있도록 꼼꼼히 설계하였다. 아무쪼록 본서를 통해 영유아의 언어발달을 이해하고 현장의 교사들이나 유아교육학과 학생들에게 많은 도움이 되기를 진심으로 기원한다.

본서가 나오기까지 저자들은 물론 출판에 힘써 준 태영출판사 관계자분들께 진심으로 감사를 드린다.

2015년 8월
저자를 대표하여
김숙이 씀

차 례

제 1 장

언어발달의 이론적 기초

1. 언어의 정의 및 특성
2. 언어의 기능
3. 언어교육의 중요성
4. 대뇌와 언어
5. 음성기관과 언어
6. 언어발달에 대한 학문적 견해
7. 구어발달 과정
8. 문어발달 과정
9. 언어발달에 영향을 미치는 요인

1. 언어의 정의 및 특성

1) 언어의 정의

인간이 동물과 구별되는 가장 큰 이유는 인간의 언어 사용에 있을 것이다. 특히 인간이 문자를 사용한다는 것은 아주 중요한 일이다. 동물 역시 굳이 언어를 사용한다고 주장한다면, 그들의 언어는 필요한 때만 사용되어지지만, 인간의 언어는 필요할 때 뿐만 아니라 다양한 사고를 표현한다는 점에서 구별되어질 수 있다. 이러한 인간의 언어를 한 마디로 정의하기는 어렵다. 그러나, 여러 학자들의 언어에 대한 견해를 살펴보면 다음과 같이 구분하여 볼 수 있다.

(1) 언어는 음성적 소리

Webster 사전에는 '언어란 인간의 입술, 혀 등 발성기관의 활동에 의해서 생성되는 청취 가능하게 발음된 의미 있는 소리이다.'라고 되어 있다(이연섭 · 강문희, 2000, 재인용).

(2) 언어는 의사소통의 수단

Broomfield는 '언어란 말이 통하는 지역사회에서 생각과 정보의 전달을 위한 상징체계이다.'라고 하였다.

(3) 언어는 생득적인 능력

Chomsky(1986)에 의하면 '언어란 인간이 가지고 태어난 생득적 언어능력이 주위의 언어환경을 통해 성숙된 것'이다(이연섭 · 강문희, 2000, 재인용).

위에서 살펴본 것과 같이 언어는 음성학적, 비음성학적 측면의 의사소통적 또는 생득적인 능력 등으로 다양하게 정의되어지고 있다. 그러나 언어를 음성언어의 형태로만 규정하는 견해에 대해 이연섭 · 강문희(2000)는 언어는 음성적 상징과 비음성적 상징 또는 의사소통의 측면 모두를 언어에 포함시켜야 한다고 주장하였다(이연섭 외, 2000).

2) 언어의 특성

이와 관련하여 언어의 특성을 살펴보면 다음과 같다.

첫째, 언어는 기호(code)이다. 즉, 언어는 어떤 것을 기호(code)를 통하여 나타내는 것으로 매우 상징적인 것이다. 언어를 통해 사상, 사고, 개념, 느낌을 부호로 나타낸다.

둘째, 언어는 사상, 사고, 개념, 느낌을 부호로 나타낸다. 예를 들어, 책상'이라는 단어는 물체 자체가 아니라 그 물체를 나타내기 위한 상징이 되는 것이다.

셋째, 언어는 체계이다. 언어는 소리, 단어, 문장 등 일련의 요소와 일정한 규칙을 따른다.

넷째, 언어는 인습(convention)이다. 즉, 언어는 그 사회의 규범, 관습 등의 인습에 의해 이루어지는 것이다. 일종의 사회와의 약속이다.

다섯째, 언어는 의사소통의 수단이다. 인간은 자신의 생각을 다른 사람에게 전달하고 다른 사람의 언어를 통하여 그 사람을 이해할 수 있다. 또한 인간은 생각이나 감정 전달, 타인과의 상호작용을 한다.

2. 언어의 기능

언어란 일상생활의 수단으로 쓰이는 인간의 말과 글을 대표하는 추상적인 개념으로 그 자체가 사회성을 지니고 있어 인간 생활에 없어서는 안될 조건이다.

동시에 인간의 생존과 문화 창달에 깊은 관련이 있으므로 언어의 기능 역시 다양하게 생각할 수 있다.

언어는 다른 사람의 행동의 변화를 요구, 통제할 수 있으며, 언어를 통하여 다른 사람과 상호작용함으로써 사회적 관계를 형성할 수 있도록 돕는다. 또한 언어를 사용함으로써 인지적 측면의 성장도 기대할 수 있다. 이러한 언어의 기능에 대하여 언어학자인 Halliday(1973)는 다음과 같이 언어의 기능을 7가지로 살펴보았다.

① 도구적 기능(instrumental function) : 인간의 욕구 충족의 수단으로 언어를 사용할 수 있다. 예 : 엄마, 과자주세요.

② 조정적 기능(regulatory function) : 다른 사람의 행동과 감정을 통제하기 위하여 언어를 사용할 수 있다. 예 : 휴지는 그곳에 버리면 안돼.

③ 상호작용적 기능(interactional function) : 다른 사람과의 사회적 관계를 형성하기 위하여 언어를 사용한다. 예 : 나랑 같이 인형놀이하고 놀자.

④ 개인적 기능(personal function) : 언어를 통하여 개개인의 개성 및 개인적 정체감을 나타낼 수 있다. 예 : 나는 보라색을 좋아해.

⑤ 발견적 기능(heuristic function) : 인간은 자신이 탐색한 것, 호기심을 해결한 것 등을 언어를 통하여 표현할 수 있다. 예 : 비는 어떻게 내리지?

⑥ 상상적 기능(imaginative function) : 상상적인 것, 심미적인 가치가 있는 여러 활동등을 언어로 표현할 수 있다. 예 : 우리 자는 척해 볼까?

⑦ 표상적 기능(representational function) : 자신의 추상적인 생각 및 새로운 정

보를 설명하고 표현하기 위하여 언어를 사용할 수 있다. 예 : 나비는 어떻게 생겼을까?

3. 언어교육의 중요성

언어교육의 중요성을 살펴보면 다음과 같다.

① 의사소통의 기능을 담당한다. 예 : 찡그림은 슬픔을 나타낸다.

② 인간은 언어를 통하여 대리경험을 할 수 있다. 예 : 책, TV에서 극중 인물의 역할을 통하여 대리적 경험을 한다.

③ 언어와 사고의 긴밀한 관련성을 찾아볼 수 있다. 인지발달에 중요한 역할을 한다.

④ 언어와 사고의 관계성에 대한 견해로 언어와 사고는 각기 다른 뿌리를 가지고 있으며 다른 실체이다.

⑤ 언어와 사고의 관계가 불가분이듯이 언어와 생각의 관계도 불가분의 관계이다.

4. 대뇌와 언어

인간의 정교하고 중요한 활동은 대뇌가 그 기능을 담당하고 있다. 20세기까지가 자본주의 시대였다면 21세기부터는 뇌본주의 시대라고 해도 과

언이 아닐만큼 '두뇌'에 대한 관심이 매우 크다. 우리나라도 1998년 뇌연구 촉진법이 통과되었으며, 일본에서도 두뇌를 연구하기 위해서 막대한 국가 재원을 투자한다고 한다(박병희, 2000).

최근 두뇌 연구에 대한 결과에 의하면(Beqley, 1997; Sylwester, 1995) 인간의 뇌는 출생시 완전하게 유전적으로 형성되어 태어나는 것이 아니다. 두뇌 역시 다른 발달처럼 유전과 환경의 부단한 상호활동에 의해서 발달되는 것이다(박병희, 2000 재인용). Newsweek 한국판 특별호에서도 '인간 두뇌작용의 배선망(配線網)을 결정하는 것은 선천적 요인보다는 후천적 경험이며, 유전보다는 출생 초기의 경험이 두뇌의 복잡한 신경 회로 형성에 결정적 영향을 미치는 것이다'라고 기술하고 있다.

대뇌는 그 표면이 수많은 주름으로 되어 있으며, 신생아는 태어날 때 약 1천억 개의 신경세포와 이들 신경세포의 결합으로 형성되는 50조 개 이상의 시냅스를 갖고 있다. (Newsweek, 2000).

유아는 오감을 통해 들어오는 정보를 통하여 시냅스를 이루는데, 그 속도는 성인보다 2배 이상 빠르며, 출생 후 첫 4년까지 급속하게 증가하여 유아기에 절정을 이루었다가 차츰 감소한다(박병희, 2000).

또한 유아가 행복하고 긍정적인 경험을 가질 때는 세라토닌 호르몬이 신경세포의 섬유질 소낭에 담기고, 이것은 신경세포끼리의 연결을 쉽게 한다. 그러나 반대로 억압적이고 부정적인 경험을 할 때는 코티솔 호르몬이 생성되며 이것은 신경세포의 연결을 축소시킨다. 그래서 시냅스 활동을 저해하여 정보흐름을 막아 두뇌의 발달이 방해받는다(박병희, 2000, 재인용).

대뇌반구의 좌·우의 역할에는 다음과 같은 차이가 있다고 보고 있다(고영희 역, 1997).

좌 뇌	우 뇌
확 신 적	직관적
분 석 적	일시적
직 선 적	종합적
명 쾌 함	정서적
연 속 적	시각적
언 어 적	비언어적
구 체 적	확산적
합 리 적	시각적
활 동 적	상징적
목표지향적	예술적
	육체적

위에서 보는 바와 같이 언어적인 역할은 좌반구에서 담당하고 있다.

현대 뇌수술의 시조인 Pierre Broca는 1861년 수술도중 언어중추가 뇌의 좌측에서 말을 알아듣는 작용을 하는 부위를 발견하고 Broca's area라고 명명하였다. 그 후 1874년에 Wernike 역시 뇌의 좌측에서 말을 알아듣는 작용을 하는 부위를 발견하고 그 부위를 Wernike's area라고 명명하였다. 이러한 뇌의 구조는 그림으로 나타내면 다음과 같다.

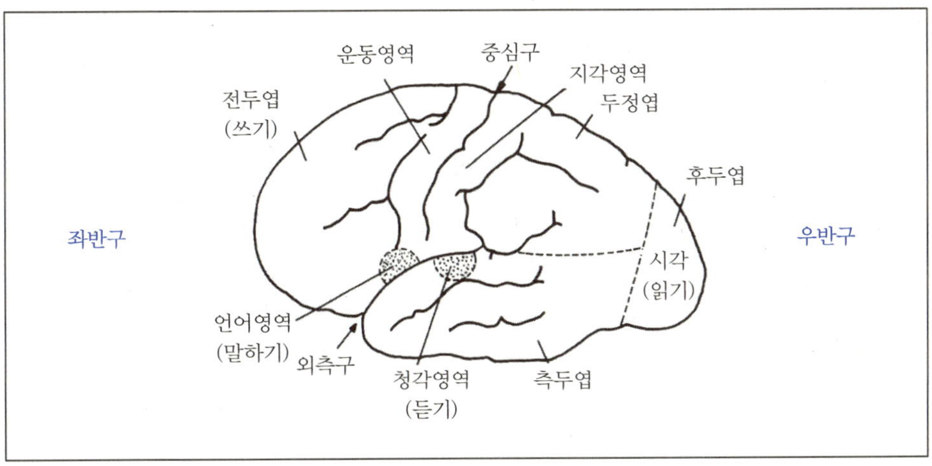

[그림 1-1] 대뇌의 기능적 영역

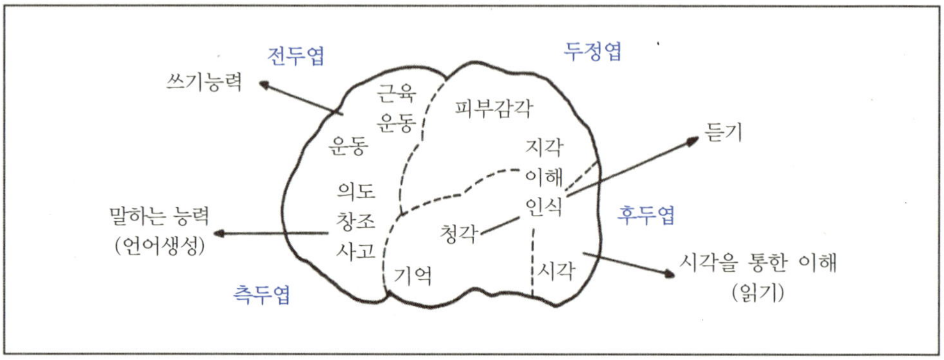

[그림 1-2] 대뇌 중 언어에 관련된 부분

앞의 그림에서 알 수 있는 것과 같이, 인간의 두뇌에는 언어발달에 영향을 미치는 부분이 있고, 주로 좌반구에서 그 역할을 담당하지만, 양뇌 사이에는 뇌량이라는 연결체가 있고, 좌우 양측이 모두 여러 가지 인지기능에 동원되므로 어려서 좌측 뇌에 손상을 입으면 우측 뇌가 언어기능을 대행할 수 있다. 또한 이러한 대뇌의 작용은 유아의 인지적 성숙과도 연관되어 있다.

5. 음성기관과 언어

말소리를 내는데 관여하는 인체의 모든 기관을 '음성기관'(organs of speech)이라 한다.

음성기관은 편의상 세 부분으로 나누어 살펴볼 수 있다.

1) 발동부

소리를 내기 위해서는 공기가 필요하며, 공기를 불어 보내기 위해서는 처음

공기를 움직이게 하는 데가 있어야 하는데, 이것을 '발동부'라고 한다. 발동부에는 세 곳이 있는데, 폐, 후두, 후부구강이 그것이다. 이 중 가장 중요한 부분은 폐에서 공기를 보내어서 내는 소리로 '부아소리'(pulmonic)이며, 후두에서 내는 소리를 '목소리'(glottalic), 후부구강에서 보내는 소리를 '입안소리'(velaric)라 한다.

2) 발성부

음성은 숨을 내쉴 때 폐에서 나오는 공기가 성대를 진동시켜서 발생된다.

성대는 수평으로 전후에 연결된 좌우로 맞선 두 짝이 한 쌍을 이루는 점막의 주름으로 되어 있다. 좌우 성대 사이를 성문열이라고 하고, 성대와 성문열을 합쳐 성문(glottis)이라고 하는데 이것이 곧 발성장치이다. 음성을 낼 때 강한 공기의 흐름이 지나가면 큰 소리가 되고 약한 공기가 지나가면 작은 소리가 된다. 음성의 고저는 성대의 진동수에 의해 좌우되는데 굵고 긴 성대보다 가늘고 짧은 성대가 많게 되므로 여자와 유아의 음성이 남자의 음성보다 높다.

3) 발음부

인간은 여러 가지의 자음과 모음으로 소리를 분화하는데 이것을 조음(articulation)과정이라고 한다. 조음기관은 능동부와 고정부 두 가지로 구분할 수 있다.

- 능동부 – 아랫입술, 혀끝, 혓바닥, 혀뿌리
- 고정부 – 윗입술, 잇몸, 경구개, 연구개, 인두벽

즉, 조음은 능동적 조음부가 고정된 조음점에 작용하여 원하는 소리를 만드는 것으로 이것을 발음이라고 한다.

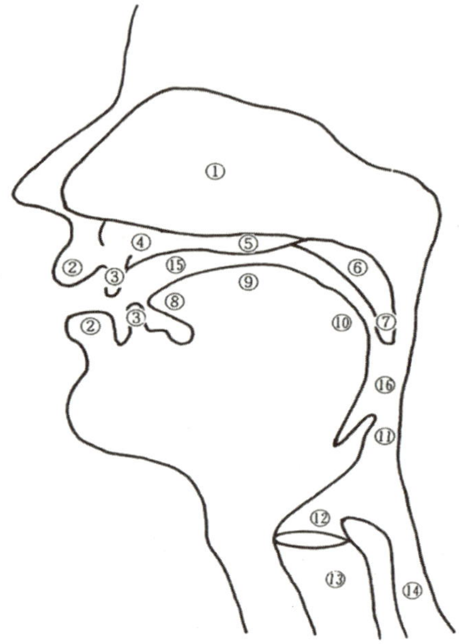

[그림 1-3] 음성기관 단면도

6. 언어발달에 대한 학문적 견해

1) 언어와 사고에 대한 견해

언어와 사고에 대한 견해는 학자들마다 다르게 나타난다. 특히 Piaget는 인지발달 과정을 설명하면서 인지발달 단계에 따라 언어발달 수준이 달라진다고 보았는데, 그 한 예로 전조작기의 인지발달 단계에 있는 유아들의 언어가 자기중심적 경향을 나타낸다는 점이다.

이 밖에 언어와 사고에 대한 학자들의 견해를 다음과 같이 나누어 살펴볼 수 있다(이영자, 1995).

(1) 언어발달은 인지발달에 의존한다.

Piaget는 상징적 기능이 이해되어져야 언어적 기능을 이해할 수 있다고 주장한다. 상징적 기능이란 어떤 사물 또는 사고를 모방하여 표현할 때 그 모방되는 실체나 상태가 없을 때에도 그것을 표현할 수 있는 것을 상징적 기능이 이루어진 것으로 보는 것이다. 따라서 Piaget는 이러한 상징적 기능을 이해할 수 있는 인지발달이 이루어져야 언어발달이 이루어질 수 있다고 보았다.

(2) 인지발달이 언어발달에 의존한다.

Spair, Whorf, Bruner 등도 언어습관이 어떻게 형성되느냐에 따라 사고가 달라진다고 보았다. Bruner는 언어가 있기 때문에 추상할 수 있으며 언어가 사고를 결정하고, 언어는 상대적이어서 서로 다른 언어를 사용하는 사람은 사고하는 양상도 다르다고 주장한다.

(3) 언어발달과 인지발달은 서로 독립적이다.

이러한 견해를 주장하는 대표적인 학자는 Vygotsky이다. Vygotsky는 언어는 어려서부터 상대적이며 사회적이라고 보았으며, Piaget가 자기중심적 언어를 인지발달 수준의 특성을 반영한다는 주장과 달리 자기 중심적 언어 또한 사회적인 것으로 보았다. Vygotsky는 언어와 인지는 서로 독립적으로 작용하다가 어느 지점에서 합치되는 때가 있다고 주장하였다.

(4) 언어와 인지발달은 상호의존적이다.

Werner는 사고없이 언어가 이루어질 수 없고 언어없이 자신의 생각에 관하여 말할 수 없다는 점에서 사고와 언어는 상호의존적이라고 보았다(이영자, 1995).

(5) 언어와 인지는 유사한 것이다.

이러한 견해는 행동주의적인 것으로, Watson은 인간이 언어로 표현한 것이 곧 그의 사고를 나타낸다고 하였다.

(6) 언어발달과 인지발달은 별개의 다른 요인에 의해 좌우된다.

Chomsky는 언어란 생득적인 것으로, 누구나 습득하는 보편적인 능력이라고 보았으며, 인지 역시 유전적인 요인에 의해 결정되는 것이라고 주장함으로써 언어와 인지는 각기 다른 유전적 요인에 의해 좌우된다고 보았다.

2) 언어습득에 대한 이론적 견해

어린시기의 영유아는 아주 짧은 시간 동안 능숙한 언어 사용자로 변화한다. 오래전부터 이들이 어떻게 언어를 습득할 수 있느냐에 대한 견해는 여러 가지로 나타났다. 이 중 대표적인 견해를 다음의 세 가지로 나누어 살펴볼 수 있다.

(1) 행동주의적 견해

행동주의적 견해는 1950년대에 지배적인 이론으로서 대표적인 학자로는 Skinner를 들 수 있다. Skinner와 같은 행동주의자들은 언어가 조작적 조건화를 통해 학습된다고 믿는 환경주의자들이다. Skinner 이론은 언어의 획득과정을 자극과 반응의 연합으로 보고 언어의 학습과 발달을 강화의 원리로 설명한다. Skinner는 언어가 인간의 다른 행동과 마찬가지로 조건형성의 결과가 환경의 선택적인 강화를 받아 학습된 것이라고 본다. 유아는 학습 가능성을 가지고 태어나는데, 이것은 곧 후천적인 언어능력까지 보장해 주는 것은 아니라고 본다. 따라서, 유아는 후천적인 환경의 작용에 의해서 언어를 습득할 수 있다고 보는 것이다. 즉, 언어능력은 선천적으로 타고 나는 것이 아니라 환경에 의해 습득되어진다고 본다. 환경에 의한 습득방법은 언어적 자극을 유아에게 제시하고 유아는 모방과 강화를 통하여 제시된 언어자극을 학습함을 의미한다.

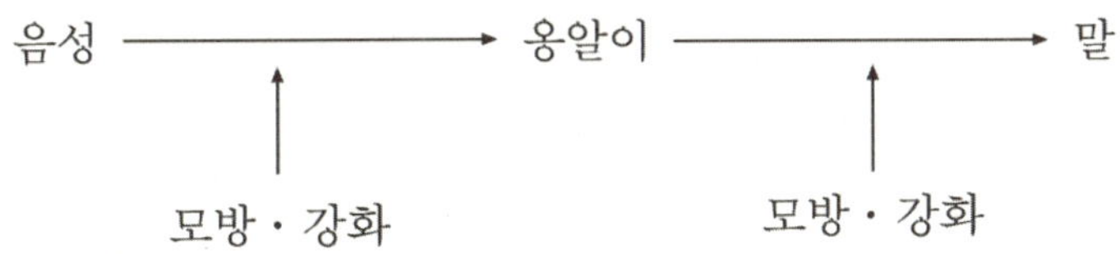

따라서 행동주의적 견해에서는 자극과 반응, 모방, 강화를 통한 학습도 강조한다. 그러나 유아의 언어 이해와 사용은 강화와 모방만으로 가능한 것은 아니다. 한 번도 강화를 준적이 없는 단어를 유아가 사용하는 것을 볼 수 있고, 유아 언어발달 속도는 부모의 강화 빈도와는 비교도 되지 않을 만큼 빠른 것을 볼 때 행동주의 이론만으로 언어습득을 설명하기에 충분하지 못하다.

(2) 생득주의적 견해

언어습득을 생득적이라고 보는 견해는 1960년대 초에서 1970년대에 지배적인 것이었다. 언어학자 Noam Chomsky는 언어발달을 선천적 또는 생물학적 입장에서 이해하면서 언어는 인간에게만 고유하며 보편적이기 때문에, 언어능력은 생리적인 것이라고 주장하여 천성주의 또는 생득적이론을 내세웠다.

Chomsky는 인간의 뇌 속에는 언어의 보편적인 면에 대한 지식이 구축되어 있다고 하였다. 즉 모든 언어는 근본적인 구조가 같다는 것으로서, 그는 이것을 심층구조(deep structure)라고 표현하였다.

Chomsky는 모든 언어에는 공통적인 언어구조(structure)와 나이어린 학습자들에 의해서 쉽게 인지되는 구문규칙들(예, 행위자를 나타내는 명사가 동사 앞에 온다는 사실 등)이 있다는 사실에 특히 주목하면서 변형생성 이론을 다음과 같이 주장하였다.

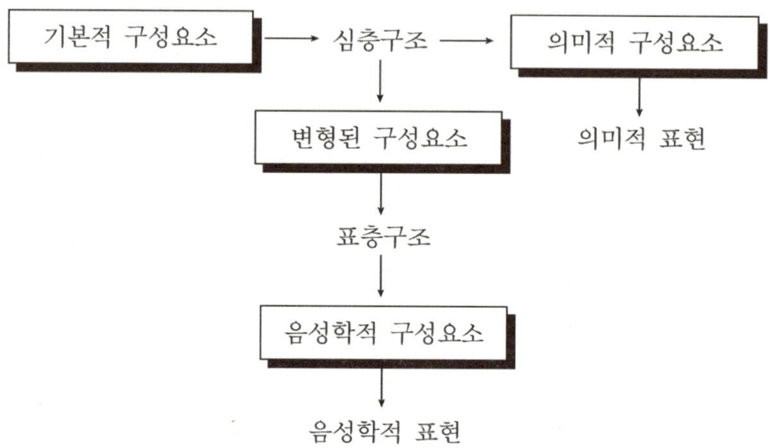

[그림 1-4] Chomsky의 언어획득과정

또한 인간에게는 누구나 언어습득 기제인 LAD(Language Acquisition Device)가 있어 들어 본 적이 없는 문장을 산출하고 이해하는 창조적 능력이 있음을 강조한다. 이 기제를 통하여 유아는 자신이 청각을 통하여 들은 언어, 곧 언어적 입력(linguistic input)을 처리할 수 있으며, 언어규칙을 구축하고 문법적으로 알맞는 언어를 이해하며 말할 수 있도록 된다는 것이다. 이것을 그림으로 도표화해 보면 다음과 같다.

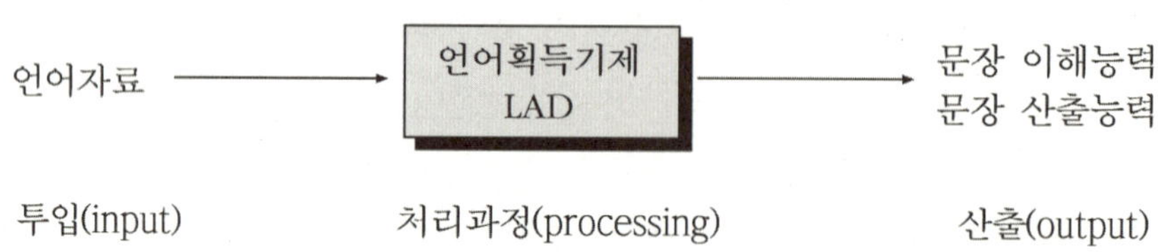

[그림 1-5] Chomsky의 언어획득기제(LAD)

유아는 언어를 습득해 나가는 과정에서 부모의 강화나 언어행동을 모방하며 배우는 것이 아니라 자신에게 주어진 능력으로 문장의 구성, 규칙에 알맞는 말을 무난히 만들어 낼 수 있는 창조적인 힘을 가지고 있는데 이것을 언어능력(linguistic competence)이라 한다. 이 언어능력은 모든 문화권에서 공통적으로 규칙적인 순서에 따라서 발달하며 인간 종(種) 특유의 현상이라고 Chomsky는 주장하였다.

나라마다 부모의 말은 달라도 유아가 하는 말의 내적 구조는 세계공통이다. 어휘의 수라든가, 문장 길이에는 개인차가 있지만 언어발달의 단계와 시기는 보편적이며 언어획득의 속도도 빠르고 기간도 짧은 것으로 보아 언어능력은 선천적으로 타고난다.

언어습득의 결정적 시기(critical period)를 주장하는 Lenneberg에 의하면 IQ의 범위가 50 정도 되는 유아도 기본적인 언어체계는 습득할 수 있다고 한다. 이는 언어발달의 생득적인 면을 강조해 준다. 그러나, Lenneberg를 중심으로 하는 학자들의 연구에 의하면 언어발달과 신경계통간의 관계가 있음은 분명하나 이것이 Chomsky가 주장하는 것과 동일한 선천적 언어획득기제의 존재를 증명해 주는 것은 아니라고 반론을 제기하고 있다. 또 다른 비판은 Chomsky의 주장은 논리성이 부족하고 문법적인 측면이 강하기 때문에 유아의 언어습득을 설명하기에는 부족하다는 것이다(이연섭 · 강문희, 2000).

(3) 상호작용주의적 견해

언어능력은 행동주의적 견해가 환경에 의한 후천적 학습으로, 생득주의적 견해가 언어능력을 선천적인 것으로 보는 반면에 상호작용주의적 견해는 유전과 환경의 상호작용으로 언어가 습득되어진다고 보는 것이다.

이러한 상호작용주의적 견해에는 인지적 상호작용주의와 사회적 상호작용주의로 나누어 살펴볼 수 있다.

1 인지적 상호작용주의

Piaget는 언어습득은 유아의 선천적인 능력과 환경요인과의 상호작용에 의해 이루어진다고 하였다. 즉, 언어는 동화(assimilation)와 조절(accommodation)을 통해 구조화된다. 동화란 자신이 가지고 있는 도식(scheme)에 의해 당면한 사물이나 사상을 해석, 이해하는 과정이다. 예를 들어, 멍멍이의 의미를 과잉 확대하는 것은 유아 자신의 '멍멍이' 도식에 동화되었기 때문이다. 그러나 점차 다른 동물에 대해 특성을 구별하게 되면 조절의 과정이 일어나서 네 발이 달렸지만 뿔이 있는 동물은 '멍멍이'가 아니라 '소'라고 한다는 것을 알게 된다. 결국 언어의 뿌리는 본질적으로 감각운동의 인지에 있다. Piaget는 언어습득도 인지발달의 한 부수물로 보면서, 언어발달은 선천적으로 습득되어지는 것이 아니라 자신의 경험을 표상하고 소통하는 노력에 의해 구조화한다고 한다. 즉, 유아는 타고난 선천적인 능력을 가지고 있지만 이 능력이 발휘될 수 있도록 다양한 언어 환경을 제공해 주어 경험을 많이 할 수 있도록 해야 한다고 주장한다.

이러한 Piaget의 이론은 인지발달이 언어발달에 필수적이라 하더라도 인지발달만으로 설명할 수 없는 언어 현상들이 많이 남아 있다는 제한점이 있다.

2 사회적 상호작용주의

Piaget가 언어습득을 유아 내부의 인지적 수준과 환경 속에서의 상호작용을 통해 이루어진다고 보는 반면에 Vygotsky는 언어는 유아의 사회문화적 경험에 의해 발달된다고 본다. 언어발달을 사회적 경험이 내면화되는 것이며, 사회적 언어는 개인의 언어를 형성해 준다. 처음에는 언어를 사회적 상호작용의 도구로 사용하다가 점차적으로 놀이시 크게 말하거나 의존적 행동을 말로 하면서 환경과 개인적 상호작용을 시작한다.

즉, 언어와 인지와의 견해에서 살펴보았듯이 Piaget는 인지와 언어 중 인지적 측면이 더 우선된다고 보는 반면에 Vygotsky는 사회적 경험을 중요시한다.

Vygotsky는 유아를 향한 말(child-directed speech, DS)이 정상적인 언어발달을 조성해 주는 중요한 언어적 경험이라고 지적하면서 유아의 새로운 언어습득은 성인들 또는 좀 더 능력 있는 또래들과 상호작용하는 동안에 발달된다고 본다(홍용희 역, 2000).

7. 구어발달 과정

언어에 대한 연구는 현대 아동발달의 연구에서도 가장 활발하고 재미있는 분야이다.

그것은 유아의 언어능력이 놀랄만한 속도로 발달한다는 사실 때문이다. 어느 나라에서든지 유아가 12～18개월이 되면 말을 하기 시작하고, 4세가 되면 대부분 제대로 형태를 갖춘 문장을 사용하고 때로는 놀랍게도 복잡한 사고까지 표현한다.

구어발달은 앞에서 살펴보았듯이 말하기와 듣기의 발달을 말하는 것이다.

구어를 통한 의사소통 능력의 발달까지 포함하여 영유아기 아동의 구어발달을 알아보면 다음과 같다.

1) 말하기

영유아의 말하기 시초는 울음에서 찾아볼 수 있을 것이다. 언어의 한 요소가 소리라는 점에서 볼 때 울음은 분명히 언어의 성격을 나타낸다고 볼 수 있을 것이다.

이러한 울음도 신생아기에 반사적인 충동으로 우는 것인지 더 나아가 자신의 의사표현을 나타내기 위해 우는 것인지에 따라 그 성격을 다르게 보아야 할 것이다. 울음에서부터 시작하는 영유아기 아동의 말하기 발달 과정을 살펴보면 다음과 같다.

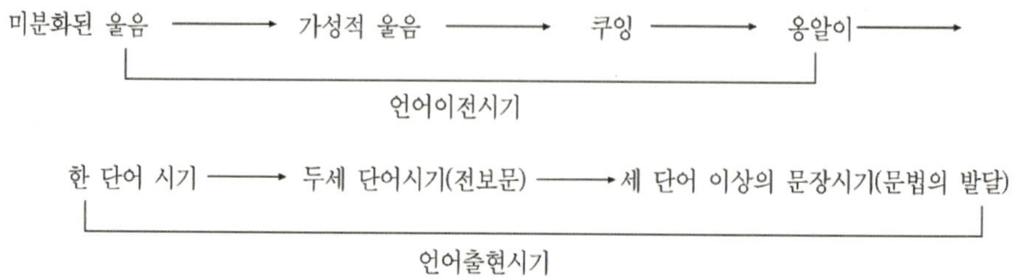

[그림 1-6] 말하기 발달과정

(1) 울음(undifferentiated crying)

출생시 첫울음에서 약 1개월까지는 아기의 울음이 분화되지 않아, 울음소리만 듣고 아기가 요구하는 것을 이해하기 매우 어렵다. 단지 반사적인 울음이다. 최근의 연구에서 다른 청각자극보다 신생아의 울음소리가 보다 더 반사적인 울음을 유발하는 경향이 있다고 한다. Skinner의 연구에 의하면 자기의 울음소리를 녹음했다가 그대로 들려준 집단과 다른 아기의 울음소리를 들려준 집단을 비교한 결과 자기 울음소리를 들은 집단의 신생아들이 더 반사적인 울음을 많이 울었다. 즉, 이 시기의 울음은 자기조절적(self-regulatory)인 것으로 울음소리가 다시 또 다른 울음을 야기시켜서 자꾸 따라 울게 한다. 반면에 부드럽고 리드미컬한 소리가 아기를 달래는데 효과적이라는 연구결과도 자기조절적 기제에서 나온 것이다.

(2) 가성적 울음(differentiated crying)

생후 1개월이 지나면서 유아의 울음소리는 분화되기 시작하여 기본적인 울음소리와 화가 난 울음소리가 뚜렷하게 구별되기 시작한다.

분화된 울음은 배고픔이나 고통과 같은 구체적인 욕구를 나타내는 것이기 때문에 어머니에게는 하나의 신호가 될 수 있다.

즉, 이 시기 아기는 울음을 통해 자신의 요구와 느낌이 소통되는 것을 점차 배우기 시작하면서, 자신의 욕구 충족을 위해 울기 시작한다.

(3) 쿠잉(cooing)

울음의 시기가 지나면서 평균적으로 2~3개월 정도에 영아가 입으로 내는 소리 중 '아-' '우-' 등의 연속적 음들이 나타나는 것을 알 수 있다. 이러한 울음이 아닌 연속적 음성화를 쿠잉이라고 한다(이영자, 1995). 이러한 쿠잉은 4~5개월경 양이 급격히 증가한다.

이 시기는 주 양육자와 영아 사이의 음성적 상호 교환이 일어남으로써 이미 의사소통이 이루어진다는 점에서 매우 중요한 의의를 갖는다.

(4) 옹알이(babbling)

쿠잉이 끝나면서 빠르면 4~5개월경부터 시작될 수 있으며, 평균적으로 6~8개월경에 쿠잉과 다른 소리가 나타나기 시작한다. 즉, 쿠잉이 하나의 소리가 연속적으로 나타나는 반면에 옹알이는 자음과 모음이 반복적으로 나타나는 소리이다. 예를 들어 '마마마마……' '바바바바……' 등의 소리는 '아-' '우-'의 소리와는 다른 것이다.

옹알이는 일종의 음성적 연습(vocal gymnastics)으로 볼 수 있는데, 생후 6~8개월경에 절정에 이르렀다가 대개의 경우 생후 1년이 지나면 점차 감소하게 된다.

McNeill에 의하면 옹알이가 시작되는 것은 반사적인 비언어적 발성이 끝나고 음소(phoneme)의 발달이 이루어지는 것을 나타낸다고 하였다.

옹알이는 언어발달에 있어 중요한 의미를 갖고 있다. 즉, 옹알이를 통해 모국어의 음소를 획득하게 된다. 이 때 유아는 성인과의 접촉을 통해 자신이 속해 있는 집단에서 쓰지 않는 소리는 점차 내지 않고, 많이 쓰이는 소리는 점점 많이 내게 된다. 전자를 음소의 배제(phonemic contradiction), 후자를 음소의 확장(phonemic expansion)이라 한다.

옹알이는 발성연습이 되므로 언어발달을 촉진시킬 뿐 아니라 부모와의 상호소통의 매개체 역할을 하는 사회적인 가치가 있다. 특히 옹알이는 유아가 성인의 발성에 접하는 시간이 늘어나면서 상당히 증가한다.

Kagan & Klein의 비교문화 연구에 의하면 미국의 영아인 경우 부모가 아기가 깨어있는 동안 25%는 소리를 내어 주고 있어 영아가 25~30%의 옹알이를 하는 데 반해 과테말라 시골에서는 부모가 아기를 조용히 두고 말을 걸어 주지 않아, 영아는 깨어있는 시간의 7%만 소리를 냈다고 한다. 연구결과 영아의 발성 빈도의 차이는 언어발달에 중요한 영향을 미친다. 영아가 자신의 발성에 대한 피드백을 받을 수 없게 되면, 성인의 소리를 모방할 기회가 드물기 때문에 필요한 음소학습이 어려워진다. 특히 이 시기에 청각장애가 있거나 주위에서 소리를 들려주지 않으면 들리는 소리를 흉내내어 필요한 음소를 학습할 수 없어 언어발달에 장애를 초래할 수도 있다.

옹알이 시기는 크게 자기소리 모방시기와 타인소리 모방시기로 나누어 볼 수 있다. 유아 스스로 소리를 만들어 반복하는 것은 자기소리 모방이라고 하며, 대략 생후 6개월경부터 나타나기 시작하여 8, 9개월경에 한다. 타인소리 모방시기는 생후 9개월 이후부터 나타나는 것으로 성인의 말소리를 듣고 모방하는 것을 말한다. 이 시기에는 보다 다양하고 성인과 비슷한 강세와 억양의 형태를 가진다.

옹알이와 더불어 영아기 아동의 중요한 의사소통 수단은 몸짓이다. Lewis는 몸짓을 영아의 신체적 언어로서 숨겨진 언어(secret language)라고 표현했다.

(5) 한 단어 시기(one-word stage)

아기들은 생후 9개월 정도가 되면 한 마디 말을 사용하기 시작한다. 옹알이 시기 동안 정확한 발음을 내지 못하던 아기들은 이 시기가 되면 몇 가지 단어를 분명히 발음할 수 있다. 이 때까지 아기들은 말할 수 있는 단어들은 '엄마', '아빠', '마마', '까까', '멍멍'…… 등 자신과 함께 지내는 가족들의 명칭이나, 동물이나 사물의 소리를 나타내는 의성어가 대부분이다.

한 단어 시기(9~15개월) 동안 아기들은 보통 약 10개 이상의 단어를 획득하게 된다. 그러나 이들이 사용하는 언어는 단어 그 자체의 의미뿐만 아니라 상황에 따라서 여러 가지 의미를 내포하고 있는 유연성을 지니고 있다. 즉, '엄마'라는 한 마디는 '엄마 미워', '엄마의 양말' 등의 다양한 의미를 갖게 된다(김광웅, 방은령, 1992).

이 시기 유아의 언어적 특징은 다음과 같다.

- 한 단어 안에 많은 의미 포함한다(예 : '엄마', '엄마 물 줘', '엄마 업어 줘' 등).
- 과잉 확대, 과잉축소 현상이 나타난다(예 : 네 발 달린 것은 모두 '멍멍이'로 표현(과잉확대)/자신의 신발만 '신발'이라고 한다(과잉축소)).
- 사용하는 단어 중 사물 · 동물 · 사람들에 대한 단어가 대부분이다.
- 주로 반응이 빠르게 나타나고 유아의 행위적인 것과 관련된 단어를 빨리 습득한다.

(6) 두 단어 시기(two-word stage)

생후 18~20개월경이 되면 많은 어휘를 습득하게 되면서, 두세 개의 단어를 결합하여 자신의 의사나 감정을 의미있게 표현하기 시작한다.

'엄마 까까', '아빠 빠방' 등 상황에 따라 비교적 구체적으로 표현하게 된다. 이렇게 두 단어를 사용하기 시작하면서 유아들은 언어모방 능력이 급격하게 발달한다.

이 시기의 초기에는 두 단어의 조합이 본질적으로 한 단어 시기와 별 차이가 없다. 왜냐하면 첫 번째 단어는 호칭이거나 감탄사, 지시어인 경우가 대부분이기 때문이다. 즉, 한 단어 시기에는 유아가 엄마에게 과자를 주며 '까까' 라고 말하는데 지나지 않으나 두 단어 시기에는 먼저 '엄마'라고 말하고 '까까' 라고 하여 엄마와 까까 사이에 어떤 상호관계를 지시하려는 의도를 포함한 것이다.

그러나 점차 용언(동사, 형용사)의 부분이 의미적으로는 행위의 대상과 행위가 분화되어 물건과 그 존재나 비존재를 나타낼 수 있게 된다.

이 시기는 한 단어 시기보다 의미가 명료할 수 있으며 매우 독창적이다. 또한 특징적인 것은 의사표현에 꼭 필요한 단어만 사용한다는 것으로 예를 들어, '엄마 쉬 마려워요'를 '엄마 쉬'로 의사를 표현하는 것이다.

그래서 Brown & Bellugi는 이것이 성인들이 사용하는 전보의 문장과 같이 핵심적인 단어만으로 구성된다고 하여 '전보문(telegraphic speech)'이라고 명명하였다.

(7) 세 단어 이상의 문장시기(문법의 발달)

2세 이후부터 유아들의 어휘는 급속히 증가하면서 세 단어 이상으로 문장을 말하기 시작한다. 이 시기의 언어적 특징은 어휘수의 증가뿐만 아니라 성인과 비슷한 문법적 문장을 사용하기 시작한다는 것이다.

영유아의 언어적, 문법적 특징을 살펴보면 다음과 같다.

① 과잉 일반화 현상이 나타난다. 과잉 일반화 현상은 문법적인 관계를 배워나가는 과정에서 어떤 규칙을 지나치게 일반화하여 사용하는 현상이다(예 : 아빠가, 곰이가).

② 조사의 사용이 빠르게 나타난다. 즉 '을', '를'과 같은 대격조사 외에 주격(-가, -도, -이, -은), 동행격(-함께, -와) 등의 조사 사용은 2세 이전에 많이 나타난다. 대격조사는 3~4세 정도에 사용하기 시작한다(이영자, 1995).

③ 과거형, 미래형보다 현재진행형은 보다 늦게 나타난다.

④ '안'을 동사 또는 형용사 앞에 둠으로써 부정문을 만드는 것이 가장 많이 나타난다.(예 : 안 먹어, 안 할꺼야).

⑤ 무엇, 어디, 누구, 누구의 등의 질문은 비교적 일찍 나타나며, 왜, 어떻게는 보다 뒤에 발달된다.

⑥ 시간과 관계된 '언제'의 개념은 매우 어려운 과제이다.

⑦ 존대말은 중류층 유아의 상당수가 2세경이면 표현하지만 개인차가 크다(이영자, 1995).

⑧ 대명사의 사용 중 3인칭(그, 그녀)의 사용은 이해하기 어려우며, 4세경에는 '자기'와 같은 재귀대명사를 이해할 수 있다(이영자, 1995).

2) 듣기

듣는 사람의 머리 속에서 언어가 의미로 바뀌는 과정이다. 언어교육에서의 듣기는 단순하고 수동적인 청각적 듣기 (hearing)에 그치지 않고 능동적이고 적극적인 의미를 내포한다. 유아는 듣는 과정을 통하여 말하게 되므로 듣기란 모든 의사소통 기능의 기초가 되는 활동이다. 인간은 소리나는 모든 것을 듣는 것이 아니라 그에게 중요하고 의미있는 소리를 선택해서 듣는 경향이 있다. 따라서 듣기 활동은 단순한 수동적 행위가 아니라 듣는 사람의 내면적 경험과 상호작용이라고 볼 수 있다. 즉, 듣기란 청각작용 이상으로 인지적 사고과정이 포함되는 활동이다. 말하기와 듣기는 서로 동시에 일어나는 것으로 앞에서 살펴본 말하기의 발달단계에 듣기 능력이 모두 관여된다고 볼 수 있다. 특히 어린시절의 듣기 경험은 어휘력 증대에 중요한 영향을 미친다. 시카고대학의 재닐런 허텐로는 유아의 어휘력 크기는 엄마가 아기에게 말을 하는 양과 밀접한 상관관계가 있다고 말한다.

또한 반복 청취의 효과는 문장구조의 복잡성에도 적용된다. 내용의 40%를 복문으로 말하는 엄마의 소리를 듣고 자란 아이들은 내용의 35%를 역시 복문형태로 말한다. 반면 엄마가 내용의 10%만을 복문형태로 말할 때 아이는 불과 5%만을 복문으로 말한다(Newsweek, 2000).

Petty와 Tensen은 듣기 발달단계를 다음과 같이 설명하였다.

- 1단계 : 음성, 단어, 문장을 듣는 단계
- 2단계 : 듣는 자가 그 의미를 이해하는 단계
- 3단계 : 의미를 수용 또는 거부하기 위하여 평가하는 단계
- 4단계 : 평가한 후에 들은 것에 대해서 더 발전된 사고, 동작, 표정, 또는 청각적으로 표현하는 단계

이처럼 듣기는 매우 복잡하며 중요한 과정이므로 듣기 능력을 증진할 수 있도록 많은 경험이 주어져야 한다.

3) 의사소통 능력

의사소통(communication)이란 여러 가지 매체 — 언어, 그림, 조각, 노래, 연주, 춤, 연극 등 — 를 통하여 사고, 느낌, 아이디어를 상대편에게 전달하는 행위라는 것이 일반적 정의이다(주영희, 1984). 이 장에서는 의사소통의 여러 가지 매체 중 언어를 중심으로 영유아가 또래 유아와 또는 성인과 어떻게 의사소통하는지에 대해 알아보고자 한다.

언어를 통한 의사소통의 종류를 보면 다음 [그림 1-7]과 같다.

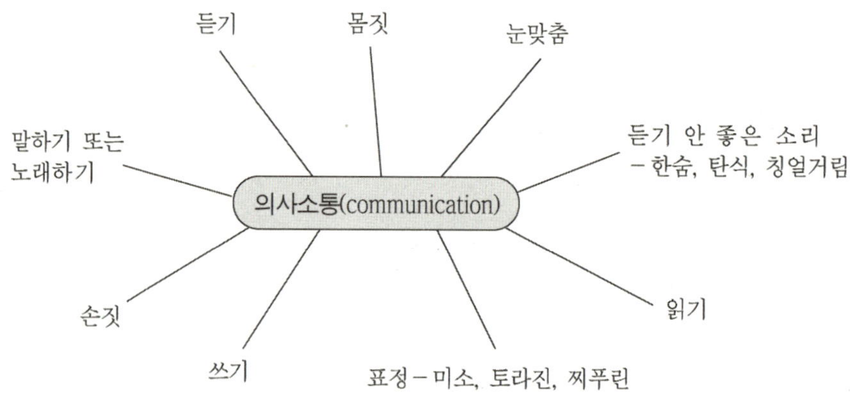

[그림 1-7] 의사소통의 종류

영유아의 의사소통 능력은 구어발달과 밀접한 관계가 있다.

Piaget는 의사소통 능력의 발달단계를 자기 중심적 언어단계와 사회화된 언어단계로 나누어 설명하면 다음과 같다.

- 1단계 : 자기중심적 언어단계
- 반복
- 독백
- 2단계 : 사회화된 언어단계

- 순응된 정보교환
- 비판, 비평
- 명령, 요구
- 질문과 대답

Piaget는 자기 중심적 언어단계는 자기 중심적 사고에서 비롯되는 것으로 타인과 의사소통하기는 어려운 시기로 본다. 그러나 Vygotsky는 Piaget가 자기 중심적 언어를 개인적인 언어로 본 것을 비판하면서 자기 중심적 언어는 사회적인 것과 개인적인 것이 병행하는 것이라고 보았다.

Piaget와 Vygotsky의 사회적 언어에 대한 견해를 그림으로 나타내면 다음과 같다.

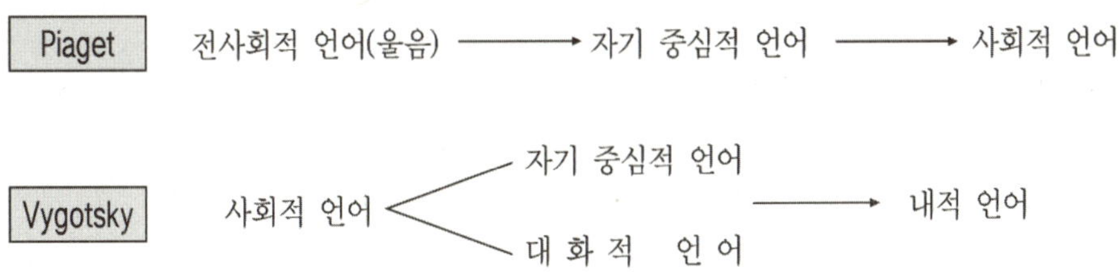

[그림 1-8] Piaget와 Vygotsky의 사회적 언어에 대한 견해

8. 문어발달 과정

1) 읽기

읽기 활동은 두 가지 수준, 즉 문자로 된 상징을 지각하는 수준과 읽은 내용의

의미를 파악하는 수준을 거쳐 수행된다. 그러나 읽기는 이해언어로써 글자의 발음만을 올바르게 이해하는 것이 아니라 단어나 문장의 뜻을 아는데 있다.

Goins는 읽기를 문자와 기호가 지니고 있는 의미를 해석하는 과정이라고 하였다.

즉, 읽기는 일정한 규칙에 따라 문자로 기록되거나 인쇄된 상징을 해독하는 활동으로 기록하는 사람과 해독하는 사람과의 의사소통이라고 할 수 있다.

따라서 읽은 내용의 의미 파악을 할 수 있는 것을 진정한 읽기 발달이 이루어진 것으로 보아야 할 것이다.

Clay(1972) 는 초기 읽기단계를 연구하면서 다음과 같은 읽기단계를 제시하였다.

① 글자는 이야기로 전환될 수 있음을 이해하는 단계

이 시기의 특징은 책의 그림을 보고 이야기 내용과 관계없이 만들어서 말을 한다는 것이다.

② 문어형태의 표현을 사용하는 단계(예 : ~했습니다)

③ 그림과 내용을 적절히 연결시켜 말하는 단계

④ 책의 내용을 대부분 기억하여 이야기하는 단계

⑤ 단어에 대한 인지를 하여 문장을 구성하는 단계로 단어를 손으로 지적하거나 특정한 단어를 질문하기도 한다.

또한 Schickedanz(1980)는 유아의 책읽는 행동과 사고와의 관계를 연결하여 읽기 발달단계를 설명하였다.

① 그림에 해당하는 이야기를 꾸며서 읽으며, 무의식적으로 책의 글자를 가리킨다.

읽어 주는 사람에게 그림이 포함된 이야기만 읽어 달라고 요구하며, 그림이 없는 페이지는 넘겨 버린다(그림이 이야기를 말해 준다고 생각, 그림에 대한 것을 창작한다고 생각).

② 실제 이야기와 비슷하게 읽는 행동이다(그림이 이야기를 말해 주지만, 각 책은 고유한

이야기를 갖고 있다는 것을 인식).

③ 단어나 구절 또는 그것에 해당하는 행동을 하며 실제 이야기와 비슷하게 읽는 단계로 글자를 살짝 가리고 읽어 주는 사람의 표정을 살피기도 한다(글자가 이야기를 말해 준다).

④ 이야기를 암기하여 이야기한다. 책의 말을 그대로 읽지 않으면 정정해 주기도 한다(각 책에는 특정한 단어가 있음을 인식한다).

⑤ 책에 있는 글자와 말을 짝지우려고 시도한다. 책의 단어의 위치를 묻거나 손으로 지적하며 묻기도 한다(책은 고유의 글자로 된 고유의 이야기를 지니고 있다고 생각한다).

⑥ 책 안의 글자를 인식하고 학습하기 시작하며, 손가락으로 단어를 지적하면서 읽기 시작한다(글자와 말의 관련성을 인식한다).

⑦ 문맥, 언어, 글자, 발음 등에 유의하며 유창하게 읽는다(글자나 책과 관련된 대부분의 사고가 가능하다).

우리나라에서도 우리나라 3, 4, 5세 유아를 대상으로 하여 읽기행동의 발달단계를 제시한 연구가 있다(이영자 · 이종숙, 1985).

- 1단계 : 읽기 이해 전단계
  - 하위 1단계: 말없이 그림만 쳐다보기
  - 하위 2단계: 그림을 지적하기
  - 하위 3단계: 그림의 명칭 이야기하기
  - 하위 4단계: 그림에 대해 질문하기
- 2단계 : 이야기 구성 능력이 없어서 '난~ 못 읽어요' 같은 의사표현을 하는 단계
- 3단계 : 그림을 보고 마음대로 이야기를 만드는 단계
- 4단계 : 의미가 비슷하게 꾸며 말하는 단계
- 5단계 : 단어나 구절을 암기하여 이야기하는 단계
  - 하위 1단계: 책에 나온 글자의 암기를 통하여 50% 이하의 단어나 구절을 사용하여 이야기하기
  - 하위 2단계: 책에 나온 글자의 암기를 통하여 50% 이상의 단어나 구절을

사용하여 이야기하기

- 6단계 : 글자를 읽어야 한다는 것을 이해하지만 글자를 읽을 줄 몰라 '난 못 읽어요'와 같은 의사를 표현하는 단계
- 7단계 : 글자를 읽는 단계

- 하위 1단계: 글자를 보고 한 문장을 기준으로 25% 이하로 똑바로 읽기
- 하위 2단계: 글자를 보고 한 문장을 기준으로 50% 이하로 똑바로 읽기
- 하위 3단계: 글자를 보고 한 문장을 기준으로 75% 이하로 똑바로 읽기
- 하위 4단계: 글자를 보고 한 문장을 기준으로 75%~100% 똑바로 읽기

위에서 살펴본 읽기 발달단계에 따른 유아의 연령은 각 유아의 읽기에 대한 경험에 따라 개인 차이가 크기 때문에 각 유아의 읽기 발달 수준을 파악하여 보다 높은 단계에 이를 수 있도록 읽기 경험을 제공해 주는 것이 바람직하다.

2) 쓰기

Vygotsky에 의하면 쓰기 발달의 씨(seeds)는 이미 영아기에 존재한다(이영자, 1995).

말하기가 울음에서 시작하여 옹알이부터 계속되어지는 것처럼 영유아들의 쓰기도 처음에는 긁적거리기의 형태로 시작한다. 최근 많은 연구에서는 영아의 긁적거리기가 쓰기의 초보적 형태라는 것을 강조한다.

Schickedanz(1990)는 자신의 아들 Adam을 대상으로 쓰기발달에 대해 연구했는데 그 결과는 다음과 같다.

- 쓰기도구 자체에 대한 탐색(12개월)
- 우연히 그렸는데 수직선이 나와서 그 후로 수직선으로 긁적거림(18개월)
- 수평선은 긋는 것에 초점을 둠(19개월)
- 우연히 원형을 만들고 이것에 이름을 붙이기도 함(20개월)
- 수직선과 수평선을 그으면서 분류해서 말하기 시작함(22개월)

- '나도 쓸래'라고 하며 의도적인 선, 경험한 선을 반복함(23개월)
- 우리의 사고가 쓰기로 나타남을 인식하고 무엇을 쓸까를 생각하고, 글자의 모방이 나타나고, 의도적인 자형이 나타남(31개월).
- 글자를 창조하여 쓰기 시작함(32~42개월).
- 단어를 쓰고난 뒤 무엇인지 물어 봄(3 1/2 ~4 1/2세).
- 단어의 소리에 집착하여 철자법을 잊어버리고, 발명적인 글자가 나타남(4 1/2~5 1/2).
- 소리나는 대로 쓰는 것이 단어라고 생각하며 말기쯤에는 자신이 쓴것과 본래의 글자가 다름을 인식하고 한동안 쓰지 않으려는 경향이 나타남(5 1/2~6 1/2).
- 관례적인 철자 표기가 나타남(6 1/2~).

이영자 등(1985)은 유아의 쓰기발달 단계를 Hildreth와 Schickedanz의 단계를 기초로 수정 · 보완하여 다음과 같이 제시하였다.

- 1단계 : 긁적거리기 단계
- 하위 1단계: 글자의 형태는 나타나지 않았으나 세로선이 나타난 것
- 하위 2단계: 글자의 형태는 나타나지 않았으나 가로선이 나타난 것
- 2단계 : 한두 개의 자형이 우연히 나타난 것
- 3단계 : 자형이 의도적으로 한두 개 나타난 것
- 4단계 : 글자 형태가 나타나는 단계
- 하위 1단계: 완전한 글자형태가 나타났으나 획순이 틀린 것
- 하위 2단계: 완전한 글자형태가 나타나고 획순이 정확한 것
- 5단계 : 단어쓰기 단계
- 하위 1단계: 완전한 단어형태가 나타났으나 획순이 틀린 것
- 하위 2단계: 완전한 단어형태가 나타났으나 획순이 정확한 것
- 6단계 : 문장쓰기 단계
- 하위 1단계: 문장형태가 나타났으나 부분적으로 틀린 것

- 하위 2단계: 틀린 글자 없이 완전한 문장형태가 나타나는 것

각 발달단계가 나타나는 연령에 대한 연구결과를 보면 다음과 같다.

- 생후 첫 2년간에 유아는 움직임을 통한 즐거움이나 그을 때마다 나타나는 자국에 대한 시각적 만족감 때문에 긁적거리기를 한다.
- 3세경에는 성인의 글씨에 대한 의도적 모방으로 꾸불꾸불한 선(wave lines)이나 일련의 작은 동그라미나 수직선(vertical lines)을 긋는다.
- 3세에서 5세 사이의 대부분의 유아는 사람들이 종이에 목적을 가지고 표시한다는 것을 인식하게 되어 쓰는 것을 모방하게 된다.

이상의 여러 연구 결과들은 유아기에 쓰기의 대부분의 기초가 발달됨을 밝히고 있다.

〈쓰기 형태의 예〉

긁적거리기

우연히 자형이 나타남

의도적인 자형이 나타남

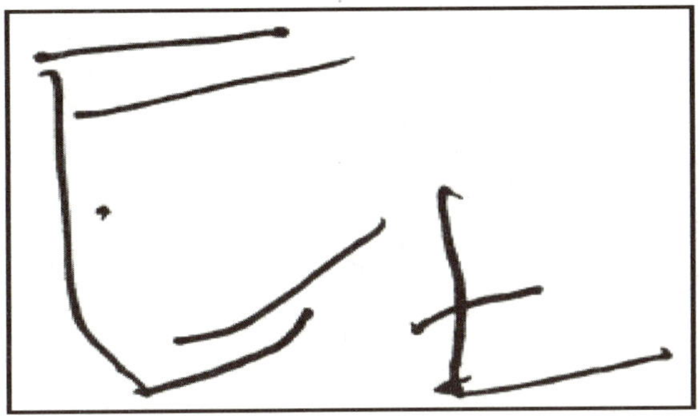

글자의 형태가 나타나지만 자 · 모음의 방향이 틀림

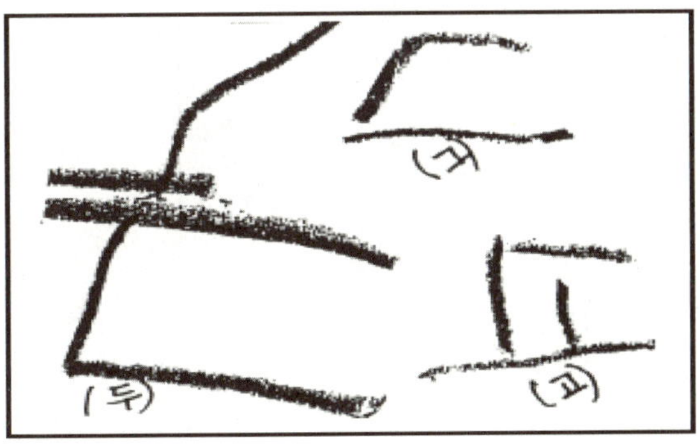

단어 쓰기가 나타남

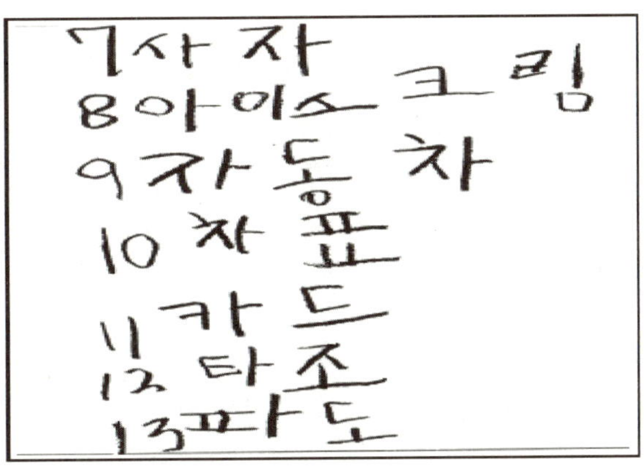

문장이 나타나지만 글자가 틀린 경우

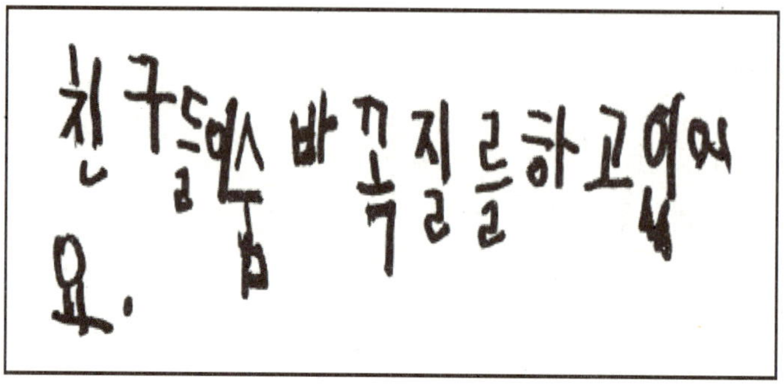

완벽한 문장이 나타난 경우

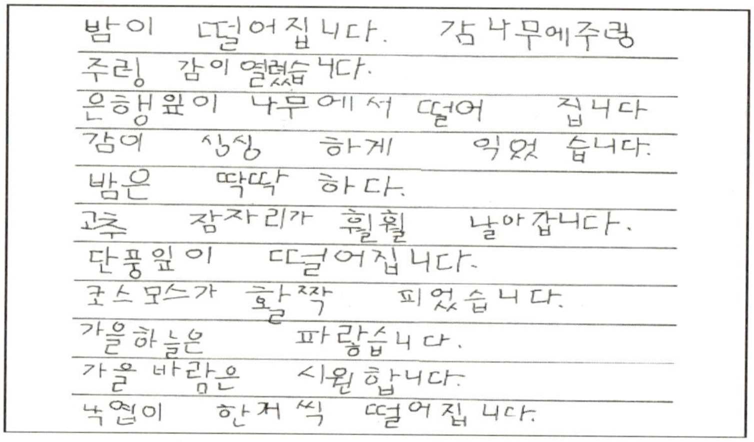

9. 언어발달에 영향을 미치는 요인

언어발달에 영향을 미치는 요인을 개인적 특성과 환경적 특성으로 나누어 살펴보면 다음과 같다.

1) 개인적 특성

(1) 지능

언어발달에 있어 지능은 중요한 요인이 된다. 그러나 지능이 높다고 해서 반드시 말을 잘한다고 단정지을 수 없으나 지능과 언어능력 간에는 어느 정도 상관관계가 있다고 할 수 있다. 즉 어휘의 양, 조음능력, 언어성숙과 지능지수 간에는 정적 상관관계가 있다.

그러나 Rennberg나 Chomsky 등은 지능지수가 50이라도 언어능력을 습득할 수 있다고 보았다. 그러나 언어의 질적 내용에 있어서는 차이가 있을 것이다. 즉, 지능이 낮아도 어느 정도의 언어능력을 습득할 수 있으나 정교한 수준에는 이르지 못하는 경향이 있다.

(2) 신체적 요인

시각, 청각, 발음기관 등의 언어기관에 결함이 있게 되면 언어발달이 늦어지게 된다. 오랜 질병이나 자주 재발하는 병의 경우에는 학습경험 시기를 놓치거나 학습의욕을 잃게 될 수 있으므로 언어발달이 늦어지게 된다.

따라서 정상적인 언어발달을 위해서는 건강유지와 언어적 기관의 효과적인 기능발휘가 되어야 한다.

(3) 사회, 정서적 요인

언어는 사회생활을 통해 습득되고 발달되므로 사회성이 발달된 유아가 언어발달이 빠르다. 사회성이 결여된 유아는 자기 중심적인 언어가 많고 의사소통의 기회가 적어 언어발달이 뒤떨어지게 된다.

또한 어머니에게 애정을 거부당하거나 정서적으로 안정이 결여된 유아는 대체로 언어장애를 일으킬 가능성이 높다. 정서적 불안정이나 일시적인 강한 충격의 결과로 말더듬이 현상이 생기기도 한다. Johson은 무리해서 언어를 가르치거나 유아의 발음을 어머니가 신경질적으로 교정하려 들면 오히려 말을 더듬는다고 하였다.

언어발달을 위해서는 사회성 발달과 더불어 정서적 안정을 꾀하여야 효과가 있다고 할 수 있다.

(4) 성차

일반적으로 여아들이 남아보다 언어발달이 빠른 경향이 있다고 본다. 여아가 빨리 말을 시작하고, 어휘수가 많다는 특징은 있지만 언어능력은 성(性)에 따라 큰 차이가 나타나지 않는다는 연구결과들이 많이 있다.

성차에 관한 연구에서 결과들이 서로 일치하지 않는 것은 연구방법의 문제나 연구대상의 수, 계층 등과 같은 제한점 때문이기도 하며, 성차에 의한 것이기보다 개인의 특성에 따른 차이가 더 우세하기 때문이라고 본다.

2) 환경적 특성

(1) 부모와의 관계

언어발달에 있어서 어머니는 매우 중요한 존재이다. 어머니와 유아는 상호작용을 맺음으로 언어습득과 발달을 하기 때문에 바람직한 언어적 상호작용 관계를 유지해야 한다.

부모는 유아의 언어발달을 위해 첫째, 유아의 발성활동을 강화해 주고, 바람직한 언어사용의 모델을 보여주어야 한다. 둘째, 유아의 음성이나 말의 사용 방법이 부정확하거나 부적절한 경우에는 올바르게 지도해 주어야 한다. 셋째, 다양한 장면에서 언어를 강조하고 어휘를 확장시킬 수 있는 기회를 많이 제공해 주어야 할 것이다.

(2) 사회 · 경제적 배경

가정의 사회 · 경제적 지위에 따라 유아 언어발달에 차이가 있다. 그러나 이러한 연구결과는 사회 · 경제적 배경이 직접적인 원인이 된다는 것보다는 그러한 상황에서의 부모와의 상호작용의 양에 차이가 있기 때문이므로 사회 · 경제적 배경과 언어발달이 정적인 상관관계를 나타내는 것은 아니다.

(3) 형제관계

외아들, 외딸은 형제가 있는 유아보다 언어발달이 빠르다. 이것은 유아가 혼자이므로 필연적으로 부모나 다른 성인과의 언어적 교섭이 많아지기 때문이다. 쌍생아는 다른 유아들에 비해 문장의 길이, 발음 등에서 떨어지는데 왜냐하면 그들끼리만 놀고, 서로의 미숙한 언어를 모델로 해서 배우며 다른 언어적 영향을 적게 받기 때문이다.

또한 형제수나 형제순위에 있어 언어발달에 영향을 미치고 있다는 연구도 있으며, 언어능력과 무관하다는 연구결과도 있다.

따라서 단순한 형제관계로 인한 영향이라기보다는 어떠한 상호작용이 있는가에 따라 언어발달에 영향을 미친다고 보아야 한다.

(4) 기타 환경적 요인

그 외 교육적 환경이 유아의 언어발달에 영향을 준다. 교사와 유아와의 관계, 친구관계, 교육내용 및 방법에 따라 많은 영향을 줄 수 있다. 특히 유아교사의 언어행동은 유아에게 정의적 측면에 영향을 미치는 동시에 언어학습의 모델링(modeling)의 역할을 하게 된다. 교사의 자질과 기술, 의욕 등에 따라 크게 영향을 미치므로 교사 자신의 자질 향상과 기술연마, 매사에 적극적이고 의욕적인 교육태도가 필요하다.

나아가서 지역환경이나 사회환경의 영향도 무시할 수 없다. 문화적 조건, 매스미디어의 발달에서 오는 영향, 지역적인 조건인 도시와 농촌과의 차이 등 유아의 언어발달에 미치는 환경적 특성은 다양하다.

참고 문헌

고문숙 외 5인(2014). **영유아를 위한 언어지도**. 경기: 양서원.

고영회 역(1997). **당신의 양쪽 뇌를 사용하라**. 경기: 양서원.

김광웅 · 방은령(1992). **아동발달**. 서울: 형성출판사.

김구자 · 황애란 역(1986). Color Atlas of physiology. 서울: 고려의학.

김명순 · 홍경은(2000). 글없는 그림책 읽기 활동이 유아의 이야기 구성능력에 미치는 장단기 효과. **유아교육연구, 20**(2).

김병원 · 이성구(1986). **유아언어지도**. 서울: 동문사.

김정진(1987). **생리학**. 경기: 고문사.

김정희(2000). 프로젝트 접근법이 유아의 언어 및 사회, 정서 발달에 미치는 영향, 순천향대 교육대학원 석사논문.

김진영 · 김현희 · 김영실(2000). 우리나라 유치원 영어교육의 현황-현장조사 연구를 중심으로. 한국어린이육영회 학술대회논문.

박혜경 · 김영실 · 김진영 · 김소양(1999). **유아언어교육**. 경기: 양서원.

배두본(2000). 초등학교 영어교육에서 바라본 유치원 영어교육. 한국어린이육영회 학술대회논문.

서봉연, 이순형(1983). **발달심리학**. 서울: 중앙적성출판사.

성미경 외 2인(2012), **영유아의 언어지도**. 서울: 학지사.

오은순 외 4인(2003), **영유아언어교육**. 경기: 양서원.

이경우(2000). 올드미디어와 뉴미디어상의 경향 및 교육적 적용에 대한 논점. 한국유아교육.

이경화(1998). 유아의 문해 학습에 있어서 큰책 접근법의 효과. 이화여자대학교 대학원 박사학위 청구논문.

이성구(1982). **언어지도론**. 서울: 동문사.

이숙재, 이봉선(2013), **영유아언어교육**. 서울: 창지사.

이연섭 · 강문희(2000). **유아의 언어교육**. 서울: 창지사.

이연섭 · 강문희(2000). **유아의 언어교육**. 서울: 창지사.

이영자 역(1995). 읽기와 쓰기를 즐기는 어린이로 기르는 방법. 이화여자대학교 출판부.

이영자 · 박미라(1992). 유아의 이야기 개념의 발달에 관한 기초연구. **유아교육연구, 12,** 31-51.

이영자 · 이종숙(1990). 유아의 문어발달과 비지시적 지도 방법이 문어 발달에 미치는 영향에 관한 연구. **유아교육연구, 28**(2), 41-65.

이하원 외 4인(2012), **언어지도.** 서울: 창지사.

정성하(2000). 언어의 뇌 과학적 이해 및 언어교육의 방향, 서울교육대 교육대학원 석사논문.

주영희(1984). **유아를 위한 언어교육.** 경기: 교문사.

최용재(1975). **언어교육연구.** 서울: 형설출판사.

최홍규(2000). 유치원 영어교육의 문제와 해결방향. 한국어린이육영회 학술대회논문.

한갑수(1985). **인체 해부학**. 경기: 고문사.

홍용희 역(2000). **어린이들의 학습에 비계설정-비고스키와 유아교육.** 서울: 창지사.

홍혜경 외 3인(2014). **영유아언어교육의 이론과 실제.** 서울: 창지사.

Bloom L. (1973). *One Word at a Time.* the Hague : Mouton.

Bower, 이원영 역(1980). **영아발달.** 경기: 교문사.

Carral 저 조명한 역(1973). **언어와 사고.** 서울: 익문사.

Chomsky N. (1965). *Aspects of the Theory of Syntax.* Cambridge, Mass: MIT.

Hall Mary Anne(1976). *Teaching Reading as a Language Experience.* Columbus. Ohio, Abell & Howell Company.

Jean Piaget(1959). '*The Language and Thought of the Child*'. New York: The Humanities Press Inc.

Kath, Bulman, Penny Tassini, Kate Beith, Louise Burnham (1999). *Early years care and education.* Harriet Eldrige, The Bath Press.

Morrow, L., & Rand, M. K. (1991). Promotion literacy during play by designing early children classroom environments. *The Reading Teacher.*

Simmons, B. & Pretty D. C.(1981). *Experience in Language.* Soston Inc.

제 2 장

유아의 언어발달을 위한 지도방법

1. 구어발달을 위한 지도방법

말하기, 듣기, 읽기, 쓰기의 발달을 위해 지도한다는 것은 각각의 언어기능이 문자를 해독하는 단순한 기능을 습득하도록 지도하는 것이 아니라, 정보화 사회에서 고도로 복잡한 문제를 합리적으로 해결하는 데 필요한 높은 수준의 사고력을 기르고, 각각의 의미를 이해할 수 있도록 돕는다는 것이다.

말하기, 듣기는 자연스럽게 발달하고 읽기, 쓰기는 특별한 지도가 필요하다고 생각하기 쉬운데, 말하기 · 듣기도 이를 지지할 수 있는 환경 안에서 발달이 이루어질 수 있으며, 읽기 · 쓰기 또한 이러한 문어적 환경이 있다면 자연스럽게 발달할 수 있다(이영자, 1995).

또한 최근 연구들은 구어발달이 문어발달에 도움이 되기는 하지만 선행요소는 아니며, 구어와 문어는 동시에 발달하고 상호지원적 역할을 담당한다고 하였다(이영자, 1995).

따라서 영유아를 대상으로 하는 언어교육은 말하기, 듣기, 읽기, 쓰기가 자연스럽게 일어날 수 있는 환경 안에서 통합적으로 경험할 수 있도록 하는 것이 가장 중요할 것이다.

1) 말하기

영유아의 말하기 발달을 촉진시키기 위해 다음과 같은 점에 유의해야 한다.

① 아기말(baby talk) 사용시 자연스럽게 일상어(어른말)로 전환될 수 있도록 바른 모델로 말해 준다.

② 1 : 1로 이야기할 수 있는 기회를 제공한다. 등 · 하원시나 소그룹 활동시 개별유아와 언어적으로 상호작용하는 것은 유아의 언어적 발달 수준을 평가하고,

많은 어휘를 경험할 수 있도록 한다.

③ 유아가 자연스럽게 말할 수 있도록 기다려 주는 것이 중요하다.

④ 시제나 시간에 관련되는 단어 (예 : 어제, 오늘, 내일……) 또는 기수, 서수 등을 적절하게 사용할 수 있도록 돕는다.

⑤ 유아의 말 중 틀린 부분이 있어도 즉시 고쳐주기보다는 자연스러운 상황에서 바른 모델을 들을 수 있도록 한다. 반복 확장법의 기법을 사용하여 유아의 틀린 부분을 수정하여 준다.

⑥ 유아의 말에 정확한 피드백을 할 수 있도록 한다.

⑦ 어휘 사용 능력을 확대시킬 수 있도록 여러 가지 어휘 및 그림자료를 제시한다.

⑧ 3～4세경의 유아들은 아직 자신의 의사표현을 바르게 나타내기 어려우므로 이 시기 유아와 상호작용시 긍정적인 경험을 갖도록 하는 것이 중요하다.

⑨ 대화시에는 유아의 눈높이에 맞추어 하고 너무 긴 문장을 사용하지 않도록 한다.

⑩ 유아의 현재 언어능력에 맞추어 개인차를 인정하고 지도하며 유아의 말을 평가하려고 하지 않는다.

이상의 내용을 주지하면서 유아에게 적절한 언어적 모형을 제공해 주고 적극적으로 상호작용하는 것이 중요하다.

2) 듣기

듣기 활동은 복잡한 과정으로 정상적인 청각기관을 가진 유아라도 듣기 능력 증진을 위하여 여러 가지 경험을 해야 한다.

Scott는 유아의 듣기 형태를 감상적 듣기, 목적 있는 듣기, 변별적 듣기, 창의적 듣기, 비판적 듣기로 분류하였다. 이러한 듣기활동에 가장 중요한 요소는 직접적 · 구체적 경험을 제공하면서 또한 새로운 것을 경험할 수 있도록 하는 것이다.

이러한 듣기 능력을 향상시키기 위한 지도방법은 다음과 같다.

① 교사는 유아가 어느 정도 듣는지, 어느 정도 이해했는지, 얼마만에 이해하는지를 파악함으로써 기본적인 듣기 능력을 평가할 수 있다.

② 듣기는 어휘에 대한 이해력, 소리변별력 등에 큰 영향을 받으므로 유아가 어휘에 대하여 많은 경험과 다양한 소리를 들을 수 있는 경험을 제공하는 것이 바람직하다.

③ 의도적으로 듣는 시간을 갖도록 한다. 이 때 안정된 분위기로 유아의 주의가 산만하지 않도록 한다.

④ 유아의 말에 귀를 기울이는 것은 유아에게 좋은 모델링이 되므로 항상 경청하는 자세를 갖는다.

⑤ 유아의 말에 언어적 반응을 보임으로써 주의깊게 듣고 있음을 표현할 수 있다.

⑥ 바람직한 듣기 습관을 형성할 수 있도록 다양한 경험을 제공한다.

- 다른 사람의 말에 주의집중하는 경험
- 주제를 정하여 함께 생각하는 시간을 갖는 경험
- 과거, 현재, 미래의 순서로 회상할 수 있는 경험
- 위, 아래, 옆, 뒤 등 지시를 따를 수 있는 경험
- 듣고 나서 다시 말할 수 있는 경험
- 들은 말을 전달할 수 있는 경험

⑦ 듣기를 하는 목적을 알려주도록 한다. 학습의 효과는 학습내용의 중요성 여부를 인식하는 정도에 따라 달라지므로 듣기의 목적을 알려주고 듣기의 필요성을 알게 한다.

⑧ 듣기활동은 유아의 흥미와 이해 수준에 적합해야 하며, 듣는 시간을 너무 오래 끌지 말아야 한다.

⑨ 가능한 한 다양한 자료와 방법을 사용한다.

⑩ 개인차를 고려하여 듣기활동을 계획한다.

또한 듣기 지도시 교사는 듣기 능력에 결정적 영향을 미치는 청력의 예민도에

대해 다음의 내용을 중심으로 항상 체크해야 한다(Kath Bulman 외, 1999).

- 말하는 사람의 얼굴을 자주 살피는가?
- 혼자 있기를 더 좋아하는가?
- 말의 내용이 혼란스럽거나 부정확한가?
- TV나 비디오 테이프의 내용을 이해하는가?
- 이야기 나누기 시간과 같은 집단활동 시간에 집중력이 결여되지 않는가?
- 간단한 지시를 수행하기 어렵지 않는가?

3) 의사소통 능력

Muller에 의하면 의사소통 능력이 분명하게 되려면 다음과 같은 점에 유의해야 한다고 하였다. 따라서 교사는 유아의 의사소통 능력 발달을 위하여 다음과 같은 점에 유의하여 지도해야 할 것이다.

(1) 말이 명확해야 한다.

(2) 말이 구조적으로 완성되었는지의 여부가 의사소통에 영향을 미친다.

(3) 참조의 명확성이 요구된다.

(4) 의사소통의 상황이 유아에게 얼마나 밀접하느냐에 관한 것도 중요한 요소이다.

(5) 말의 형태에 대한 이해가 있어야 한다(예 : 명령문, 의문문……)

(6) 집중을 유지할 수 있어야 한다.

(7) 다른 사람과의 거리가 어느 정도인가도 의사소통에 영향을 미친다.

위의 내용 이외에 유아가 습득해야 할 의사소통의 과제로 다음과 같은 것들이 있다.

① 다른 사람과의 대화시 차례를 지킬 수 있어야 한다.

② 언어상황에 대한 이해가 있어야 한다. Shatz와 Gelman은 4세 어린이를 대상으로 어떤 놀잇감의 사용에 대하여 2세 아이와 성인에게 설명하게 하였다.

그 결과 대상 유아는 성인에 대해서 보다 2세 어린이에게 설명할 때 더 짧은 문장을 사용했다(주영희, 1984, 재인용, p. 115).

③ 표정, 손 · 발의 동작, 음성의 높고, 낮음 등의 비언적 의사소통 수단을 적절히 사용할 수 있어야 한다.

④ 교사는 유아가 즐겁게 의사소통할 수 있도록 유아의 신체적 · 정서적 상황을 잘 파악해야 한다.

- 집단의 크기가 의사소통하기에 부적절하지 않는지
- 기분이 안좋은지
- 화가 났을 때 표현하는 방법을 알고 있는지
- 피곤하지 않는지
- 낯선 사람과 이야기하는 것을 불편해 하지 않는지

2. 문어발달을 위한 지도방법

1) 읽기

유아에게 읽기를 언제, 어떻게, 무엇을 지도해야 하는가에 대한 많은 논란이 있어 왔으며 시대에 따라 관점이 변해 왔다.

현대사회의 특징은 대중매체의 발달과 인쇄물과의 접촉기회의 증대로 인하여 유아가 읽기학습을 하도록 자극을 받고 있으며, 호기심을 가지고 글자의 의미를 파악하는 등 취학전에 읽기를 배우려 한다는 것이다. 우리 나라의 경우도 유치원 교육과정에 형식적인 읽기 지도는 계획되어 있지 않으나 읽기 준비도를 위한 시각, 청각 식별력이 포함되어 있으며 어떠한 방법으로든지 유치원이나 가정에서 읽기 지도를 실시하고 있는 실정이다.

1960년대에는 A. Gesell의 영향으로 유아가 읽기를 시작할 수 있을 때까지 기다려야 한다는 성숙주의 입장에서 유아가 적절한 시기, 즉 읽기 준비도(reading readiness)에 도달하였을 때 읽기 교육의 효과가 있다고 생각해 왔다.

1960년대 이후 아동발달 연구는 경험주의 입장에서 언어발달은 유아기가 적기임을 강조하면서 유아들이 읽을 수 있도록 준비시키는 것이 바람직하다고 하였다. 읽기 활동은 여러 가지 기술(skill)로 조직되어 위계적 순서에 따라 가르치는 것이다. 즉 낱자와 낱말을 완전히 알고난 후라야 내용을 파악할 수 있다고 보았다. 그래서 내용의 의미를 파악하는 이해기능은 별로 다루어지지 않았다.

1980년대 이후는 읽기 준비도(reading readiness)라는 개념체계가 이론적으로나 실제적으로 부적합하다는 지적이다. 유아의 발달적 측면에서 유아의 사고는 성인과 질적으로 다르며, 유아는 학습을 함에 있어서도 단순히 지식을 받는 수동적인 자가 아니라 적극적인 참여자이며 문제해결자임을 강조하고 있다.

Teale과 Sulzby는 읽기 준비도라는 개념을 실제 읽기가 나타나는 전조로서의 개념이라고 주장하며 이는 유아들이 준비도를 갖추기 전에도 읽기와 쓰기행동을 보이는 발달적 특성을 설명하기에 적합하지 못한 개념이라고 하였다.

이 같은 읽기 지도를 언제 해야 하는가에 대한 논란보다 이제 읽기 지도를 어떻게 하여야 할 것인가 하는 문제를 생각해야 한다.

읽기를 성공적으로 하기 위해서는 구조적인 프로그램과 연습책자들을 사용하기보다 구체적인 경험과 지식, 그리고 환경적 요소들을 제공해 주고 비형식적인 지도방법이 효과적이라는 것이 많은 연구의 결과이다.

(1) 읽기의 의미

읽기를 Goins는 인쇄된 문자나 보통 쓰여졌거나 또는 기호를 감각을 통하여 지각하고 그 문자와 기호가 지니고 있는 의미를 해석하는 과정이라고 하였다. 여기서 읽기는 의사소통과정으로 문자언어가 상징하는 바를 처리하여 저자의 의도, 태도, 신념, 느낌을 의미있게 해독(decoding)하는 과정인 것이다. 즉 읽기는 일정한 규칙에 따라 문자로 기록되거나 인쇄된 상징을 해독하는 활동으로 기록하는 사람과 해독하는 사람과의 의사소통이라고 할 수 있다.

읽기활동은 두 가지 수준, 즉 문자로 된 상징을 지각하는 수준과 읽은 내용의 의미를 파악하는 수준을 거쳐 수행된다. 다시 말해 읽기의 과정이란 종이 위에 표시된 여러 가지 기호와 음성적 언어로 전환될 수 있음을 이해함으로써 문자적 상징을 지각하고 그 의미를 파악하는 작용을 뜻한다.

(2) 읽기 준비도

읽기 학습을 위하여 유아는 다음과 같은 준비도를 필요로 한다.

1 신체적 준비도

시력과 청력뿐 아니라 일반적 건강, 연령도 읽기학습과 관계가 있다.

2 지각적 준비도

시력과 청력 등 신체적 준비가 갖추어져 있어도 인쇄된 문자를 변별하고 음성언어에서의 유사점과 차이점을 구별하는 능력이 있어야 한다.

3 인지적 준비도

읽기는 이해, 해석, 개념학습, 문제해결, 추리와 같은 지적 기능을 요구한다. Elkind는 구체적 조작기에 도달해야 읽기 지도를 성공적으로 시작할 수 있다고 주장하였다.

4 언어적 준비도

듣고 말할 수 있는 능력이 갖추어져 있어야 한다. 언어능력과 언어수행간의 관련성을 검토하여 유아의 언어적 준비도를 파악할 수 있다. 특히 유아의 음성언어 표현에 대해 주의깊게 관찰하여 올바른 평가를 해야 한다. 유아의 언어에 대한 흥미와 관심을 줄 수 있는 방법을 모색해 보는 것도 효과적이다.

5 정의적 준비도

학습에서 정서와 태도, 가치, 읽기에 대한 흥미가 읽기를 성공적으로 도울 수 있다.

6 환경적 경험적 준비도

유아의 적응력, 주변 세계와의 접촉, 가정에서의 경험 정도, 인쇄된 단어에 접해 보는 경험이나 낱말의 뜻, 철자를 이해하는 능력이 있어야 한다.

이상과 같이 읽기 준비도를 위해서는 유아 발달의 관점에서 학습이 이루어지도록 해야 한다. 즉 유아의 개인차와 성취 속도의 차이 등에 유의하여 개개 유아에게 적합한 지도방법과 성취수준을 결정하여야 한다.

(3) 읽기 지도방법

읽기 지도방법에는 대체로 두 가지 입장이 있다. 하나는 읽기에 필요한 기능(skills)을 강조하는 입장과 의미가 중요하다고 보는 입장이다.

기능중심의 입장에서는 읽기를 말의 형태나 어학의 여러 측면을 상징하는 자음·모음의 식별과 발음중심 방법(phonics method)을 사용한다. 발음중심 방법은 자음과 모음의 형태 변별훈련, 자음·모음의 쓰기연습, 자모의 음가의 학습(자모와 이에 대응되는 음가의 학습), 자음과 모음이 결합하여 글자(또는 음절)를 이룬다는 문자구성 원리의 학습이 문자 지도의 중심을 이룬다.

의미중심의 입장은 읽기에서 의미를 중요시하여 읽기를 일반적인 언어능력을 수행하기 위해 언어를 활용하는 것으로 본다. 즉 문자의 모양이나 구성원리보다는 단어 또는 문장 전체를 하나의 단위로 제시하면서 그 단어 또는 문장의 의미 이해에 중점을 두는 지도방법이다.

지도할 단어나 문장을 선택할 때 문자의 구조와 형태상의 단순성, 발음의 편이성보다는 그 뜻이 유아들에게 얼마나 낯익은 것인가에 큰 관심을 둔다. 이 입장의 옹호자들은 언어경험 활동을 할 것을 주장한다.

이상에서 언급한 발음중심 방법과 의미중심 방법의 장·단점을 비교해 보면 다음과 같다.

발음중심 방법	
장 점	**단 점**
• 자음과 모음이 결합하여 하나의 글자를 이루는 한글의 구조를 체계적·논리적으로 지도할 수 있다. • 자음과 모음의 글자 요소와 그 글자 요소의 음가를 대응시켜 발음의 규칙성을 지도할 수 있다. 특히 자소-음소의 대응이 매우 규칙적인 한글 지도에 알맞다.	• 너무 분석적이고 논리적이어서 학생에게 이해시키는 데 어려움이 따른다. • 추상적이고 무의미한 낱자 단위까지 다루므로 아동의 학습 흥미유발 지속이 곤란하다.
• 일단 자소-음소의 대응 관계를 파악하게 되면, 이 규칙을 새로운 낱말 읽기에도 적용할 수 있으므로 학습의 전이가 높다. • 철자에 유의하게 되므로 맞춤법 학습과 바른 쓰기 지도에도 유용하게 도움이 된다.	• 의미보다는 문자 자체에 더 큰 관심을 갖게 되므로 독해 지도와 밀착되지 않는다. • 지나치게 자소-음소 대응을 강조하게 되면 받침있는 음절, 연음이 되는 단어 읽기에 어려움이 따른다.
의미중심 방법	
장 점	**단 점**
• 단어나 문장을 하나의 단위로 읽어 나가기 때문에 발음보다는 의미 파악에 초점을 둘 수 있다. • 제한된 단어, 문장으로 반복·지도하므로 학습이 쉽다.	• 너무 의미 파악에 지도의 초점을 맞추게 되므로 정확한 발음(읽기) 지도가 어렵다. • 제한된 단어, 문장만 지도하므로 학습량이 많지 않다.
• 실생활에서 익숙한 단어나 문장을 중심으로 지도하므로 학습의 흥미유발, 지속적 관심을 유지할 수 있다. • 문자 읽기에 그치지 않고 읽은 내용을 생활과 연결시켜 말해 보는 방법을 결합하여 읽기와 말하기 지도를 병행할 수 있다.	• 일단 배운 글자는 그 형태 또는 기억에 의해 쉽게 읽을 수 있으나 배우지 않은 단어나 문장은 거의 읽을 수 없다. 즉 학습의 전이가 매우 낮다. • 기억이 나지 않는 단어는 추측하여 읽게 된다(이러한 비판에 대해서는 추측하여 읽는 것은 오히려 독해에 대한 관심의 표명이므로 권장되어야 한다고 주장하는 학자들도 있음).

앞서 살펴보았듯이 발음중심 지도방법과 의미중심 지도방법은 문자 지도방법으로서 나름대로의 장점과 제한점을 가지고 있다. 따라서 발음중심 지도방법과 의미중심 지도방법의 절충이 필요하다. 근래에 와서 단어방법을 중심으로 하되 발음의 원칙이나 같은 발음이 되는 단어들을 함께 모아 가르치는 식으로 소위 절충적 방법이 환영을 받고 있어 대다수의 교사들이 두 가지 접근법을 모두 사용하고 있다. 그러나 아직 어느 방법이 주가 되고, 부가 되어야 하느냐를 확정할 만한 충분한 근거는 없지만 유아의 학습단계에서 흥미유발 및 유아 경험과 문자학습의 직결을 위해서, 첫단계에서는 의미중심 지도방법이 도입되고 유아들이 시각어휘를 어느 정도 습득하게 한 후에 발음중심 지도방법을 도입하여 각 음소의 음가학습 및 음절의 구성원리 등을 지도하는 것이 바람직하다.

의미중심 지도법의 방법으로 '이야기 책읽기' 활동의 효과는 많은 연구들에서 긍정적인 것으로 나타났다. 김명순과 홍경은(2000)의 연구에서는 글없는 그림책 읽기 활동을 실시한 결과 다음과 같은 효과가 있음을 밝혔다.

① 활동에 참여한 집단의 유아가 발화량이 더 많았다. 즉 글없는 그림책 읽기 활동은 유아의 어휘와 문장수를 촉진시킬 수 있었다.

② 활동에 참여한 집단의 유아가 구어능력과 이야기 구성능력에서 유의하게 높은 성과를 나타냈다. 구체적으로 살펴보면 활동에 참여한 유아는 책의 제목, 작가 언급, 감정표현, 동기 밝히기, 예측하기, 대화체로 구성하기에서 통계적으로 유의한 차이가 있었다.

③ 활동에 참여한 집단의 유아가 구연, 억양 사용하기, 경험 · 지식 사용하기, 이야기 교훈 말하기에서 보다 높은 수준을 나타냈다.

Heath(1983)는 문해환경이 풍부한 상황에서 성인과의 책읽기 상호작용은 유아로 하여금 사물이나 사건의 의미를 책의 맥락에서 자신의 경험과 관련된 다른 맥락으로 옮기는 탈맥락적 사고의 습관을 길러준다고 하였다(김명순 · 홍경은, 재인용, 2000).

또한 이경화(1998)의 논문에서도 '큰책 접근법'이 유아의 읽기 능력에 긍정적 영향을 미친다고 주장하며 '큰책 접근법'을 경험한 유아들은 책을 읽을 수 있는 유아들이 많았으며 읽기 발단단계가 향상되었다고 하였다.

특히 이영자 (1995)의 책에서도 나타난 바와 같이 아주 어린 영아시기부터 책에 대한 경험을 함으로써 영유아가 책다루는 방법, 책이 기능하는 방법, 인쇄글자와 말의 관련성, 읽기에 대한 흥미 등을 가질 수 있도록 도와주는 것이 필요하다.

의미중심 지도방법을 적용하면 유아교육 현장에서의 읽기활동은 읽기를 위한 준비활동에서부터 시작하여야 할 것이며 교사는 다음과 같은 점에 유의하여 지도하여야 겠다.

① 읽기에 흥미를 갖도록 자극적인 환경을 마련해 주도록 한다. 유아 주변에 많은 글자의 형태들과 다양한 도구들을 구비해 두고 규칙적으로 바꾸어 준다. 예를 들어 책, 물건의 이름, 자석글자, 고무글자, 작은 칠판, 다양한 종이들과 필기도구, 잡지나 카탈로그(catalog) 등을 구비해 둔다.

② 읽기 준비도를 높이기 위한 활동의 기회를 많이 주도록 한다.

- 경험적 배경 넓히기 : 책을 읽어 주는 것을 많이 듣고 토의에 참가하여 자기가 한 일에 대해 이야기한다.
- 어휘 확충하기 : 같은 의미의 다른 단어를 사용하기, 새로운 단어의 의미, 음의 변화, 소리 등에 대해 이야기하기
- 알고 있는 개념간의 관련성 알기 : 더운날이나 비오는 날에 입을 옷에 대해 의논함으로써 날씨와 옷과의 관련성 이해하기
- 시각적 기술 발달시키기 : 모양에 따라 분류하기, 모양 조립하기, 그림책 만들기, 모양을 잠깐 제시하고 치운 뒤 그려보기, 같거나 다른 단어 찾기
- 청각적 기술 발달시키기 : 소리나 음의 차이 구별하기, 같은 소리로 시작되는 그림을 모아서 붙이기
- 듣기활동 : 교사가 읽거나 이야기하다가 가끔 멈추어서 질문을 함으로써 아동의 주의집중 정도와 듣기능력을 알아볼 수 있다.
- 생각을 언어로 표현하는 능력 기르기 : 읽었던 이야기의 끝맺음하기, 제시된 단어에 대해 극화놀이하기
- 눈과 손의 협응력 기르기 : 블록 쌓기, 도구 사용하기, 낱자와 자기 이름을

모래에 써보기, 자르기, 찢기, 풀칠하기, 색칠하기

• 좌우 운동 능력 기르기 : 책을 읽을 때 손가락으로 짚어 가며 읽어 주기, 방향지시 게임하기

• 주의집중 시간 늘이기 : 아동이 함께 계획 세우고 참여하기

• 읽고자 하는 욕구 갖기 : 이름카드 사용하기, 아동의 작품에 이름붙여 주기, 부호 사용하기, 도서관 코너 설치하기, 아동의 경험을 교사가 써 주기, 읽기의 중요성 이해하기 등이 그 예다.

③ 구두 언어와 문자 언어간의 관계를 이해시킨다. 유아들은 말해진 것이 쓰여질 수 있다는 것을 이해해야 한다. Warner의 언어 경험 접근법(language experience approach)에서처럼 유아들은 말한 것이 쓰여지고 그것을 또 읽으면서 말과 문자의 연결(speech-to-printmatch)이 뚜렷해진다.

④ 문자와 책의 약속에 대한 이해를 촉진시킨다.

• 글자들의 의미있는 조합으로서의 단어에는 개념이 있다.

• 왼쪽에서 오른쪽으로 읽는다.

• 책장(page)의 위와 아래를 알고 언제 책장을 넘기는지 안다.

• 책은 시작과 끝이 있다.

• 글자는 의미있는 것이고 세상에 있는 것들과 관련있는 것이다.

이 외에도 '여기에 무엇이라고 쓰여 있니?' 등의 질문을 함으로써 활자에 대한 기본적인 관심을 가질 수 있도록 한다.

2) 쓰기

유아의 쓰기 학습은 문자 자체를 지도하는 것보다 문자와 친숙해지고 여러 가지 선을 만들어 보는 활동 등 바람직한 활동 제공과 쓰기의 기초과정이 이루어지도록 돕는 것이 필요하다.

Clay는 쓰기 준비가 된 유아는 다음과 같은 행동원리를 보인다고 하였다.

(1) 반복의 원리(recurring principle)

유아가 형태나 글자 또는 단어를 반복하여 쓰는 현상을 말한다.

(2) 방향의 원리(directional principle)

왼쪽에서 오른쪽으로 가고 다시 되돌아 왼쪽에서 시작하는 현상을 말한다.

(3) 생성의 원리(generating principle)

글자는 여러 단어에서 다양한 형태로 나타날 수 있다는 원리의 인식이다.

(4) 아는 글자 목록 기록 원리(inventory principle)

유아가 아는 모든 글자를 그대로 적는 현상을 말한다.

(5) 대조의 원리(contrastive principle)

글자, 단어, 개념 등의 유사점과 차이점을 지각하는 것을 말한다.

이영자(1995)는 교사가 유아의 쓰기에 대한 지식이 없어서는 올바른 쓰기 지도를 하기 어렵다고 하면서 Schickedanz(1993)의 유아의 쓰기 전략에 따른 지도방법을 다음과 같이 설명하였다.

1 물리적 관계전략

물체 또는 사람의 외적 특성과 자극의 수, 크기를 관련시켜 쓰는 전략이다.

2 시각적 디자인 전략

단어의 인위적 특성을 받아들여 몇 단어 쓰기를 시도하고, 흔히 자신의 이름을 쓰거나 다른 사람이 써준 이름을 베껴 쓴다.

3 음절적 전략

구어와 쓰여진 글자가 관계가 있다는 것을 인식하여 구어를 음절로 나누어서 각 음절을 자국으로 기호화한다.

4 시각적 규칙전략

단어처럼 보이게 하기 위해 자음 · 모음을 연결하여 단어를 만든다.

5 권위에 기초한 전략

성인에게 철자를 묻거나 주변의 인쇄물이나 익숙한 책의 잘아는 단어를 베껴 쓴다.

6 초기 음운적 전략

단어의 각 소리를 내어가며 철자를 생성하기 시작하여 그 결과 발명적 철자가 나타난다.

7 후기 음운적 전략

소리에 기초한 철자법이 실제 단어와 똑같이 않다는 것을 인식하여 성인에게 다시 철자를 묻기 시작한다.

위의 단계를 고려하여 음절적 전략에서 시각적 규칙 전략으로 전환시에는 주변 환경에서 글자를 볼 기회를 많이 주고, 시각적 규칙전략에서 권위에 기초한 전략으로 전환될 때는 주변에 연결적 글자에 대한 질문에 반응하고 철자 관련 질문에 대답해 줄 수 있는 성인이 있어야 하며, 권위에 기초한 전략에서 음운적 전략에 기초한 쓰기로의 전환시에는 철자에 대한 질문에 유아에게 각 글자의 음소를 분리하여 소리내면서 대답해 주는 것이 효과적이라고 하였다.

쓰기를 지도할 때는 교사는 위의 내용과 함께 다음 사항을 유의하여 지도하는 것이 바람직하다.

① 쓰기활동에 적절한 자료를 제공한다.

② 소근육 발달을 위한 활동을 많이 제공한다. 그림그리기, 손가락 그림, 구슬끼우기, 가위질하기, 풀칠하기, 점토놀이, 목공놀이, 바느질하기 등의 활동과 쓰기도구 사용을 위해 세 손가락 사용을 위한 활동들을 제공할 수 있다.

③ 실제로 쓰는 시범을 보여 쓰기에 흥미를 갖도록 한다. 유아가 보는 앞에서 성인이 쓰기를 하는 것은 유아에게 어른들도 역시 무엇인가 쓰고, 그것은 일상생활에 중요한 활동이라는 것을 보여주게 되는 것이다.

④ 유아의 발달적 특징을 잘 이해하고 지도한다. 유아들은 이름이나 숫자를 거꾸로 쓰는 경우가 있다. 이러한 현상은 좌우 방향감이 부족하고 시각적 기억력이 제한되며 눈과 손의 협응력이 부족하기 때문이다. 유아가 이러한 특징을 보일 때는 직접적인 교정보다 바르게 쓴 것을 보고 차이점을 찾아내어 스스로 방향감을 깨닫도록 지도한다.

⑤ 유아가 무언가 쓰려고 하는 욕구를 보이는지 잘 관찰하여 지도한다. 유아의 호기심과 동기유발이 학습의 효과를 가져오기 때문이다.

⑥ 쓰기 기회를 많이 준다. 유아가 가능한 많은 쓰기경험을 할 수 있도록 활동을 계획할 수 있다.

- 낱말 모으기
- 친척들에게 편지 쓰기
- 애완동물에 대해 기록하기
- 자기 자신의 성장을 기록하기
- 장난감에 대한 이야기 나누기
- 초대장 쓰기
- 쇼핑목록 작성하기

- 여행일정 세우기
- 여행계획 세우기
- 간단한 낱말 게임하기
- 집안의 물건에 이름 붙이기
- 지시문 쓰기
- 다른 나라(혹은 지방) 어린이와 편지 교환하기
- 생일, 성탄절, 또는 축하카드 쓰기
- 느낌을 시로 표현하기

⑦ 듣기, 말하기, 읽기 활동과 관련해서 지도한다. 쓰기 지도는 유아에게 여러 가지 내용(정보, 동화 등)을 들려주고 많은 정보교환을 계속하며 문자 읽기에 대한 흥미를 제공하는 등의 활동과 관련해서 이루어져야 효과적이다.

⑧ 쓰기를 처음 시도할 때 모험을 해 보도록 장려하고 실수를 유아의 성장과 발달의 자연스러운 패턴으로 받아들인다(이영자, 1995, 재인용, p. 177).

3. 교사의 역할

유아의 교육활동은 대부분 교사의 언어 행동에 의해 이루어지므로 교사의 언어 행동은 중요한 비중을 차지한다. 특히 언어 교육활동은 교사가 의도적으로 조직한 형식적 교육활동을 통해서 뿐 아니라 일상생활 자체가 언어교육의 현장이기 때문에 교사의 책임과 역할수행이 더욱 막중하다.

유아의 언어능력 발달을 위해 교사의 역할을 살펴보면 모델로서의 역할, 언어경험 제공자의 역할, 상호작용자로서의 역할로 나눌 수 있다.

1) 모델로서의 역할

유아는 다른 사람의 언어를 모방하려는 경향이 있다. 교사의 말투, 어휘, 억양 등을 모방하기 쉬우므로 교사는 항상 정확한 발음과 언어표현을 하는 모범을 보여야 한다. 교사는 표준어 사용, 완전한 문장 사용에도 주의를 기울여 좋은 모델이 되도록 해야 한다.

또한 문법적으로 정확한 언어를 사용하여 유아 언어의 문법적 측면을 발달시키는 데 도움을 주어야 한다.

이 때 유아가 문법적 오류를 범하였다고 해서 바로 교정하거나 충고해 주기보다는 즐거운 대화자로서 자연스럽게 교사가 정확한 문장을 사용함으로써 스스로가 자연스럽게 잘못된 점을 깨닫게 해 줄 수 있다. 예를 들어, '선생님, 나 사과 내일 먹었어요.'라고 했을 때 '그래, 영희는 어제 사과를 먹었구나.'라고 반응해 준다. 수정의 빈도가 증가할수록 유아는 교사 앞에서 말하기를 두려워할 가능성이 크기 때문에 즉각적인 문법적 오류의 수정보다는 유아의 언어적 흥미와 의사소통을 확장 내지 촉진시키면서 좋은 모델을 보여줄 수 있다.

그리고 교사는 말하기 뿐 아니라 듣기에서도 모델이 되어야 한다. 교사가 유아의 이야기를 열심히 듣는 태도를 보여주는 것은 유아가 교사의 이야기에, 유아 상호간의 이야기에 주의를 집중하는 태도를 기르게 하는데 도움이 될 것이다.

2) 제공자로서의 역할

유아들은 구체적인 사물을 통해서 직접 활동해 봄으로써 언어발달을 촉진시킬 수 있다. 한 연구에 따르면 4세 유아는 시각적으로 제시된 16개의 그림 중 93%를 인식했으나 언어적으로 제시된 항목은 72%만 기억했다. 이 연구 결과는 말로만 하는 것보다는 시청각 자료를 이용하여 활동하는 것이 기억하는데 훨씬 효과적이라는 것이다. 그러므로 유아에게 많은 실제적 경험활동을 많이 제공해 주어야 한다.

이미 설정된 언어교육 목표에 기초를 두고 활동자료를 제작하고 언어경험 활동을 계획해야 한다.

언어활동을 계획하고 제공할 때는 유아의 언어기능이 가정환경이나 개인능력에 따라 많은 차이가 있으므로 유아의 현재 발달수준, 요구, 흥미 등에 근거하여야 한다.

항상 새로운 것, 자극적인 것만을 찾기보다 일상생활에 사용되는 모든 사물들이 유용한 언어교육 자료가 될 수 있다. 그러므로 교사는 항상 교재개발을 위해 노력해야 할 것이다.

3) 상호작용자로서의 역할

교사는 유아들이 언제, 어디서나 언어학습의 경험을 쌓을 수 있도록 허용적인 분위기를 조성하여 상호작용을 많이 할 수 있도록 노력해야 한다. 항상 유아들이 말하는 것과 행동하는 것에 관심을 가지고 각 유아와 대화할 수 있도록 그들의 관심과 흥미에 주의를 기울여 개별적 접촉을 많이 해야 한다. 일상생활 속에서도 경험을 유아와 함께 나누고 질의응답이나 탐색활동을 통하여 언어발달을 도모할 수 있다.

언어학습은 유아의 개념학습의 촉진제 역할을 하며, 기억을 돕고, 저장된 정보를 재생시키는 데 중요한 역할을 한다.

유아와 상호작용시 대화를 나눌 때는 유아의 흥미를 자극하기 위해 대화의 주제나 자료 등을 다양하게 하며 대화에 필요한 예의가 습관화되도록 해야 한다.

즉, 말하는 태도, 말하는 순서 기다리기, 사회적 어구(미안합니다, 감사합니다 등)의 사용, 존대말 사용이 적절히 되도록 지도해야 한다.

또한 교사가 적절한 질문을 던져 유아들의 사고를 정리할 수 있는 기회를 주어야 한다. 질문을 할 때는 유아가 다각적으로 답변할 수 있게 개방식 질문(open-ended question)을 많이 하도록 해야 한다. 그리고 유아의 행동에 대해 항상 피드백(feedback)을 해 주어 새로운 단어나 언어개념을 익히도록 하여 자신감을 갖고, 언어활동에 긍정적인 태도를 갖도록 해야 할 것이다.

4. 언어영역의 환경구성

유아를 위한 언어교육은 유아가 속해 있는 모든 상황하에서 이루어질 수 있다. 하지만 정비된 환경과 교육적인 자료들은 효과적인 언어지도에 필요조건이 된다. 그러므로 교사는 언어교육을 위한 환경구성에 신경을 써야 한다.

흥미영역별 환경구성을 하는데 있어 언어영역의 구성에 대해 바람직한 방향을 제시하면 다음과 같다.

1) 언어영역의 구성

흥미영역이란 칸막이 또는 이동식 가구를 적절한 형태로 배열해 놓고 각 영역에서 유아들이 소집단으로 활동하며 스스로 배울 수 있도록 마련한 장소이다.

흥미영역의 설치와 구성은 각 기관의 교육목적, 교육과정의 운영, 유아의 흥미 혹은 교사의 판단에 따라서 다를 뿐 아니라 얼마든지 추가, 수정될 수 있으므로 흥미영역 설치에 있어 확고 부동한 기준은 있을 수 없다.

Frost에 의하면 교실내부의 구성은 주로 다음 그림과 같이 네 가지 기초구성에 근거하여 각 영역이 배치된다.

그림에서와 같이 물이 요구되는 활동은 될 수 있는대로 건조한 활동과 격리되도록 하며 활동적인 영역은 되도록 조용한 영역에서 멀리 떨어져 설치하도록 한다. 각 지역을 세부적으로 살펴보면 다음과 같다.

건조한 곳

조용한 곳			활동적인 곳
	1지역	2지역	
	3지역	4지역	

물이 있는 곳

- 제1지역(조용하고 건조한 곳) : 책보기, 듣기, 이야기 나누기, 동화, 쓰기, 소집단 활동을 위한 곳
- 제2지역(활동적이고 건조한 곳) : 대근육활동, 적목놀이, 목공놀이, 소꿉놀이, 음률 활동 등을 계획할 수 있다.
- 제3지역(물이 있고 조용한 곳) : 요리하기, 간식 먹기, 풀칠하기, 점토놀이 등의 미술활동 등을 계획할 수 있다.
- 제4지역(활동적이고 물이 있는 곳) : 주로 물놀이, 모래놀이, 손씻는 곳, 물감그리기, 물을 사용하는 과학실험 등을 할 수 있는 영역이다.

앞의 그림에서와 같이 언어영역은 1지역, 즉 햇볕이 잘 들어 밝고 건조하며 소음이 없는 곳에 위치하게 한다. 바닥은 소음방지를 위해 카펫을 깔아주고 커다란 쿠션을 만들어 주어 유아가 책을 볼 수 있는 아늑한 분위기를 마련해 준다.

언어영역은 언어적 능력, 즉 듣기, 말하기, 읽기, 쓰기를 보다 더 잘하게 하는 것을 목적으로 하므로 활용할 수 있는 공간의 크기에 따라 다르게 구성할 수 있다. 공간이 넓을 때에는 언어영역을 세분화하여 책보기, 듣기, 그룹게임, 쓰기영역 등으로 나눌 수 있으며, 공간이 좁을 경우 언어영역 한 곳에 각 활동을 자주 변화를 주어 융통성있게 운영할 수 있을 것이다.

책보기 영역은 듣기, 말하기, 읽기, 쓰기의 활동들이 통합되어질 수 있는 중요한 곳일 뿐만 아니라 글자를 익히고 독서습관을 기르기 위해서도 책보기 영역은 꼭 필요하다.

책꽂이는 책의 표지가 보이도록 진열하는 것이 바람직하다. 공간이 협소할 경우에는 도서관의 서가처럼 꽂아두는 것도 유아들은 좋아한다. 진열하는 책은 단원에 따라 유아들의 다양한 발달수준에 따라, 계절에 맞게 자주 바꾸어 주어야 한다. 또한 유아들이 알고 싶은 정보를 찾을 수 있는 유아용 백과사전 같은 책도 진열해 주면 좋을 것이다.

책보기 영역에 전시할 책들을 선택하는 기준은 다음과 같다.

① 재미있고 유익한가?
② 제본이 잘 되어 있고 종이의 질이 좋은가?
③ 그림표현이 적절하며 색깔이 선명한가?
④ 페이지마다 그림과 내용이 알맞게 들어 있는가?
⑤ 책의 전체 페이지 수가 유아의 발달수준에 알맞는가?

언어영역에 갖추어야 할 기본 설비는 다음과 같다.

- 유아용 책상과 의자
- 편안한 쿠션이나 쇼파
- 책꽂이
- 칸막이나 선반
- 칠판, 융판, 게시판 등
- 녹음기와 같은 시청각 기재

이와 같이 언어영역을 따로 구분하여 구성할 수 있지만 언어교육이 이 영역에서만 이루어지는 것은 아니다. 언어는 인간의 내면에 존재하고 있는 생각이나 느낌을 밖으로 표출시키는 역할을 하므로 모든 교육활동에서도 이루어질 수 있다는 사실을 잊지 말아야 할 것이다.

2) 언어영역의 자료

유아교육기관에서는 초등학교처럼 교과서가 없으므로 여러 가지 교육자료들이 준비되어 있어야 한다. 유아들은 이러한 자료들을 통해 경험하며 배우게 된다.

언어영역에 비치될 자료로는 상품화된 것, 교사가 직접 제작한 것이 있다.

상품화된 자료는 시간절약의 장점이 있으며 구입할 때는 교육목표와 유아의 발달수준과 가격 및 활용도를 고려하여야 한다. 될 수 있으면 상품화된 자료를 많이 활용하는 것이 경제적일 수 있다. 교사가 직접 제작하는 경우에도 교육목표, 유아의 흥미, 발달수준, 견고성, 미적 감각, 활용도의 만족도가 높아야 한다. 제작 비용과 시간 소요도 고려하여 낭비가 없도록 준비해야 할 것이다.

언어영역을 활성화하기 위한 교육자료는 듣기, 말하기, 읽기, 쓰기학습에 도움이 되도록 여러 종류가 제공되어야 하며, 활동의 수준은 쉬운 것에서 어려운 것까지 다양하며 유아의 언어능력에 따라 적절한 자료를 사용할 수 있게 해야 한다. 자료는 유아가 쉽게 꺼내고 다시 정리할 수 있도록 편리하게 전시되어야 하며, 유아의 흥미도, 학습단원 등에 따라 변화를 주어야 한다. 한편 교사는 자료를 잘 보관하고 관리해야 한다. 정기적으로 교육자료를 점검하여 파손된 부분을 수선하고 품목별로 정리하여 분실된 자료는 보충하여 보관하도록 하며, 교재 및 자료 목록표를 만들어 두는 것도 좋은 방법일 것이다.

(1) 듣기활동을 위한 언어영역

유아는 듣는 과정을 거쳐서 말하게 되므로 듣기란 모든 언어소통 기능의 기초가 되는 활동이다. 집중해서 잘 들을 수 있는 능력은 언어발달의 가장 근본이라 할 수 있다. 그러나 유아들 중에는 잘 들을 수 있는 여건이나 자극을 가지지 못한 유아와 늘 여러 가지 소음에 방치되었던 유아들이 있다. 따라서 잘 들을 수 있도록 도와주는 데 언어영역을 활용한다.

듣기활동 자료는 다음과 같다.

- 전축과 레코드판
- 이어폰
- 슬라이드와 프로젝터

- 라디오
- 테이프, 레코더와 테이프(음악, 효과음, 동화)
- 여러 종류의 악기
- 소리나는 물건(시계, 호루라기, 메트로놈 등)
- 교사가 제작한 교구, 게임판 등

(2) 말하기 활동을 위한 언어영역

말하기 활동을 격려해 주기 위해서는 유아에게 또래 집단과의 상호작용, 교사나 부모 등의 다른 성인들과 많은 대화를 할 기회를 주는 것이 필요하며 자기의사를 자유롭게 표현할 수 있도록 개인 또는 소집단 활동을 이끌어 주는 환경이 무엇보다도 중요하다.

말하기 활동자료는 다음과 같다.

- 손인형 등 각종 인형과 인형극 등
- 융판과 융판자료
- 후란넬판
- 그림 순서카드
- 전화기
- 디오라마
- 역할놀이용 자료
- 마이크
- 아크릴판과 이야기 꾸미기 자료
- 수수께끼 카드와 상자
- 말하기 게임카드

(3) 읽기활동을 위한 언어영역

유아교육기관에서의 읽기활동은 읽기 그 자체보다 읽기를 위한 준비활동 중심으로 계획하여야 한다. 즉 시각적인 변별능력을 도와주는 활동, 청각적인 변별능력을 도와주는 활동, 왼쪽에서 오른쪽으로의 방향감의 발달. 인쇄매체나 책에 대한 긍정적 태도 등이 모두 여기에 포함된다.

읽기활동 자료는 다음과 같다.

- 동화책
- 유아용 월간 잡지
- 동요, 동시집
- 사전 종류
- 여러 가지 카탈로그
- 신문, 잡지, 전화번호부
- 글자책(교사 제작)
- 글자 블록
- 글자 카드
- 자석판과 글자
- 글자 퍼즐
- 유아가 만든 이야기책
- 요리 순서카드

(4) 쓰기활동을 위한 언어영역

유아교육기관에서 쓰기를 위해 활용할 수 있는 교육활동은 쓰기 준비활동과 쓰기활동으로 나누어 볼 수 있다.

일반적으로 쓰기 학습 준비를 위한 교육 내용으로는 유아가 글자에 관해 관심과 흥미를 갖도록 유도하는 활동, 소근육 발달을 증진시킬 수 있는 활동, 눈과 손의 협응력 발달을 위한 활동을 들 수 있다.

쓰기활동 자료는 다음과 같다.

- 종이(다양한 색, 모양, 크기의 종이)

- 차트
- 필기 도구 (4B 연필, 색연필, 사인펜, 크레파스, 매직펜)
- 단어카드
- 철자모음
- 타자기
- 우체통 (상자이용)
- 철판도형 등
- 글자 은행 상자
- 화이트 보드와 화이트 보드용 펜
- 글자 스탬프와 잉크

참고 문헌

김명순(1997). 교실의 문해 환경이 만 4~5세 유아의 책 이야기 꾸미기에 미치는 영향. **유아교육연구,** 17(2), 77-95.

김태선(2000). 어머니와 유아의 언어적 상호작용이 유아의 문해발달에 미치는 영향, 경북대 대학원 박사논문.

류재동(2000). 짧은 이야기 활동을 통한 통합적 접근 언어교육 활동이 유아의 언어발달에 미치는 영향, 성균관대 교육대학원 석사논문.

민성혜(1998). 동화 활동시 교사의 질문 유형에 따른 유아의 언어 및 사고능력 발달 비교, 한국교원대 대학원 석사논문.

박미라 · 오미경(2000). 유아의 문어적 이야기 구성하기 발달에 관한 연구. **유아교육연구,** 20(2).

박병희(2000). 최근 두뇌연구 결과와 영 · 유아교육, 한국유아교육학회 논단.

박춘식(1986). **유아언어교육**. 서울: 학문사.

박혜경(1991). 유아를 위한 총체적 언어교육 접근법의 효과에 관한 연구. 이화여자대학교 대학원 박사학위 미간행 논문.

서봉연 · 주영희 공저(1988). **언어의 발달과 지도.** 한국방송통신대학 출판부.

성미경 외 2인(2012), **영유아의 언어지도.** 서울: 학지사.

오은순 외 4인(2003), **영유아언어교육.** 경기: 양서원.

이경우 (1999). **총체적 언어 문학적 접근을 중심으로** 서울: 창지사.

이대균 · 장명자(2000). **동화중심 표현활동을 통한 유아 창의성 교육 프로그램.** 경기: 양서원.

이윤옥(1998). **유아의 창의성 함양을 위한 짧은 이야기 활동**. 서울: 창지사.

이정민(2000). 유아언어발달과 영어교육. 한국어린이육영회 학술대회 논문.

이차숙(1995). 효과적인 문식성 지도를 위한 이론적 탐색. **유아교육연구,** 15(2), 135-152.

이하원 외 4인(2012), **언어지도.** 서울: 창지사.

이화자(2000). 몬테소리 언어교육의 이론과 실제에 관한 연구, 대구 효성 카톨릭대 교육대학원 석사논문.

정미선(2000). 전래동화를 통한 총체적 언어교육이 유아의 쓰기에 미치는 영향, 경남대 교육대학원 석사논문.

조성희(1998). 언어교육을 위한 프랑스 교수법의 이론과 실제, 서강대 교육대학원 석사논문.

조정숙 · 유향선 · 김은심(2000). **유아언어교육의 이론과 실제.** 서울: 창지사.

진명희(2000). **멀티미디어 시대의 유아언어교육**. 서울: 창지사.

최윤정 · 이기숙 (1999). 그림동화책 읽어주기와 토의가 유아의 친사회적 행동 및 추론에 미치는 영향. **한국아동학회,** 20(3).

한원주(1997). 언어교육 접근방법에 따른 유아의 읽기 능력과 내용 이해도 증진효과 비교 연구, 부산대 대학원 석사논문.

한유미 외 4인(2014), **영유아 언어교육의 이해.** 서울: 학지사.

홍옥선(1999). 언어 교수방법에 따른 유아의 음역화 및 내용 이해도 증진 효과 비교, 부산대 교육대학원 석사논문.

Dorothy, Einon (1998). *Learning early. Marshall Editions*, Ltd.

Gutknecht, B. (1989). *Trangition in reading instruction : From a skill acquistion to a whole language model. Journalbof Instructinal Psychology, 18*(1).

Newsweek(2000). 한국판 특별호.

Teale William H. & Sulzby Elizabeth(1986). *Emergent Literacy : Writing and Reading.* Norwood, New Jersey Albex Publishing Corporation.

Warner Sylvia Ashton. (1963). *Teacher.* New York Simon & Schastor Inc.

제 3 장

언어교육 지도방법

1. 듣기 지도
2. 말하기 지도
3. 읽기 지도
4. 쓰기 지도

1. 듣기 지도

우리의 삶은 주변의 많은 소리와 함께 살아가고 있다. 특히 오늘날의 멀티미디어 세계 안에서 듣기 지도는 언어 지도에 있어서 가장 핵심이 되는 요소가 될 수 있으며 듣기를 통해서 말하기, 읽기, 쓰기가 이뤄진다는 점을 볼 때 결코 도외시할 수 없는 중요한 부분이라고 할 수 있다. 이러한 상황에서 유아들의 듣기란 지도방법이 중요하며 무엇을, 어떻게, 왜 들어야 하는지 구체적인 설명이 요구되며 이론과 실제가 병행될 때 온전한 듣기 지도가 될 수 있을 것으로 여겨진다. 유아들은 때때로 주의 깊게 듣기(listening)보다는 단순히 듣기(hearing)만을 하고 있는 실정에 있는데 사려 깊고 주의 깊게 듣는다는 것은 진정한 의미에 있어서의 듣기라고 할 수 있으며 능동적인 정신적인 과정(mental process)을 포함하고 있다. 그러므로 이 장에서 우리는 듣기 지도의 이론 및 실제를 살펴보고 교실과 현장을 연결할 수 있도록 해야 될 것이다. 여기서는 유아들의 듣기 기술을 발전시키고 돕는 방법을 제시하여 듣기에 영향을 끼치는 요소들에 대해 살펴보고자 한다.

① 듣기 지도를 해야 할 필요가 있을까? 만약 있다면 왜 듣기 지도가 필요한가?
② 효과적인 듣기 지도를 위해서 어떤 요소들이 영향을 끼치는가?
③ 교사가 도움을 줄 수 있는 유아들의 언어습관은 무엇인가?
④ 유아들의 듣기 기술을 발달시키기 위해서 교사가 어떤 도움을 줄 수 있는가?

1) 주의 깊게 듣기

우리 주변에는 헤아릴 수 없이 많은 소리들로 가득 차 있으며 그러한 소리들과 함께 매일매일을 살아가고 있다. 비록 우리가 청각에 장애를 지니고 있지 않더라도 주변의 사물들의 소리를 쉽게 지나치며 주의 깊게 듣지 못할 때가 많다. 유치원이나 초등학교에 다니고 있는 유아들은 오랫동안 자신의 귀를 통하여 수없이 무언가를 듣고 생각하면서 지내 왔다. 지금도 유아들은 주의 깊게 듣고 있지만 유아들의 듣기 습관은 자아 중심적이고 선택적이다. 따라서 유아들은 순간순간 흥미 있는 것에만 주의 깊게 듣고 있다. 듣기를 위한 능력은 가장 중요하다고 할 수 있으며 언어지도에 있어서 가장 중요한 자산이라고 할 수 있겠다. 그러므로 듣기는 또 다른 언어기술을 발달시켜 나가는 기초가 된다. 영아들도 들을 수 있으며 들은 후에는 그 다음 말을 시작하게 되고 후에는 읽고 쓰는 것을 배워나간다. 언어학습이 축적되어 발달되어 가는 것처럼 주의 깊게 듣는다는 것도 언어적인 지식과 기술을 습득하기 위한 근본적인 통로가 되어 언어학습을 지속시켜 나가고 있다. 그러므로 듣기, 말하기, 읽기, 쓰기의 모든 언어행동은 통합적으로 일어나며 듣기는 그 한 부분에 속한다고 볼 수 있다. 예를 들면, 읽기를 학습한다는 것은 유아들의 구두 언어로 취할 수 있는 상황과 책 페이지에 쓰여진 상징을 통하여 구두 언어 소리와 연합하기 위한 학습과정으로서 유아들이 읽는다는 것은 누군가의 구두기교를 재구성하고 있는 과정으로 나타낼 수 있는 것이다. 반대로 작문은 대조적인 과정으로 그것은 누군가에게 들었던 단어들을 나타내기 위하여 상징을 표현하고 있는 것이라고 할 수 있다. 다른 활동에 비하여 듣기활동은 다른 어떤 언어활동보다 더 많은 시간을 필요로 한다. Wilt는 초등학교 유아들의 듣기활동이 학교시간의 5시간 중에서 2시간 반 가량 차지했다는 것을 제시하고 있다. [그림 3-1] 모형은 Taylor의 듣기모형을 제시하고 있으며 그 내용은 다음과 같다.

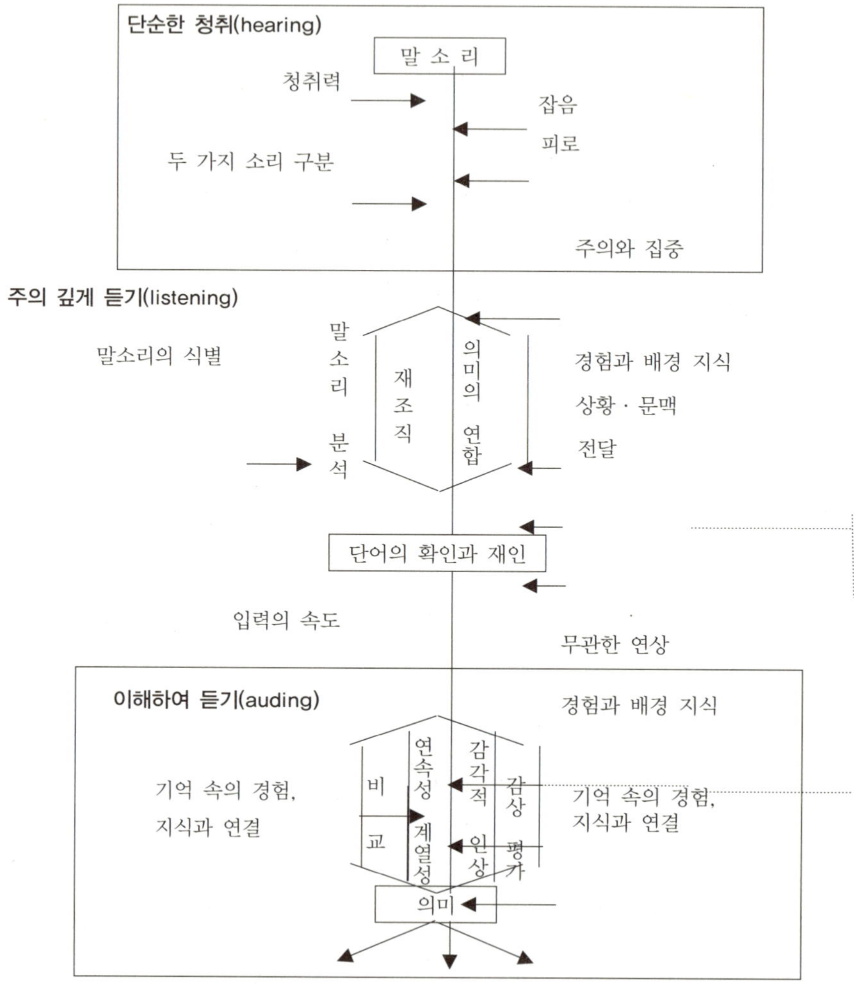

[그림 3-1] Taylor의 듣기의 3단계 모형(김숙이, 2002)

2) Taylor의 듣기 모형

Taylor는 듣기의 3가지 단계를 설명하고 있는데, 즉 단순한 청취(hearing), 주의 깊게 듣기(listening), 그리고 구두 언어를 인식하는 듣기(auding)의 세 단계를 제시하고 있다. 여기에서 단순한 청취란 귀 안에서 소리의 파동을 수정하고 또한 받기도 하는 물리적인 과정이다. 그것은 소리의 근원에 비롯된 개인의 능력에 달려 있다고 볼 수 있으며 청취할 수 있는 에너지를 받기 위하여 계속되고 있다. 주의 깊게 듣기는 말하는 소리의 인식을 언급하고 있으며 의미 있는 마디 속으로 들어가는 소리의 과정이라고 볼 수 있다. 그것은 누군가의 경험의 배경과 상황에 관계되는 것으로 소리를 분석하고, 조직하고 연합하기 위한 능력을 포함하고 있다. 구두 언어를 인식하며 듣기(auding)란 일종의 감상적인 듣기로서 높은 인지적 능력을 포함하는 것을 나타내기 위해 사용되고 있는데 그것은 이해력이나 어떤 느낌의 결과를 초래하게 되는 것이다. 듣기에 대한 각각의 단계는 물리적인 과정과 지적인 능력에 달려 있다고 볼 수 있다. [그림 3-1]은 Taylor의 듣기의 3단계 모형을 잘 묘사해 주고 있다.

3) 듣기(listening)에 영향을 미치는 요소들

(1) 청취감각

유아의 청취감각 능력은 듣기에 영향을 미친다. 청취력을 상실한 유아의 증후군은 일반적인 부주의, 말하는 상대방에게 더 가깝게 다가가려는 행동을 보인다거나, 머리를 옆으로 돌리는 행동, 너무 작게 말을 하거나 혹은 너무 크게 말을 하는 등의 증상을 보인다.

(2) 교육수준과 배경

지능과 교육적인 경험은 듣기 능력에 높은 상관관계를 가지도 있다고 한다. 듣기는 정보의 제공이 포함되는데 유아들의 사고를 조직하고 평가하기 위한 능력에 영향을 미치고 있다. 유아들의 경험에 있어서 더 넓은 영역은 더 많은 중요한 포인트를 제공하게 되는 것이다. 그리하여 유아들은 폭넓은 경험과 더불어 새로운 사고와 연합하게 되고 좀 더 의미 있는 사고에 귀를 기울이게 된다.

(3) 정서와 사회정서적 적응

정서는 유아들의 당면하고 있는 어떤 상태를 가장 정확하게 대변해 줄 수 있는 척도이며 정서가 불안할수록 사회관계나 대인관계가 원만하지 못한 상황으로 유추할 수 있다. 따라서 안전한 상태에 있는 유아들일수록 어떤 환경에 능동적으로 대처할 수 있게 된다.

(4) 환경

잘 정비되고 친근한 교실 분위기는 듣기를 더 쉽게 해 주며 학습에 있어서 중요함을 인식하게 해 준다. 지나친 움직임이나 신체적 불안은 정신적인 산만함을 낳게 하고 듣기를 더 어렵게 만든다.

(5) 듣기 태도

무언가를 잘 듣기 원하는 유아는 듣기를 향한 태도도 긍정적이고 적극적인 자세를 취한다. 유아들에게 듣기는 중요하다는 인식을 불어넣어 줄 필요가 있으며 듣기에 대한 기교를 얻도록 도와주는 것이 바람직하다.

(6) 자료의 수준

듣기를 위한 자료의 쉽고 어려운 정도는 청자인 유아에게 때로는 도전적인 형태로 느껴지게 한다. 비록 새로운 아이디어를 동원한 자료일지라도 오랫동안 주의력을 모으는 것과는 관계가 되지 않는다. 그러나 적절한 듣기자료는 주의집중과 이해를 돕는 여건을 마련해 준다. 자료가 효과적이기 위해선 유아들의 경험과 인지발달의 수준에 적절해야만 한다. 즉, 이것은 듣기활동이 편안한 상태에서 이뤄져야 하며 적절한 자료들이 수반되어야 함을 의미하고 있다.

(7) 화자의 목소리

잘 조절된 목소리는 화자가 말하고자 하는 어떤 것에 흥미를 갖게 하고, 청자로

하여금 듣고자 하는 의욕을 느끼게 하지만 매너리즘(mannerism)에 빠지게 하는 것은 좋은 청취를 방해하는 요소가 된다. 따라서 교사들과 유아들은 청자에게 화자의 책임을 인식할 필요가 있다. 따라서 교사의 목소리는 교실 안을 주도하고 있다고 할 수 있으므로 교사들은 자신의 목소리를 녹음기 테이프에 녹음하거나, 듣기활동에 대한 효과들을 분석할 필요도 있다.

4) 듣기의 인지수준(cognitive levels of listening)

우리는 우리 자신이 무엇인가 듣기를 원하고 들어야 할 필요성을 느끼기 때문에 매일매일 듣고 있다. 비록 듣기를 위한 환경조건이 이상적인 환경이 아니더라도 산만함을 막기 위한 최상의 노력을 기울이게 된다. 주의 깊게 듣는다는 것은 많은 인지적인 과정을 포함하고 있다. 만일 우리가 우리 자신의 듣기 행동을 시험한다면 우리는 우리가 기울인 노력의 결과에 주목하게 될 것이며 다양한 인지적인 수준도 포함될 것이다. 대부분의 경우 듣는다는 것은 다양한 변화를 인지하면서 소리에 민감하게 반응을 해 나감과 동시에 우리의 목적과 동기유발에 직접적으로 기여하고 있다. 듣기행동은 듣는 사람의 인지수준에 의하여 몇 가지 유형으로 나뉘게 된다. 이러한 유형에는 수동적인 듣기, 정보를 위한 듣기, 이해를 위한 듣기, 그리고 비판적 듣기가 있다.

(1) 수동적인 듣기(passive listening)

수동적 듣기란 물리적으로는 소리를 듣고 있지만 인지적인 반응이 없는 상태를 말한다. 이러한 수준에서의 듣기란 소리를 모호하게 인식하고 있고 소리 속에 포함된 주요한 메시지의 진행을 처리하고 있지 않은 단계이다. 예를 들어, 만일 여러분이 공부를 하고 있는 동안에 라디오를 가지고 있다면 여러분은 라디오 속에서 음악이 연주되고 있다는 것을 인식하게 될 것이다. 어쨌든, 만일 누군가가 여러분에게 노래의 제목을 묻는다면 대답하기 전에 라디오를 켜서 노래를 들어보는 것을 시도할 것이다.

수동적인 듣기는 관찰자들을 혼란스럽게 만들 수가 있다. 때로 우리는 유아들이 조용히 앉아 있거나 주의력을 보이기 때문에 그들이 듣고 있다고 생각한다. 그러나 유아들은 실제로 전혀 듣지 않고 있거나 수동적인 수준에서 그저 듣기만을 하고 있는 경우가 많다. 경험이 있는 교사들은 유아의 수동적인 표시에 민감하게 반응한다. 교사들은 유아들과 빈번한 상호작용을 함으로써 수동적인 청자들을 적극적인 듣기를 할 수 있도록 도울 수 있다.

(2) 정보를 위한 듣기(listening for information)

청자들은 자신의 지식수준에서 정보를 듣고 뭔가 말했던 것을 기억하려고 한다. 청자가 부가적인 지식을 모아 가는 동안에 가능한 한 많은 정보를 기억 속에 저장하고 또한 주변의 정보와 함께 듣기의 영역을 확대해 나가기도 한다. 정보를 획득하기 위한 듣기는 다음과 같은 인지 능력을 필요로 한다.

① 단어의 뜻 회상하기 – 기존에 존재하고 있는 단어나 문장을 기억하면서 듣기를 하는 경우다.

② 문맥에서 알려지지 않은 의미 추론하기 – 문맥을 통하여 의미를 추론하며 듣기와 연결하는 경우다.

③ 문장 속에서 단어의 관계 이해하기 – 문장 속에서 단어를 통하여 정보를 얻으며 단어와 단어의 의미를 추론할 수 있는 경우다.

④ 특별한 사실 회상하기 – 아주 의미있는 일이나 사실을 떠올리며 듣기와 연결하는 경우다.

⑤ 감각적인 이미지 형성하기 – 이미지나 특별한 인상을 떠올리며 듣기를 하는 경우다.

⑥ 말의 메시지를 다시 풀어 쓰기 – 단어나 말의 의미를 재해석하여 듣기와 연결하는 경우다.

(3) 이해를 위한 듣기(listening for understanding)

이해를 위한 듣기는 사고와 연관되어 있다. 청자들은 새로 들은 정보와 문제를 해결하기 위하여 혹은 주제의 윤곽을 얻기 위하여 자신의 정보를 이용하므로 다음과 같은 인지능력을 요구하게 된다.

① 기존의 아이디어와 새로운 정보 연결하기 – 이미 존재하고 있는 사고 위에 새로운 정보나 새로운 이미지와 연결해 본다.

② 새로운 정보에 대하여 과거 지식과 연결하기 – 새로운 정보를 이전의 지식과 연결해 본다.

③ 시간, 공간, 그리고 인과관계들을 인식하기 – 시간 및 공간의 개념과 더불어 원인과 결과의 관계를 함께 인지해 본다.

④ 이해를 위해 요약하기 – 올바른 듣기를 돕기 위해서 전체적인 요약을 시행해 본다.

⑤ 비교 및 대조하기 – 이해를 위한 듣기의 일환으로 문장을 비교하거나 대조해 본다.

⑥ 주요한 아이디어를 찾아보기 – 전체적인 문장에서 주제 및 주요한 아이디어를 찾아본다.

⑦ 정보를 분류하거나 조직하기 – 주요한 정보를 주제별로 분류하거나 내용별로 분류하여 조직하고 체계화한다.

⑧ 추론하기 – 전체적인 글의 내용 중에서 유추하거나 추론해 본다.

⑨ 결과 예측하기 – 이야기 안에서 원인을 파악하고 결과를 유추해 본다.

(4) 비판적 듣기(critical listening)

비판적으로 듣는 청자들은 무엇을 듣고 판단할 것인지 분석할 줄 안다. 비판적 청자들은 정보를 받아들이기만을 하지 않고, 질문을 하려는 태도를 보이거나 정확하지 않은 논리를 찾거나 불충분한 증거를 찾아서 판단해 본다. 비판적 듣기는 다음과 같은 상황을 포함하고 있다.

① 관계되거나 무관계한 정보를 수용 – 비판적인 듣기를 위해서는 관계되거나 무관계한 정보를 수용해야 한다.

② 추론, 가설 – 다양한 의견으로부터 나온 사실을 분리하고 유추하거나 가설을 세울 수 있어야 한다.

③ 저자의 목적을 동일시 – 감정을 알리거나, 설명하거나, 표현하기 위해서 저자의 목적을 수용해야 한다.

④ 함축된 의견을 수용 – 타인의 의견을 묵시적으로 혹은 축약된 의견을 수용해야 한다.

⑤ 다른 견해를 수용 – 타인의 의견을 수용하되 적절한 판단을 고려해야 한다.

⑥ 이전의 지식과 비교 – 비판적인 듣기의 일환으로서 과거의 지식과 비교해 본다.

⑦ 정보의 유용성을 판단 – 정보가 타당한지 그 유용성을 판단한다.

⑧ 결론 도출 – 문장 안에서 혹은 대화 안에서 적절한 결론을 도출한다.

(5) 감상적인 듣기(appreciative listening)

듣기의 가장 높은 수준이라고 할 수 있는 감상적인 듣기는 듣기의 모든 수준과 모든 인지적 수준을 포함하고 있다. 또한 들었던 것에 대한 개인적인 반응을 하게 되므로 감상적인 청취는 청자와 상황에 따라 달라질 수 있다. 예를 들어, 가수의 누군가가 특정한 곡을 감상한다고 하면, 우리 모두는 출연자와 지휘자의 음악적인 능력, 연출, 의상, 무대의 빛, 혹은 곡 자체에 대하여 판단하고 비판할 수 있는 생각과 능력을 나타낼 수 있다.

5) 청취 모델로서의 교사(The teacher as a listening model)

많은 유아들은 주의 깊고 사려 깊은 청취의 경험이 없다고 말할 수 있다. 듣기를 할 때 어떤 유아들은 개인적으로 주의력이 집중될 수 있는 곳에서 살고 있는 반면에 시끄러운 조건에서 살고 있는 유아들도 있다. 어떤 유아들은 부유한 환경 속에서 자라고 있지만 대인관계의 부재나 타인과 적절한 대화를 못하면서 성장할 수 있다. 그리고 어떤 가정에서는 유아들의 의견과 아이디어를 단순히 무가치하게 여기기도 한다.

그러므로 유아교육기관에서 유아들의 듣기 경험의 질은 중요하다. 초기에 형성되는 듣기 습관은 유아들의 삶의 전반에 지속적으로 영향을 미친다. 비록 듣기 훈련을 위한 욕구가 점차 넓게 인식되어 가고 있다고 할지라도 듣기의 특별한 프로그램은 초등학교 이하 유치원이나 다른 유아교육기관에서도 잘 적용하지 못하고 있는 추세에 있다. 따라서 교사들은 자신이 듣기 행동의 모델이라는 사실을 직시해야만 한다. 교사는 교실 안에서 지도자로서, 조직자로서, 지시자로서 많은 주의를 기울여야 한다. 그러므로 교사는 듣기 행동의 본보기가 되어야 하며, 또한 교사 자신의 듣기 행동을 분석하는 것은 유아들에게 중요하게 작용될 것으로 사료된다. 이는 듣기 프로그램을 계획하는 첫 단계가 된다. 유아들을 가르칠 때 모범을 나타내는 교사의 행동은 매우 중요하다. 듣기 유형의 아이디어를 얻기 위해서는 다음과 같은 네 가지 질문을 시도해 보는 것도 바람직한 방법이 될 것으로 여겨진다.

① 유아들이 말할 때 주의깊게 경청하는가?
② 내게 와서 얘기하려고 할 때 유아들에게 눈을 마주치고 있는가?
③ 유아들이 질문할 때 내가 생각하고 있는 것을 잘 전달하고 있는가?
④ 유아들이 유머 감각이 있는 언어를 사용할 때 나는 유아들에게 즐겁게 대하고 있는가?

6) 듣기 프로그램의 내용

듣기 프로그램을 계획함에 있어서 가장 효과적인 척도는 특별한 듣기 기술을 가르치는 것이다. 그러므로 프로그램을 시작할 때 어떤 기교를 가르치기를 원하는지 결정해야 한다. 그런 다음 듣기 기술을 발달시키기 위한 학습을 계획해야 한다.

프로그램의 핵심이라고 할 수 있는 듣기기술로는 다음과 같은 것들이 포함된다.

① 주의력에 초점을 둔다 – 유아들의 주의집중을 보다 강화해 나가야 한다.

② 기억 속에서 정보를 찾는다 – 과거를 회상하며 이미지를 떠올린다.

③ 감각적인 이미지를 형성한다 – 현실적인 상황과 이미지를 연계한다.

④ 중요한 아이디어를 이해한다 – 아이디어에 집중한다.

⑤ 상세한 사항에 주의력을 집중한다 – 세부적인 상태를 직시한다.

⑥ 관계되지 않는 것으로부터 관계된 것을 구별한다 – 듣기 변별력의 일환으로 다양한 요소에서 듣기와 관련된 요인들을 찾아 보도록 한다.

⑦ 지시를 따른다 – 지시에 따라 듣기를 시도한다.

⑧ 정보를 조직한다 – 새로운 정보를 체계화한다.

⑨ 추론한다 – 유추해 본다.

⑩ 예상한다 – 미리 상상해 본다.

⑪ 정서적인 반응을 감지한다 – 안정된 마음으로 듣기에 임한다.

⑫ 평가한다 – 듣기에 대한 전체적인 상황을 재점검한다.

⑬ 결론을 도출한다 – 결과를 토대로 결론을 구성해 낸다.

7) 듣기 지도 원리

유아들은 다양한 학습의 기회를 가짐으로써 듣기 능력이 향상될 수 있다. 그러므로 교사는 조직적이고 체계적인 듣기교육을 계획하고 지시하며 지도해야 한다. 교사가 듣기 지도를 할 때 알아둬야 할 일반적인 지도 원리는 다음과 같다.

(1) 듣기의 중요성을 유아들에게 인지하게 한다.

유아들에게 단순히 들으라고 강요만 할 것이 아니라 듣기란 매우 중요하다는 사실을 인식시킨 다음 활동의 목적을 알려주고 주의 집중할 것을 지시하면 효과적인 듣기의 중요성을 인식하는데 유익할 것이다.

(2) 유아의 개인차와 흥미수준에 적합한 활동이어야 한다.

유아 개개인의 발달 수준과 흥미도에 따라 적합한 활동을 선정해야 하며 지나치게 어렵거나 쉬운 활동은 피하는 것이 유아의 흥미도나 이해도에 영향을 초래하지 않을 것이다.

(3) 적절한 자료와 테크닉을 융통성 있게 활용해야 한다.

학습 자료와 학습방법을 각기 달리하여 적절하게 사용할 때 유아의 듣기 지도는 더욱 새롭고 활기차게 진행될 수 있을 것이다. 예를 들면, 시, 동화, 동극, 신문, 인형, 물건 소개하기, 토의하기 등 다양한 자료와 방법으로 유아들에게 듣기를 위한 기회를 제공해 주어야 한다.

(4) 들을 수 있는 소리감각과 변별력을 길러 주어야 한다.

평소 주위에 있는 소리와 유아들의 느낌을 종합하며 듣기에 의미를 부여하고 감각을 높일 수 있도록 하여야 한다. 예를 들어, 새소리, 바람소리, 기차소리 그리고 자신의 심장이 뛰는 소리 등 주변의 소리에 유아가 민감하게 반응하여 들을 수 있는 변별력을 길러 주도록 해야 한다.

(5) 개인지도를 통하여 듣기 능력을 향상시켜야 한다.

유아들에게는 개인차가 있기 때문에 개별지도를 할 수 있는 프로그램을 계획하여 개개인의 듣기 능력을 진전시킬 수 있도록 교사는 치밀하게 계획하고 조직해야 할 필요가 있다.

(6) 교사는 유아들의 모델이 되어야 한다.

유아들은 교사가 갖는 태도나 언행을 모방하고 습관화하려는 경향이 있기 때문에 교사의 듣기 태도가 유아들에게 모범이 될 수 있도록 좋은 듣기 습관과 태도를 유지하도록 노력하고 체크해야 한다.

(7) 듣기 습관이 바람직하게 형성될 수 있도록 배려해야 한다.

유아가 이해할 수 있도록 해야 할 뿐만 아니라 유아의 요구에 따라 반복하되 유아 스스로 사고할 수 있도록 해야 한다.

(8) 심리적인 환경과 물리적인 환경을 제공한다.

유아의 심리를 자극하지 않도록 가급적 조용한 분위기를 유지하며 교실환경과 주변 장소를 적절하게 고려하며 심신이 안정된 상태에서 편안하고 안락한 기분으로 들을 수 있도록 최적의 환경을 마련해 주어야 한다.

8) 듣기 지도의 실제

주의 깊게 듣는 청자들은 추론할 수 있는 수준에서 자신의 경험과 지식을 이용한다. 그러므로 다음과 같은 활동은 듣기 기술을 강화할 것이다.

(1) 이야기 들려주기

가장 비슷한 예로서 동화나 간단한 이야기를 들려줄 수 있다. 예를 들면, 동화를 들려준 후 유아로 하여금 세 가지의 가능한 결과를 말해 보게 한 다음 왜 그러한 결과를 선택할 수 있었는지 물어 보는 것이다. 이때 주의할 점은 유아에게 동화 듣기나 간단한 이야기를 들을 때 매우 주의 깊게 들어야 한다는 것을 강조할 필요가 있다.

(2) 텔레비전 프로그램을 듣고 표현하기

청자들은 정확히 메시지를 표현하고 평가할 줄 알아야 한다. 이러한 듣기는 "비판적 듣기(critical listening)"라고 말할 수 있으며 문제해결에도 도움을 줄 수 있는 청취라고 할 수 있다.

(3) 주변의 소리 식별하기

자연의 소리나 주변에서 일어나고 있는 다양한 종류의 소리를 녹음하여 유아로 하여금 소리를 변별할 수 있도록 함으로써 주의 깊게 듣는 능력을 향상시키도록 한다.

다음은 듣기 지도의 실제활동 계획안으로서 다음과 같다.

활동주제에 따른 듣기활동의 예

<table>
<tr><td>활동명</td><td colspan="2">'깊은 밤 부엌에서'를 듣고 빵이 만들어지는 과정 카드로 맞춰 보기</td></tr>
<tr><td>활동목표</td><td colspan="2">• 주의 깊게 듣고 집중력을 기를 수 있게 한다.
• '깊은 밤 부엌에서' 나오는 상황들을 이해할 수 있게 한다.
• 집중해서 이야기를 듣고 전체적인 내용을 구상할 수 있게 한다.</td></tr>
<tr><td>대상연령</td><td colspan="2">만 5세</td></tr>
<tr><td>활동자료</td><td colspan="2">• 융판, 깊은 밤 부엌에서, 빵만드는 과정 카드, 시트지, 칼, 가위, 찍찍이, 테이프</td></tr>
<tr><td rowspan="2">활동방법</td><td>교사활동</td><td>유아활동</td></tr>
<tr><td>T: 교사는 유아를 카펫으로 모이게 한다.

1. 주제와 연관된 '나는 콩' 손유희를 한다.
T: 우리 같이 '나는 콩' 손유희를 해 볼까? 저번 시간에 배웠던 '나는 콩' 손유희 기억나니?</td><td>C: 유아는 교사의 지시에 따라 하던 놀이를 정리하고 카펫으로 모인다.
1. 교사와 함께 손유희를 한다.
C: 네! 기억나요!
C: (교사의 지도하에) 손동작을 따라하며 기쁘게 손유희를 한다.</td></tr>
</table>

• 나는 콩! 땡글땡글 콩! 프라이팬에 들어갔어요. 이리저리 콩콩! 뜨거운 불을 만났어요! 나는 따뜻해지고 모양이 변해요! 콩! 콩! 콩! 이리저리 콩콩! 맛있게 콩콩!

T: (과일이 잘 들릴 수 있도록 발음하며 기쁜 목소리로 노래하며 손유희를 한다.)

2. 자료와 활동을 설명한다.

T: 오늘은 선생님과 '깊은 밤 부엌에서'를 듣고 빵이 만들어지는 과정을 카드로 맞춰 보는 활동을 할거야.

T: (미리 활동에 대해 간략하게 예고하며) 책을 읽고 나서 선생님이 오늘 활동 자료에 대해서 더 자세히 소개해 줄거야.

T: 먼저 우리 같이 '깊은 밤 부엌에서'라는 동화를 들어 볼건데 어때?

T: 책을 읽을 때는 너희들이 편하게 듣고 그러면서 내용에 잘 집중할 수 있도록 하자.

2. 귀 기울여 교사의 설명을 듣는다.

C : (과일 그림카드가 어떤 것들이 있는지 주의 집중해서 듣는다.)

(교사의 활동 소개에 집중해서 듣는다.)

C : 좋아요! 어서

C : 네! 내용에 잘 집중하면서 들어볼게요.

C : 유아는 교사의 반응에 적절하게 상호작용하며 교사가 책을 통해 전달하고자 하는 바를 잘 이해할 수 있도록 한다.

	* 참고/글 & 그림: 모리스샌닥, 강무홍 옮김 누군가에게 잡아 먹히는 환상은 〈깊은 밤 부엌에서〉의 믹키(Mickey)에게 일어난다. 밤잠을 방해하는 소리가 들리더니 미키의 몸은 두둥실 떠올라 옷도 벗겨지고, 밀크 대신에 케이크 반죽에 섞여 오븐 안까지 들어간다. 미키는 그 곳에서 탈출하여 케이크 반죽 옷을 입고 빵반죽으로 만든 비행기를 타고 'Mickey way 밀키웨이'(milky way: 은하수를 변형하였다)까지 올라가 요리사들이 원하는 우유를 구해 준다. 잡아 먹히는 위험에서 벗어났을 뿐만 아니라 아침 케이크를 만들도록 큰 공헌을 한 영웅이 된 것이다. 슈퍼맨 같은 만화 주인공처럼 위기를 해결하는 신나는 모험담이다. 실제로 여러 만화적 요소가 사용된다. 말풍선 같은 글의 칸, 만화처럼 대문자로만 쓴 글, 여러 개로 나눈 그림 칸, 갖가지 의성어, 의태어를 작은 글자로 적어 둔 것 등이 그러하다. 그 덕분에 소리가 들리고, 행동이 보이는 역동적인 그림책이 탄생한다. 특히 침대에서 둥실 떠오른 몸이 '아래로 아래로 내려가고', 우유를 구하기 위해 은하수까지 비행기를 타고 '위로 위로 올라가고', 해가 뜨자 팔을 퍼덕거리며 수탉처럼 '꼬끼오~'해준 뒤, '아래로 아래로 내려가서' 침대로 돌아오는 미키의 동선은 불안감, 흥분, 안도 등 주인공의 심리상태와 일치하기도 한다.	
	T: 책의 내용을 들어보니 어떠니? T: 책은 어떤 내용들이 있었니? T: 그렇구나. 그런 부분들이 있었지. 선생님도 늬가 그렇게 말하니까 그 부분이 생각나는구나.	C: 책이 재미있었어요. C: 저는 미키가 재밌어보이기도 했는데 빵이 만들어지는 걸 생각할 수 있어서 신기했어요. C: 음, 책에는 미키가 우유인 줄 착각하는

	T: 가장 인상 깊었던 부분은 어디니?(교사는 유아들이 잘 들었는지 확인할 수 있도록 상호작용하며 이야기를 나눈다.)	것부터 시작해서 빵이 만들어지는 내용이 담겨져 있었어요. C: 저는 마지막 빵이 완성되는 부분이 가장 인상 깊었어요.
	3. 그림카드에 대해 설명하고 활동한다.  	3. 단어카드에 대해 설명을 듣고 활동을 진행한다. C: 네! 잘 들었어요. 아직 내용이 다 기억나는 것 같아요. C: 그럼 들었던 내용을 기억해서 활동하면 되는거죠?
	T: 오늘 선생님이 너희가 깊은밤 부엌에서를 잘 들었는지, 그리고 들은 내용을 바탕으로 활동을 하기 위해서 카드를 준비했어. 이 카드는 깊은 밤 부엌에서에 나온 빵만들기 과정 그림 카드들이야. 선생님이 순서를 뒤 섞어 놓았어. 함께 들어 본 내용을 바탕으로 빵 만드는 과정에 대해 카드를 순서대로 맞춰 보자. T: 이 그림 카드는 어떤 상황인 것 같니? T: 이 다음에는 어떤 상황이 와야 할 것 같니?	C: 음, 이 카드는 반죽에 필요한 우유를 넣는 부분 같아요. C: 이 다음에는 우유를 붓고 반죽하는 부분이 와야할 것 같아요. C: 이 다음 상황에는 그러니까 반죽하는 카드를 놓고 이렇게 배열하면 될 것 같아요. 맞아요?

<table>
<tr>
<td></td>
<td>T: 그래 맞아. 잘했어. 이 건 우유를 넣고 젓는 부분이니까 다음에는 반죽이 되어 있는 순서가 오는게 맞겠지?

4. 활동 내용을 토의한다.
T: 오늘 활동을 하니 어땠니?
T: 그랬구나. 오늘 내용을 너희가 잘 듣고 기억해서 활동을 더 재밌게 했던 것 같아.
T: 오늘 이야기를 듣고 카드로 활동을 해 보면서 어떤 것을 느꼈니?
T: 아쉬운 점이 있었니?
T: 너희가 그런 점들을 아쉽다고 생각했구나. 그럼 우리가 다음번에 진짜 빵을 만들어 볼까?</td>
<td>4. 활동내용을 토의한다.
C: 오늘 활동을 해 보니까 재밌었어요. 내용도 잘 들을 수 있었고, 이어서 카드로 순서를 맞추는 것도 재밌었어요.
C: 오늘 이것을 하면서 내용을 집중해서 들어야 다음에 기억할 수 있다는 것도 알 수 있었고 빵 만들기도 생각보다 어렵다는 것을 알게 되었어요.
C: 아쉬운 점은 진짜 빵을 우리가 만들지 못하고 구경만 하는 게 아쉬웠어요.
C: 좋아요!</td>
</tr>
<tr>
<td>활동평가</td>
<td colspan="2">주의 깊게 듣고 집중력을 길렀는지 평가한다.
‘깊은 밤 부엌에서’에 나오는 상황들을 이해했는지 평가한다.
집중해서 이야기를 듣고 전체적인 내용 이해를 구상했는지 평가한다.</td>
</tr>
<tr>
<td>확장활동</td>
<td colspan="2">
〈함께 빵 만들어 보기〉
교사는 유아들이 아쉬웠다고 말한 부분에 대해서 관심을 가지고 확장활동으로 이어질 수 있도록 돕는다. 유아들이 실제로 책에서 들은 내용을 바탕으로 빵을 만들 수 있도록 교사가 돕고 활동을 진행한다. 유아들이 책에서 들은 내용만을 가지고 실제 빵을 만드는 것은 어려움이 존재하므로 교사가 사전에 레시피에 대해 다시 알려주고 레시피 안내 그림을 만들어 제공해 줄 필요가 있다.</td>
</tr>
</table>

2. 말하기 지도

이 장에서는 교사와 유아들이 일상생활 속에서 일어나고 있는 대화를 적절하게 표현하는 법과 말하기 활동에 대한 계획된 목표들에 대하여 살펴보고자 한다. 특히 유아와 교사, 유아와 부모간에 지속적인 상호작용을 통하여 말하기의 기교를 늘려 나가야 하며 그 밖에도 발표, 토의, 담화의 시간을 늘려서 말할 수 있는 기회의 제공과 함께 말하기 활동의 범위가 확장되어야 할 것이다. 따라서 이 장에서는 말하기 활동의 목표 및 실제적인 활동을 구체화하여 유아들의 말하기 능력을 기를 수 있도록 구성하였다.

1) 프로그램 목표(program goals)

유아들의 언어발달영역에서는 유아와 성인과의 자연스러운 대화가 유아들의 말하기 활동의 기초로 제공되며 유아와 유아, 유아와 교사, 그리고 유아와 부모간에 끊임없는 대하를 통하여 말하기 전략을 시도해 나가는 것이 바람직할 것으로 여겨진다.

2) 구체적인 말하기 지도의 목표

(1) 타인과 더불어 대화를 나눌 수 있는 능력을 기르게 한다.

(2) 놀이나 대화 속에서 말할 수 있는 즐거운 기회를 갖게 한다.

(3) 대화 중 타인의 사고가 나와 다를 때 이를 수용할 수 있는 능력을 기르게 한다.

(4) 사고나, 감정, 욕구를 위한 언어를 사용할 수 있다.

(5) 문제해결을 기르기 위한 언어의 사용을 돕는다.
(6) 놀이 상황 속에서 창의적으로 언어를 사용할수 있도록 한다.
(7) 말과 신체표현을 관련지어 본다.

3) 매일의 대화

교사가 유아들에게 초점을 두고 있을 때 교사와 유아 사이의 대화는 상호작용을 함에 있어서 놀라운 발전을 가져오게 된다. 그런 의미에서 Tinott(1972)는 모든 유아들을 대하고 있는 교사들에게 유아가 가치있고 의미있는 존재로 여겨야 함을 잘 말해 주고 있다. 교사는 유아들과의 대화를 통해 다음과 같은 역할을 수행할 수 있어야 한다.

(1) 유아의 복지 및 삶의 질 향상을 위한 노력을 수행해 나가야 한다.
(2) 유아의 대화에 방해하지 않고 기꺼이 반응할 수 있어야 한다.
(3) 유아가 성취한 조그마한 순간에도 같이 기쁨을 나눌 수 있는 여유와 인식을 가져야 한다.
(4) 유아의 개인적인 의견을 존중하고 유아의 말에 격려와 칭찬을 해 주어야 한다.
(5) 각 유아의 잠재적인 가능성을 존중해야 한다.
(6) 유아는 장차 미래의 지도자이며 발견자가 될 것이라는 것을 고려하여 지도해야 한다.

4) 말하기 지도를 위한 교사의 역할

교사는 유아들을 위한 말하기 지도의 본보기(model)가 되어야 한다. 유아의 이해수준에 기초하여 일상생활 속에서 일어나고 있는 대화를 통해 교사는 유아들을 안내할 수 있다. 따라서 다음은 말하기 지도를 위한 교사의 역할을 나타내고 있는 내용이다.

(1) 안내자의 본보기 역할

말하기 지도에 있어서 가장 근본적이면서도 유아들을 배려할 수 있는 중요한 요소는 교사가 안내자로서, 또는 협조자로서 본보기 역할을 수행하는 것으로 다음과 같은 내용이라고 할 수 있다.

- 교사는 분명하게 자신의 얼굴과 입술을 유아에게 보여야 한다.
- 무릎을 구부리고 유아의 눈 높이에 맞춰서 이야기를 나눈다.
  단순한 제스처를 사용해야 하며 교사 자신이 말하는 것처럼 눈뿐만 아니라 손동작까지도 의미를 나타내야 한다.
- 무엇이든지 흥미있게 들을 수 있는 것이라면 유아로 하여금 만지고, 느끼고, 냄새 맡고, 맛보고 할 수 있도록 해야 한다. 그런 다음 단순한 문장으로 말하도록 해야 한다.
- 비언어(nonverbal)적인 반응에 유의하여야 한다. 유아의 얼굴이나 신체동작은 흥미나 공포 혹은 또 다른 정서를 보이게 될지 모르기 때문이다. 그리고 그 상황에 적합한 단어를 사용해야 한다.
- 비언어(nonverbal)적인 표현을 하고 있는 유아에게 비교적 느리고 천천히 이야기를 시도해야 하며 명사나 동사와 같은 주요한 단어들을 사용함으로써 유아가 쉽게 이해할 수 있도록 해야 한다. 만일 그 유아가 이해하지 못하는 상황 가운데 있다면 반복하여 말하기 지도를 시도해야 한다.
- 만일 교사 자신이 유아의 말을 이해하지 못하는 상황에 있다면 유아로 하여금 긴장을 풀고 여유 있는 상태에서 반복할 수 있도록 유도해야 한다.
- 유아가 한 단어만을 얘기했을지라도 교사는 민감하게 받아들일 필요가 있다.
  예) 바란색→파란색, 전쟁님→선생님
- 교사와 유아가 함께 말놀이 게임을 시도하거나 단어를 이용한 게임을 해보는 것도 좋은 방법이 될 것이다.
- 어휘적인 표현이나 비어휘적인 표현을 하고 있는 유아의 모방언어에 대하여 교사는 용기를 주어 계속 이어갈 수 있도록 해야 한다.

- 교사는 유아의 반응에 인내를 가지고 기다려야 한다.

(2) 말하기 지도를 위한 효과적 지침

유아가 한 단어, 한 구절 혹은 단순한 문장으로 말하기를 시도할 때의 효과적 지도법은 다음과 같다.

- 유아가 한 단어를 말했을지라도 좀 더 의미 있는 단순한 문장으로 확대시켜 나간다.
  예) '공' → 공이 굴러가는구나!
- 사물과 행동을 묘사하기 위하여 단어에 이름을 붙여 사용한다.
- 접속사를 활용하거나 (그리고, 그러나, 그래서, 혹은 등), 소유격(너의 것, 나의 것, 우리의 것 등)을 활용한다.
- 유아가 자신의 감정에 대하여 말할 수 있도록 한다.
- 새로운 단어와 더불어 이미 배운 단어를 활용할 수 있도록 한다.
- 유아의 흥미를 잃지 않도록 단순한 질문을 시도한다.
- 그림카드나 그림이 그려진 목적물을 이용하여 게임을 시도한다.
- 틀린 문장에 대해서는 올바른 문장이 되도록 정정하여 준다.
- 유아가 말을 더듬거나 주저하고 있는 상황에 있다면 인내하는 가운데 그 상황을 받아들일 수 있어야 한다.
- 유아가 말을 하는 동안 인내하며 기다려야 한다. 뿐만 아니라 유아가 말을 시도하려고 하는 동안 가볍게 눈을 마주치는 것도 유아의 말하기를 이끌어 가는 좋은 아이디어라고 할 수 있다.

(3) 유아-교사간의 언어적 상호작용 방법

Goodman(1990)은 교사가 유아의 말에 능동적으로 청취하고 관찰할 때 유아의 반응과 질문이 적극적이며 교실에서 능동적인 학습태도를 보였다고 제시하였다. Goodman은 또한 유아와 교사의 언어적 상호작용 방안을 다음과 같이 제시하였다.

- 유아가 대화 속에서 성취감을 느끼고 있을 때, 교사는 전보다 더 새로운 방법과 독특한 아이디어를 찾아내야 한다.
- 유아가 탐색적인 활동에 참여하고 있을 때 교사는 유아에게 적절한 질문을 제시하여 유아의 사고력과 논리력을 증진시키는 기회를 제공해야 한다.
- 유아가 어려운 상황과 활동에 직면하고 있을 때 교사는 그 상황에 적절한 설명과 해결방안을 제시해 주어야 한다.
- 교사는 유아들의 학습을 신뢰해야 하며 유아들의 능력에 맞게 개인차를 고려하여 지도해 나가야 한다.

5) 말하기 지도의 전략

말하기 지도의 전략은 음성, 적절한 어휘, 문장에 관련된 내용 등 음성적이면서 때론 비언어적인 행동의 요소가 포함되며 그 구체적인 내용은 다음과 같다.

- 음성의 효과적인 통제능력 – 말의 속도, 성량, 어조 등을 고려하여 지도해야 한다.
- 올바르고 정확한 발음 – 발음의 정확성, 그리고 읽기나 쓰기를 할 때 고려하여 지도해야 한다.
- 적절한 어휘 사용 – 단어의 적절성을 고려하여 지도해야 한다.
- 문장구성 능력 – 단어, 구, 절, 문장을 체계적으로 구성할 수 있도록 지도해야 한다.
- 효과적인 신체적 표현 – 적절한 제스처나 신체표현은 효율적인 의사소통을 할 수 있지만 과장된 제스처는 비효율적임을 인식해야 한다.
- 대화에 요구되는 기본기술 – 대화에 따른 예의를 지키는 가운데 상대방의 눈을 바라보면서 지도해야 한다.

6) 말하기 지도의 원리

말하기 지도의 원리는 다양한 측면에서 그 내용을 다룰 수 있으나 대략 다음과 같은 방안을 제시할 수 있다.

- 개방적인 분위기 조성 – 유아와 교사간 혹은 유아와 부모간에 자율적인 분위기 안에서 말하기 지도를 해야 한다.
- 유아의 말에 구체적인 반응을 보인다 – 잘했을 때나 칭찬할 때 등 구체적인 반응을 보여야 한다.
- 동기유발과 다양한 자료 제공 – 장난감, 교재 · 교구, 집에 있는 물건 그리고 교실 안의 물건 등을 소재로 해서 동기를 유발하고 말하기 지도를 수행해 나가야 한다.
- 유아의 언어 수준을 고려하여 지도- 유아의 현재 언어수준을 파악하고 말하기 능력의 지도를 해야 한다.
- 말하기에 대한 다양한 경험활동 제공 - 과거에 했던 경험이나 유아교육기관에서 수행했던 경험들을 통하여 말하기 지도를 병행해 나가야 한다.
- 교사의 질문 유형에 따라 적절하게 반응하도록 돕는다.

- 회상질문: 과거를 회상하면서 하는 질문
- 발산적 질문: 사물이나 사건의 결과를 예측해 보도록 하는 질문
- 수렴적 질문: 사물의 유사점과 차이점을 비교해 보도록 하는 질문
- 평가적 질문: 개인의 의견이나 판단 및 가치를 말하도록 하는 질문
- 관찰과 관련된 질문: 사물을 관찰하면서 느낀 바를 말하도록 하는 질문
- 설명과 관련된 질문: 사물의 인과관계를 설명해 보도록 하는 질문
- 활동과 관련된 질문: 신체를 움직이거나 운동을 통해서 느껴지는 감각을 말하도록 하는 질문

7) 말하기 지도의 실제

말하기 지도의 실제는 우리주변에서 쉽게 할 수 있는 활동으로 말하기 활동에

역점을 두고 지도해 나갈 필요가 있겠다.

- 주변환경의 물건 보이며 설명하기 - 교실의 물건이나 가정에서 가져온 물건을 보이면서 설명해 보도록 하는 활동
- 상상해서 말하기 - 낱장 그림들을 모아서 상상하거나 이야기를 만들어서 말해보는 활동
- 두 명 혹은 세 명씩 토의하기 - 두 사람끼리 혹은 세 사람끼리 하나의 주제를 정해서 토의해 보는 활동
- 낱장그림 보면서 말하기 - 그림을 통하여 말하거나 이야기를 꾸며보는 활동
- 역할놀이 - 병원놀이, 병정놀이, 소꿉놀이 등 역할을 정하여 말을 유도해 보는 활동
- 인형극 - 손인형, 양말 인형, 손가락 인형, 줄 인형, 그림자 인형 등을 통하여 인형극을 해 본다.
- 동극 이야기 선정 - 비교적 간략한 내용의 이야기를 선정한다.

- 동극을 위한 각색과 계획: 동극을 위하여 주인공이나 등장인물을 설정한다.
- 동극하기: 동극을 위한 각색과 계획을 한 후 실제 동극을 해 본다.
- 평가하기: 동극의 장단점을 평가해 본다.
- 재공연하기: 주인공이나 등장인물 등 배역을 바꿔서 재공연을 해 본다.
- 정리하기: 동극의 자료나 부가적인 소품 등을 언어영역에 비치해서 유아들로 하여금 자유선택놀이 시간에 해 볼 수 있도록 잘 정리를 해 둔다.

다음은 말하기 활동계획안으로서 다음과 같다.

활동주제에 따른 말하기활동의 예

활동명	여름에 관련된 그림카드보고 이야기 만들어서 말해 보기
활동목표	•그림카드를 보고 말을 하는 동안 상상력과 창의성을 기른다. •이야기를 발표함으로써 자신감과 표현력을 기른다.
대상연령	만 4세
활동자료	여름에 관련된 그림카드

	교사활동	유아활동
활동방법	1. 유아를 카펫 위로 앉게 한다. T: 모두들 카펫 위에 동그라미가 되어 보아요. T: 지난 시간에 불러 본 여름 냇가 노래를 불러 볼까요? 준비됐나요, 시작할까요?	1. 교사의 지시에 따라 카펫 위에 앉는다. C: 동그라미 되었어요. C: 네네. 선생님.
	2. 동요 '여름 냇가'를 부르며 손유희를 한다. T: 시냇물은 졸졸졸졸. 고기들은 왔다 갔다. 버들가지 한들한들 꾀꼬리는 꾀꼴꾀꼴.	2. 동요 '여름 냇가'를 부르며 손유희를 따라 한다. C: 시냇물을 졸졸졸졸. 고기들은 왔다 갔다. 버들가지 한들한들 꾀꼬리는 꾀꼴꾀꼴.
	3. 관련된 그림카드를 보여주고 소개한다. T: 오늘은 여름에 대해 이야기를 나눠 볼 거예요. 그 전에 이 그림카드에 대해 소개해 줄게요. 	3. 여름에 관련된 그림카드를 보며 교사의 이야기를 집중해서 듣는다. T: 네.
	T: 이것은 수영복이에요. 물놀이할 때 입는 옷으로 우리가 평소에 입는 옷보다 가볍고 물에 젖어도 잘 마르기 때 문에 물놀이 할 때 입기가 좋아요. 	C: 우리 집에도 수영복 있어요. / 수영장 갔을 때 입었어요. 

	T: 이것은 튜브에요. 물놀이 할 때 사용하는 물건이에요. 튜브 안에는 바람을 불어넣을 수가 있어요. 바람이 들어간 튜브를 갖고 물 속에 들어가면 물 위에 뜰 수가 있어요.	C: 저번에 바다 갔을 때 튜브 써 봤어요. / 우리 집에는 노란색 튜브 있어요.

	T: 이것은 아이스크림이에요. 아이스크림은 차가워서 더운 여름날 먹으면 시원하고 맛 있어요. 그런데 맛있다고 많이 먹으면 배탈이 나니까 조금만 먹어야 해요.	C: 아이스크림 진짜 맛있어요. /나는 초코 맛 아이스크림 좋아해.

	4. 활동에 대해 자세하게 소개한다.	4. 교사가 해 주는 설명을 집중해서 듣는다.
	T: 오늘은 이 그림카드들을 가지고 이야기를 만들어서 친 구들에게 들려주는 시간을 갖도록 해 봐요.	C: 네.
	5. 활동을 해 본다. T: 선생님이 그림카드 5장을 골라 줄 건데 이야기를 만들어 볼 친구 있나요?	5. 교사의 지시에 따라 활동을 한다. C: 저요. 제가 할 수 있어요. 여름에 엄마랑 아빠랑 동생이 랑 바다에 갔어요. 물놀이를 하려고 수영복으로 갈아 입고 튜브도 불었어요. 물놀이를 다하고 아이스크

		림을 먹었어요. 그날 밤 잠이 들었는데 모기에 물리고 말았어요.
	T: 참 잘했어요. 또 문장을 만들어 볼 다른 친구 없나요? 	C: 제가 할래요. 여름에 할아버지 댁에 놀러 갔는데 마당에 노란 해바라기가 피어있었어요. 할아버지께서 수박을 주셔서 먹고 있었는데 나무에서 매미가 우는 소리가 들렸어요. 너무 더워서 선풍기를 틀고 누워 있었는데 눈이 부셔서 선글라스를 꼈어요.
	6. 활동을 마무리하며 활동에 대해 이야기를 나눈다. T: 오늘 이야기 만들기 활동을 해 보았는데 어땠나요? T: 힘든 점은 없었나요	6. 활동을 마무리하고 교사의 질문에 대답한다. C: 재밌었어요. C: 없었어요.
활동평가	• 이야기를 상상력이 풍부하고 창의적으로 만들었는지 평가한다. • 이야기를 발표할 때 자신감을 갖고 이야기하였는지 평가한다. • 이야기를 만들 때 표현력이 적절했는지 평가한다.	
확장활동	그림카드를 모아 자신만의 이야기책 만들어 보기	

3. 읽기 지도

읽기 지도는 언어기술의 하나로서 학습을 위한 중요한 도구이다. 따라서 이 장에서는 읽기의 개념 및 읽기 지도의 전략, 읽기 지도의 원리 등 읽기에 관한 중요한 내용을 다뤄 보고자 한다. 특히 읽기에 관한 실제를 통하여 유아들과 함께 생각모으기를 해 보고 유아들의 생각과 함께 단어와 단어를 모아서 문장을 구성한 다음 함께 읽어 보는 것도 중요한 관건이 될 수 있다고 본다.

1) 읽기의 개념

읽기의 개념으로는 학자들마다 다르게 다양한 정의를 내포하고 있지만 궁극적으로는 의미를 추출하거나 해석해 나가는 과정으로서 다음과 같이 정의할 수 있다.

- Wolf : 쓰여지거나 또는 인쇄된 자료로부터 상징적인 해독체계를 이용하여 의미를 추출해 내는 과정이다.
- Petty : 순서적인 정신과정을 포함하는 복잡한 행동이다.
- Goins : 인쇄된 문자나 기호를 감각을 통해서 지각하고 그 문자와 기호가 지니고 있는 의미를 해석해 나가는 과정이다.
- Hall : 문자언어가 상징하는 바를 처리하여 그 의미를 해독하는 과정이다.

2) 읽기에 대한 접근

(1) 언어경험 접근

언어경험 접근은 유아들이 자신의 사고와 더불어 창의적으로 작성한 글과 함께 읽는 내용에 기초한 접근이라고 할 수 있다. 언어경험 접근은 특별히 듣기, 말하기, 읽기, 쓰기와 통합된 접근이라고 할 수 있으며 읽기자료는 교사가 유아들을 위해서 고안해 낸 이야기나 특별한 경험, 그리고 아이디어를 동반하고 있다. 그러므로 유아들은 책을 읽은 후에 자신의 아이디어를 자유스럽게 기록할 수 있으며 다음과 같은 장점을 나타낼 수 있다.

① 유아들은 자신의 생각을 맘껏 표현할 수 있다.

② 유아들의 생각을 그림이나 저널, 시와 같은 다양한 형태로 나타낼 수 있다.

③ 유아 자신이 읽을 수 있는 것은 쓰기로 표현할 수 있다.

④ 유아들은 다른 성인이 쓴 글이나 유아들이 쓴 글도 읽을 수 있다.

⑤ 유아들은 유아들이 사용하는 발음이나 철자 그리고 단어 등을 자유스럽게 기록할 수 있다.

(2) 기초적인 독자 접근

기초적인 독자 접근법은 지시에 따라 사고와 행동을 하는 일련의 발달의 단계에 알맞는 교수법으로 다음과 같은 내용을 포함하고 있다.

① 독자들은 책의 제목과 삽화 그밖의 목적에 부합되는 내용을 면밀히 조사하고 정리한다.

② 유아들은 읽어야 할 선택의 분량을 조용히 읽어 나간다.

③ 유아들은 다양한 정보의 기초하에 전에 읽었던 내용을 평가하고 다음에 읽어야 할 내용을 예상해 본다.

④ 책의 전체적인 구성과 내용을 요약하여 토의해 보고 이야기의 실마리가 되는 내용을 스스로 평가해 본다.

3) 읽기 지도의 방법 및 전략

다음은 읽기 지도의 전략적인 내용으로서 적절한 환경과 기회를 제공한다는 점에서 다음과 같이 나타낼 수 있다.

(1) 읽기에 흥미를 유발할 수 있는 자극적인 환경제공

유아교육기관의 날짜판, 신발장, 화장실 등에 이름을 써서 부착한 다음 유아들에게 자주 읽어 볼 수 있는 기회를 제공한다.

(2) 읽기를 향상시킬 수 있는 활동의 기회제공

다양한 활동을 제공해야 한다.

1 다양한 경험이나 경험의 폭을 넓히기

동화책이나 잡지책의 큰제목 신문의 큰글씨 등을 통해서 경험의 폭을 넓혀가도록 한다.

2 어휘 및 어휘확장 활동

다양한 단어를 통하여 문장 구성력을 기르고 의미가 같은 단어 혹은 의미는 다르지만 단어가 같은 단어끼리 모아서 읽어 보도록 한다.

3 시각적인 기교 발달시키기

동그라미, 세모, 네모 등을 통하여 시각적인 변별력을 기르면서 읽기와 연결시켜 보도록 한다.

4 청각기술 발달시키기

동물의 울음소리나 자연의 소리, 그리고 악기소리 등의 소리를 녹음하여 유아에게 들려주고 각각에 해당되는 단어를 찾아서 읽어 보도록 한다.

5 읽고자 하는 욕구 및 동기 유발시키기

다양한 장르의 동화책이나 과자봉지 등의 글자를 통하여 읽고자 하는 욕구를 유발하게 한다.

6 눈과 손의 협응력 기르기

가위질이나 젓가락 사용을 통하여 협응력을 기르면서 글자놀이와 연결하여 읽어 보게 한다.

(3) 책에 대한 친근감 및 친밀감 형성하기

무엇보다 책을 가까이 할 수 있도록 교사와 부모는 유도해 나가야 한다.

(4) 유아의 읽기활동에 적극적인 지지와 반응 표시

유아의 읽기활동에 긍정적이고 적극적인 반응을 보여야 한다.

Clement과 Warncke(1995)는 다음과 같이 유아들의 읽기단계를 제시하고 있다.

단계	내용
1단계	다양한 종류의 책의 지식이나 글자를 알아가는 준비단계
2단계	사물의 이름과 글자를 동일시 할 수 있는 단계
3단계	글자의 철자나 단어의 소리를 배워 나가는 단계
4단계	단어의 소리를 구분해 나갈 수 있는 단계
5단계	친근한 책을 읽어나갈 수 있는 단계
6단계	짧은 단어나 친근하지 않은 단어를 알아나가는 단계
7단계	천천히 책을 읽어 나가는 단계
8단계	내용을 즐기면서 읽을 수 있는 단계

읽기방법으로는 자연스러운 접근방법의 일환으로 교사의 지도하에 유아들이 지닐 수 있는 책에 대한 열정과 기교 그리고 책을 읽는 방법의 이해 등을 제시하고 있다.

Stauffer(1970)에 의하면 언어의 경험적인 접근 방법으로 다음과 같은 내용을 제안하고 있으며 그 내용은 다음과 같다.

① 유아들의 언어발달과 직접적인 경험을 바탕으로 지도해야 한다.

② 유아들의 흥미나 경험, 인지적이고 사회적인 발달에 초점을 둬야 한다.

③ 유아들의 읽기 행동에 관계되는 유아들의 욕구를 존중해야 한다.

④ 유아들의 읽기와 관련하여 의미있는 학습경험에 바탕을 두고 지도해 나가야 한다.

⑤ 유아교육기관의 교실에 있는 읽기자료와 공공도서관의 자료를 통합해서 읽기 지도를 해야 한다.

⑥ 유아들의 읽기 지도를 위하여 읽기와 쓰기 연습을 병행하되 유아 스스로 창의적인 쓰기 지도가 될 수 있도록 다음과 같은 내용을 고려하여 용기를 주고 격려할 필요가 있다.

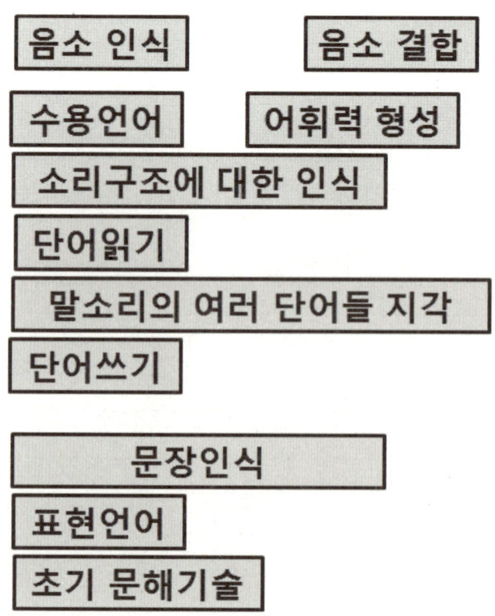

⑦ 다음의 내용은 동화책의 내용을 연결한 단어 읽기의 예시이며 불완전한 단어라도 읽고 써볼 필요가 있다고 본다.

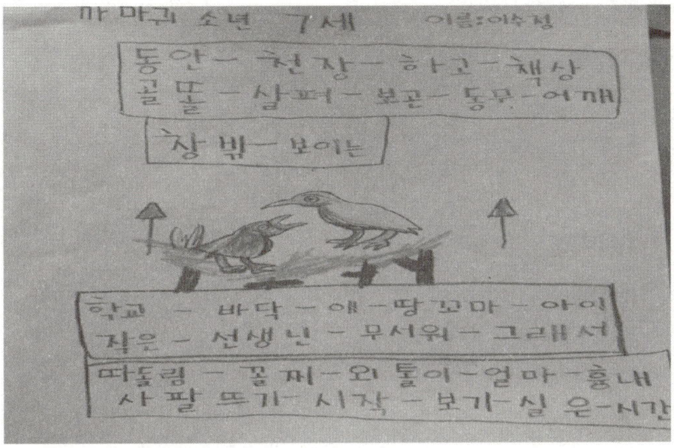

[그림 3-2] 단어 읽기의 예시

⑧ 다양한 장르의 동화책 제목이나, 가게 간판글자, 과자봉지 이름 등의 단어를 통하여 단어 인식 및 어휘력 향상을 고려할 필요가 있다. 따라서 다음의 내용은 단어 인식하기의 맥락으로 그림이야기책의 제목을 읽어 보게 함으로써 기초적인 읽기 지도와 연결하고자 하였다.

[그림 3-3] 동화책 제목의 읽기 예시

4) 읽기 지도 원리

읽기는 언어의 과정이므로 읽기와 수용적인 언어 사이를 이해해 나가는 단계로 유아들의 개인차를 고려하면서 각 유아들의 욕구와 능력에 따라 읽기 지도를 해 나가는게 필요하다고 본다. 따라서 읽기 지도의 원리는 다음과 같다.

- 음소 및 글자의 기능 인지 – 낱말이나 단어의 기능을 구체적으로 인지하고 읽어 보게 한다.
- 단어를 연결하여 브레인스토밍하기 – 단어와 연결되는 내용들을 생각 모으기로 연결해 본다(예, 포도→맛, 모양, 색깔, 씨앗, 과수원 등).
- 읽기 기능의 통합적인 지도 – 발음, 어휘, 문법 등을 나누어서 따로 가르치지 않고 동시에 지도해야 한다.
- 통합적인 방법의 읽기 지도 – 교과영역, 흥미영역, 발달영역을 동시에 통합적으로 지도해야 한다.
- 읽기와 시각적, 청각적 변별력과의 관계 – 눈으로 도형의 형태를 보면서 혹은 소리를 변별하는 가운데 읽기와 연결해 본다.

- 능력과 흥미도에 따라서 개별지도 – 유아들의 개인차를 고려해서 그리고 흥미를 고려하여 지도해야 한다.
- 적극적인 격려와 반응 – 유아들의 작은 실수에도 수용하면서 용기와 격려를 병행해 나간다.

5) 읽기 지도에서 교사의 인지적 전략

읽기 지도에서의 인지적인 전략은 문해환경이나 문해활동과 많은 관련이 있으므로 유아와 유아, 유아와 교사, 그리고 유아와 환경간에 긴밀한 상호작용이 이뤄질 수 있도록 효율적이고도 현실적인 대안을 마련하여 실행해 나가는 것이 올바른 전략이라고 본다.

따라서 다음과 같은 대책 및 전략이 필요할 것으로 사료된다.

- 교사와 유아들과 함께 책을 읽되 Big Book을 만들어서 읽기전략을 시도해 나간다.
- 의미가 같은 단어 및 같은 발음의 단어를 연결해 본다.
- 다양한 유아도서와 풍부한 문해 환경을 제공한다.
- 교사는 유아들이 좋아하는 그림책 및 그림이야기책의 내용을 반복해서 들려준다.
- 문해활동과 관련된 창의적인 놀이를 제공한다.
- 유아가 읽기활동을 할 수 있도록 교사는 긍정적인 반응 및 용기를 주고 격려한다.
- 유아가 가상놀이와 이야기활동을 연결하여 놀이의 진행과 읽기 경험을 동시에 할 수 있도록 용기를 준다.
- 교사가 먼저 다양한 장르의 책을 읽고 유아들과 토의한다.
- 새로운 단어와 철자법을 단계적으로 가르친다.
- 문장의 종류를 단어와 연결하여 쉽고 흥미있게 가르친다.
- 단어나 문장의 철자법이나 교정법을 가르친다.
- 책을 가까이 하는 습관과 읽는 즐거움을 교사가 모범적으로 보여 준다.

다음은 읽기 지도에서 교사의 인지적인 전략의 일환으로 유아들이 좋아하는 그림책 및 그림이야기책의 내용을 반복해서 들려줌과 동시에 새로운 단어와 철자법을 단계적으로 가르치는 경우 [그림 3-4]로서 외국의 사례로 미국에서 실행하고 있는 한 경우의 예이다.

[그림 3-5]는 읽기지도에서 책 내용의 이해에 대한 상황에 초점을 두고 단계적인 지도 절차를 나타낸 경우로 볼 수 있다.

[그림 3-4] 읽기 지도에서 외국의 사례: Heilman, 1986

[그림 3-5] 인지적인 전략의 외국의 사례: Heilman, 1986

6) 읽기활동에 대한 교사의 지침

읽기활동에 대한 지침은 교사의 지지적이면서 수용적인 태도가 중요하기 때문에 유아의 실수를 허용하고 수용하는 차원에서 다양한 전략을 시도해 나가는 것이 필요하다고 본다.

다음은 교사의 지침을 나타내고 있다.

- 유아가 읽고자 하는 자료를 검토하고 유아에게 용기를 주며 다양한 책들을 읽도록 하되 흥미를 유발할 수 있도록 한다
- 단어의 발음과 소리간의 차이를 인지시키며 단어의 의미를 설명하되 다양한 전략을 활용한다.
- 교사가 먼저 어려운 단어의 발음을 읽어 주고 유아가 모르는 단어에 대해서는 같은 단어끼리 연결해 보도록 한다.
- 교사는 유아들에게 자주 반복적으로 읽어 주고 서로 다른 문장의 구조를 토의한다.
- 읽기와 병행하여 매일 써볼 수 있는 기회도 제공하면서 문장과 문장 사이에 연결고리를 만든다.
- 글 없는 그림책으로 이야기를 꾸며 보거나 시를 다양한 형태로 써 본다.
- 매일 새로운 단어를 소개하고 새로운 단어의 발음을 전략적으로 지도한다.
- 어려운 단어나 새로운 단어의 발음을 지도해 나가면서 문장을 써본 후에 유아 스스로 수정 및 교정작업을 해 보도록 한다.
- 유아 스스로 읽는 즐거움을 느낄 수 있도록 지속적으로 지도해 나간다.

7) 읽기 지도의 실제

읽기 지도의 실제는 그림책이나 그림이야기책을 활용하여 실제적인 면을 부각시켜 유아교육기관에서 실제 이뤄질 수 있는 내용으로 다음과 같은 내용을 나타내고자 한다.

- 그림책 및 그림이야기책 읽어 주기 – 다양한 종류의 글 없는 그림책이나 그림이야기책을 들려주고 주인공이나 등장인물을 찾아서 읽어 보기를 한다.
- 그림카드 및 단어카드 활용하기 – 그림과 글자를 동시에 구성하여 읽어 보기를 한다.
- 생각 모으기를 해서 단어를 연결 후에 읽어 보기 – 브레인스토밍, 즉 생각 모으기를 하는 방법으로 떠오르는 생각을 모아서 읽어 보기를 한다.
- 스크랩북 만들기 및 저널쓰기 – 신문의 큰 글씨나 잡지책의 제목을 오려서 스크랩북을 만들거나 일기형식으로 저널을 구성하여 읽어 보기를 한다.
- 모래글자 카드 – 모래글자판을 만들어서 읽기활동을 해 본다.
- 첫소리가 같은 그림과 단어 모으기 – 첫소리가 같은 단어를 모아서 읽어 본 후에 그림과 연결해 본다.

다음은 읽기활동의 계획안으로서 다음과 같다.

활동지도에 따른 읽기활동의 예 1

<table>
<tr><th>활동명</th><td colspan="2">'이슬이의 첫 심부름'을 읽고 문장카드 만들고 읽어 보기</td></tr>
<tr><th>활동목표</th><td colspan="2">• 문장카드를 읽으며 자신의 생각을 표현할 수 있는 능력을 키운다.
• 문장카드를 읽으며 읽기 능력을 기른다.
• 문장카드를 활용하여 다양한 어휘를 습득한다.</td></tr>
<tr><th>대상연령</th><td colspan="2">만 5세</td></tr>
<tr><th>활동자료</th><td colspan="2">문장카드(색지, 시트지, 하드보드지, 프린트, 가위, 풀, 칼), 융판</td></tr>
<tr><th rowspan="2">활동방법</th><th>교사활동</th><th>유아활동</th></tr>
<tr><td>T: 교사는 유아를 카펫으로 모이게 한다.

1. 손유희로 주의 집중한다.
T: 우리 같이 '개미 심부름' 손유희를 해 볼까? 저번 시간에 배웠던 '개미 심부름' 손유희 기억나니?</td><td>C: 유아는 교사의 지시에 따라 하던 놀이를 정리하고 카펫으로 모인다.
1. 교사와 함께 손유희를 한다.
C: 네! 기억나요!

C: (교사의 지도하에) 손동작을 따라하며 기쁘게 손유희를 한다.</td></tr>
</table>

- 개미가 개미가 엄마 심부름 간다. 사이좋게 줄을 서서 심부름을 가다가 동무끼리 서로 서로 부딪혔다네. 아야 아야 아파 아파 아파 미안 미안해! 야야 야야! 어디로 갈까 야야 저리로 갈까 부딪히는 바람에 심부름을 잊었네! 이것 큰일 났구나 길 좀 비키세 야야! 이리로 갈까? 야야 저리 갈까?

C: 유아는 저번 시간에 배웠던 노래와 손유희 기 때문에 손동작을 잘 기억하며 따라 한다.

2. 심부름에 대한 경험나누기를 통해 동기유발을 한다.

2. 심부름에 대한 경험나누기를 한다.

T: 심부름에 대한 경험을 가지고 있는 사람 있니?
(긴 이야기 나누기가 아니라 단순히 심부름에 대한 경험을 꺼냄으로써 유아들에게 읽기에 대한 자극을 주는 것이기 때문에 교사는 너무 깊지 않게 흥미를 줄 수 있는 정도로 다루도록 한다.)

C: 저는 아빠가 전에 빵이 드시고 싶다고 하셔서 저한테 빵 심부름을 시킨적이 있어요! 빵 심부름을 하러 갈 때 처음에는 무섭고 잘할 수 있을지 걱정이 많이 되었는데 막상 심부름을 해 보니까 뿌듯한 기분이 들었고 재미도 있었어요. 이제는 저 심부름을 잘할 수 있을 것 같아요!

T: 아, 그런 경험이 있었구나! 그 경험을 토대로 이슬이의 첫 심부름을 읽으면 더 내용이 잘 읽어질 것 같구나!

C: 네! 그럼 제 경험을 바탕으로 책을 읽어 볼게요.

3. 이슬이의 첫 심부름을 읽는다.

3. 이슬이의 첫 심부름을 읽는다.

*참고: 글/ 스스이 요리코, 그림/하야시 아키코

다섯 살 이슬이가 처음으로 혼자서 우유를 사러 간다. 자전거를 피하고 넘어지는 등 여러 경험을 하면서 무사히 우유를 사 가지고 돌아왔을 때 대문 앞에서 엄마가 기다리고 있다. 해냈구나 하는 아이들이 성취감을 느끼는 심리를 섬세하게 그렸다.

T: 이슬이의 첫 심부름이라는 책을 선생님이 준비했어. 같이 한번 읽어 보도록 하자! 너희들도 선생님이 준비한 책을 같이 소리 내어 읽어 보도록 하자.

C: 네! 그럼 잘 보이게 앞 쪽으로 같이 모여서 읽어도 되요!?

T: 그래. 너희가 읽기 편한 자세로 앉아서 같이 책을 읽어 보도록 하자.

4. 책을 읽고 나서 활동을 소개한다.

4. 책을 읽고 나서 활동을 소개한다.

T: '이슬이의 첫 심부름'을 읽으니 어땠니?

T: 어떤 내용이 기억에 남니?

C: 책을 읽으니 아까 말했던 저의 경험에 대해 또 다시 생각이 났던 것 같아요. 그리고 책을 읽고 나니까 이슬이가 처음으로 심부름 하는 그 마음이 잘 전달된 것 같아요.

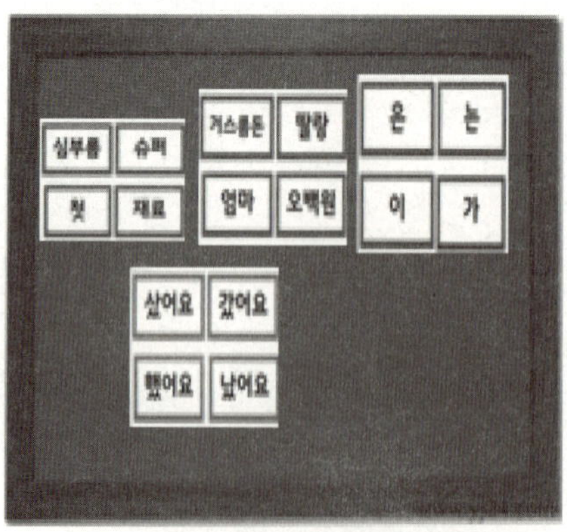

	T: 오늘 우리는 '이슬이의 첫 심부름'을 읽고 그 내용을 바탕으로 문장카드 활동을 해 볼거야. T: 여기에 있는 문장카드를 활용해서 너희가 '이슬이의 첫 심부름'에 나왔던 문장들을 만들어 보고 이야기를 기억해 보면 돼!	C: 우와, 문장카드를 가지고 어떻게 활동을 하는 거에요? C: 네! 좋아요! 그렇게 이야기를 기억하면서 문장카드 활동을 해 봐요!
	심부름 / 슈퍼 첫 / 재료 거스름돈 / 딸랑 엄마 / 오백원 샀어요 / 갔어요 했어요 / 났어요 은 / 는 이 / 가	

<table>
<tr><td></td><td>5. 활동을 진행한다.
T: 이 문장카드를 어떻게 맞춰 볼 수 있을까?
T: 그렇구나. 그럼 심부름 뒤에는 어떤 말들이 나오면 좋을까?
T: 슈퍼 뒤에는 어떤 말이 나오면 좋을까?
T: 이 문장은 맞는 것 같니?
T: 그래, 잘했어. 늬가 생각한대로 슈퍼 뒤에 말이 잘 나왔고 그 뒤에 아주머니가 있었어요. 라고 배열하니 문장이 잘 맞는구나.

6. 활동에 대해 마무리 토의한다.
T: 오늘 활동을 해보니 어땠니?
T: 활동을 하고 아쉬운 점이 있었니?
T: 그랬구나, 그럼 우리가 더 이야기를 만들어 보도록 할까? 그럼 다음 시간에는 뒷이야기를 우리가 더 만들어 보도록 하자.</td><td>5. 활동을 진행한다.
C: 음, 뒤에 은이 나오면 좋을 것 같아요.
C: 심부름 뒤에는 심부름을 간 이슬이는 긴장이 되었어요. 이런 식으로 쓰면 되지 않을까요? 맞나요?
C: 네! 이 문장은 맞는 것 같아요.
C: 이렇게 하면 될 것 같아요.

6. 활동에 대해 마무리 토의한다.
C: 오늘 활동을 해 보니까 이슬이의 심부름 과정에 대해 알 수 있었고 우리가 책을 읽어보니 더 집중하고 생각하며 이해할 수 있었어요.
C: 음, 좋긴 했지만, 활동을 하고 나서 이슬이의 그 뒤 상황이 궁금했고 우리가 더 이야기를 만들어 보고 싶었어요.</td></tr>
<tr><td>활동평가</td><td colspan="2">• 문장카드를 읽으며 자신의 생각을 표현할 수 있는 능력이 길러졌는지 평가한다.
• 읽기 능력이 향상되었는지를 평가한다.
• 문장카드를 활용해 어휘 능력이 향상되었는지 평가한다.</td></tr>
<tr><td>확장활동</td><td colspan="2">
〈이슬이의 첫 심부름 추후 내용 만들어 보기〉
유아들의 의견을 존중해 다음 상황에 대해 책을 만들어 보는 활동을 계획할 수 있다. 이슬이의 첫 심부름의 마지막 결과에 대해 확실히 결론을 유아들이 냄으로써 서로의 궁금증에 대해 해결하고 미술활동과 언어활동의 연계성을 활동으로 진행할 수 있다. 이 때 교사는 유아들의 내용구성을 적절하게 확인함으로써 활동의 질을 높일 수 있다.</td></tr>
</table>

활동지도에 따른 읽기활동의 예 2

<table>
<tr><th>활동명</th><td colspan="2">나비에 대한 생각 모으기로 읽기활동 해 보기</td></tr>
<tr><th>활동목표</th><td colspan="2">• 나비에 대해 생각 모으기를 한 후 문장을 읽어 보면서 읽기 능력을 향상시킨다.</td></tr>
<tr><th>대상연령</th><td colspan="2">만 5세</td></tr>
<tr><th>활동자료</th><td colspan="2">나비 단어카드, 융판, 찍찍이

</td></tr>
<tr><th rowspan="2">활동방법</th><th>교사활동</th><th>유아활동</th></tr>
<tr><td>1. 유아를 카펫에 앉힌다.
T: 모두 카펫에 앉았나요?

2. 저번 시간에 배운 나비야 손유희를 해 본다.
나비야 나비야 이리날아오너라
노랑나비 흰나비 이리날아오너라
봄 바람의 꽃잎도 방긋방긋 웃으며 참새도 짹짹짹 노래하며 웃는다.

(전개)
3. 나비에 대한 생각 모으기를 한다.
T: 우리 오늘은 나비에 관해 생각 모으기를 하고 문장을 만들어서 읽어 보는 활동을 할 거에요.
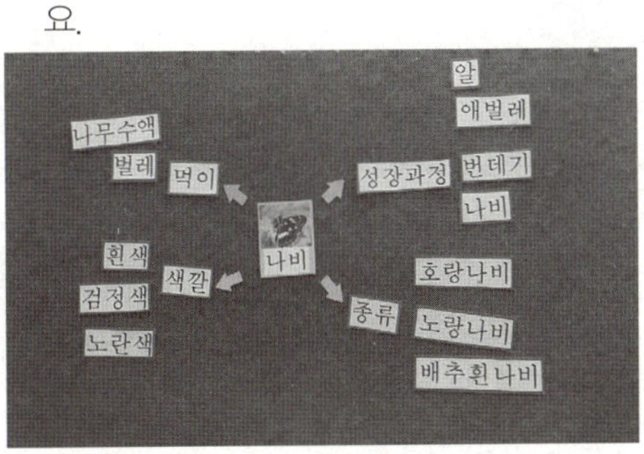
</td><td>1. 유아들은 카펫에 앉는다.
C; 앉았어요.

2. 저번 시간에 배운 나비야 손유희를 선생님과 함께 해 본다.
나비야 나비야 이리 날아오너라
노랑나비 흰나비 이리 날아오너라
봄 바람의 꽃잎도 방긋방긋 웃으며 참새도 짹짹짹 노래하며 웃는다.

(전개)
3. 나비에 대한 생각 모으기를 한다.
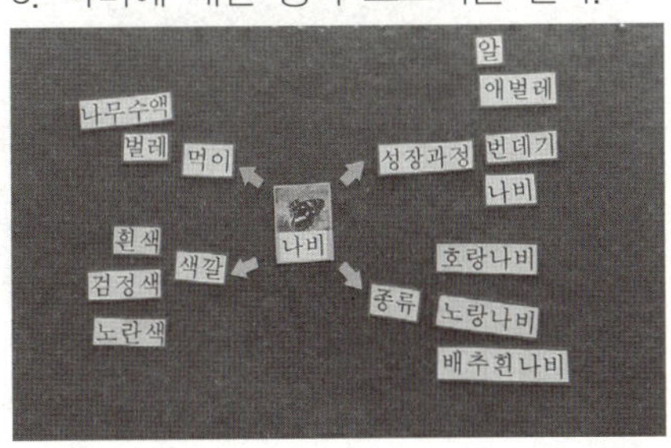

C: 나비의 종류에는 호랑나비, 노랑나비, 배추흰나비가 있어요.
C: 나비의 색깔에는 흰색, 검정색, 노란색이 있어요.</td></tr>
</table>

T: 나비의 종류에는 무엇이 있을까요?
T: 나비의 색깔에는 무엇이 있을까요?
T: 나비의 먹이에는 무엇이 있을까요?
T: 나비의 색깔에는 무엇이 있을까요?
T: 나비의 성장과정에는 무엇이 있을까요?

C: 나비는 벌레, 나무수액을 먹어요.
C: 나비는 알, 애벌레, 번데기, 나비로 성장해요.

4. 나비에 대한 생각 모으기를 한 후 교사가 문장을 만들어서 먼저 읽어 본다.
T: 선생님이 문장을 만들기 위해서 여기 조사와 동사 단어를 가지고 왔어.
T: 이것을 가지고 선생님이 문장을 만들어 볼게
T; 나비의 성장과정은 알, 애벌레, 번데기, 나비이다.
T: 선생님이 읽어 볼게.
T: 나비의 성장과정은 알, 애벌레, 번데기, 나비이다.

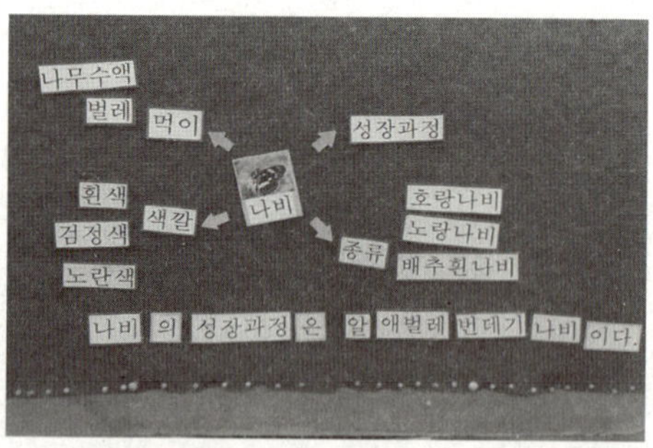

4. 나비에 대한 생각 모으기를 한 후 교사가 문장을 만들고 읽고 난 후 따라서 읽어 본다.
C: 나비의 성장과정은 알, 애벌레, 번데기, 나비이다.

5. 문장을 만든 것을 유아들이 읽어 보기로 한다.
T: 친구들도 한번 따라서 읽어 볼까요?

6. 유아들이 나와서 문장을 만들어 보도록 한다.
T: 이번에는 친구들이 나와서 문장을 만들어 보고 읽어 보는 시간을 가질 거에요.

5. 유아들이 직접 나와서 문장을 만들어 본다.

나비	의	색깔	은	노란색	이다.

교사가 유아가 만든 문장을 읽어 주면 같이 따라 읽어 본다.

	T: 누가 나와서 문장을 만들어 볼 친구 있나요? [나비] [의] [색깔] [은] [노란색] [이다.] 7. 유아들이 만든 문장을 교사가 먼저 읽어본다. T: 나비의 색깔은 노란색이다. 8. 유아들이 따라서 읽어 보도록 한다. T: 친구들 모두 따라 읽어 볼까요? T: 나비의 색깔은 노란색이다. (마무리) 9. 생각 모으기를 하고 문장을 읽어 본 느낀 점 이야기 하는 시간 갖기 T: 생각 모으기를 하고 나니까 어땠나요? T: 재미있었나요? T: 아쉬웠던 점은 무엇이었나요? T: 선생님이 이것을 교구장에 넣어 놓을 테니까 나중에 하고 싶은 친구는 해 보아요.	(마무리) 재미있었고, 아쉬웠던 점에 대해 말한다. C: 재미었어요. C: 없어요. C: 착한 아이 사탕이 놀이를 해 보고 싶어요.
확장활동	• 생각 모으기를 한 것으로 쓰기활동을 해 본다.	
평가	• 유아가 나비에 대해 생각 모으기를 한 후 문장을 잘 읽는지 평가한다.	

4. 쓰기 지도

유아들이 글을 쓰는 동안에 교사들은 유아들에게 써야 할 목적이나 과제물을 제시해 주어야 하며 유아들이 좀 더 잘 쓰기 위해서는 풍요로운 환경을 구성해 줄 필요가 있다. 쓰기 지도는 유아들의 개인차와 흥미에 맞게 명확하게 제시해야 하며 유아들의 경험을 통하여 쓰기학습이 이뤄질 수 있도록 할 필요가 있다. 특히 쓰기의 학습지도는 견학, 그림전시회, 광고물, TV광고, 영화, 그리고 읽기 자료 등에서 얻은 아이디어를 이용하여 써 볼 수 있도록 지도해 나가야 될 것이다.

때때로 유아들끼리의 토의나 대화는 유아들에게 아이디어나 사고를 촉진시킬 수 있으므로 교사들은 유아들끼리의 대화 및 토의를 통하여 쓰기 학습을 제시하고 쓰기를 통하여 통합적인 언어 지도로 나아갈 수 있도록 지도해 나가야 한다. 또한 교실 안에서 교사가 들려준 동화 내용에 기초한 이야기의 대화나 토의는 유아들이 쓰고자 하는 아이디어를 구성해 줄 수 있으므로 이야기꾸미기 활동이나 저널구성하기와 같은 활동을 통해서 쓰기발달을 이뤄 나갈 수 있다고 본다. 그러므로 이 장에서는 쓰기 지도를 효율적으로 지도하기 위한 방안으로 각자가 생각나는 대로 의견을 말하는 브레인스토밍(brainstorming) 과정에서 나온 인물, 개념, 그림, 광고와 같은 단어를 통하여 아이디어를 얻을 수 있으며 이를 통해서 쓰기발달을 촉진시킬 수 있다.

1) 쓰기의 의미

쓰기란 유아들의 능력을 종합적으로 요구되고 있는 복잡한 과정이다. 특별히 쓰기 지도는 일상생활에서나 주변에서 중요하게 다루고 있으며, 특히 유아들의 부모로부터 많은 관심과 주목을 받아온게 현실이라고 할 수 있다. 쓰기 지도는 쓰기언어를 통하여 이뤄지므로 효율적인 의사소통을 위해서는 유아 자신의 쓰기 능력에 달려 있다고 보는 것이 타당하다고 본다. 따라서 쓰기의 의미는 타인이 읽을 수 있고 이해할 수 있는 문자 형태의 상징을 사용하는 것으로 정의할 수 있다. 따라서 쓰기는 듣기, 말하기, 읽기, 쓰기와 분리될 수 없는 연결된 고리로 나타낼 수 있으며 그 구체적인 내용은 다음의 표와 같이 나타낼 수 있다.

표 3-1 쓰기과정에서 언어의 통합

쓰기과정	듣기	말하기	읽기
• 쓰기의 준비단계 및 예비단계 • 초고의 시작	• 교사의 지시에 따라서 듣거나 유아들의 토의 내용을 들어	• 질문에 답하거나 생각 모으기 구상 • 유아들 전체의 모	• 아이디어 모으기 • 읽기의 준비과정 준비

쓰기과정	듣기	말하기	읽기
• 쓴 내용을 수정하기 • 마무리 작업의 쓰기 단계	본다. • 유아들끼리 토의하면서 내용 들어 보기 • 다른 유아들의 의견 들어 보기 • 교사와 동료 유아들끼리 토의	임 구성하면서 토의하기 • 전체적인 토의 시도 • 교사와 동료 유아들끼리 토의	• 반복해서 읽기 큰 소리로 읽기 • 단어나 철자 및 의미를 고려하면서 읽어 보기
쓰기	• 쓸 내용의 윤곽을 메모하기 • 초고로 써 보기 • 다시 써 보기 • 손으로 직접 다시 써 보기		

2) 쓰기에 대한 지시적인 접근법

(1) 전통적인 접근

전통적인 접근법은 유아들에게 놀이 자료를 제공해 주고 자유스럽게 놀게 하며 때때로 그림을 그릴 수 있는 자료 또는 글씨를 쓸 수 있는 도구 혹은 분필, 그리고 글자가 있는 장난감 등을 제공해 준다. 전통적인 접근법은 유아들에게 그림책이나 그림이야기책을 읽게 하고 글자나 철자법을 인지할 수 있도록 하며 교사는 자유스럽게 쓰기지도를 실시한다.

(2) 쓰기 준비도 접근법

쓰기의 준비도는 쓸 수 있는 자료를 제공하고 교사가 모델역할을 해야 하며 단어나 철자 그리고 이름 등의 지도를 위해서 계획해야 한다. 주로 그림책이나 그림이야기책의 읽기를 통하여 쓰기 지도를 해 나가며 언어지도의 교실을 따로 만들어서 지도를 모색해야 한다.

아울러 유아들에게 흥미있는 작업활동의 일환으로 단어나 다양한 형태의 글자

쓰기를 유도해 나가야 한다.

(3) 자연스러운 접근법

유아들에게 읽고 쓸 수 있는 자료를 제공해 주고 매일매일의 생활 속에서 쓰기 행동 및 글자쓰기를 강조해야 한다. 따라서 유아들에게 매일매일 생활의 한 형태로 가게간판 글자, 식당이름, 신문의 큰 글자 기타 일반 가게의 이름 등을 읽으면서 동시에 써 보게 하고 글자쓰기와 함께 극놀이를 해 보게 하는 것도 자연스러운 접근법이라고 볼 수 있다.

그러므로 유아교육기관에서는 교실에서 쓰기코너를 따로 만들고 글자나 단어가 있는 장난감 등을 제공해서 글자와 친숙해지는 것도 유아들이 쓰기에 가까워질 수 있는 방안이라고 할 수 있다. 그밖에도 유아들의 노력을 지지하고 질문에 성실하게 답변해 주며 읽기와 쓰기 그리고 말하기를 연계하여 통합적인 지도방안을 모색해 나가는 것도 쓰기 지도에 있어서 자연스러운 접근법으로 함축할 수 있다.

3) 쓰기의 과정에 대한 단계별 요소

쓰기의 과정을 단계별로 제시할 수 있는 요소는 5가지를 들 수 있는데 이러한 단계별 과정의 요소는 쓰기에 있어서 가장 기초적이면서도 우선시해야 할 중요한 이슈로 볼 수 있다. 쓰기과정의 단계는 유아들에게 필수적인 과정으로 제시될 수 있다(Au, 1998; Condon & Clyde, 1996; Graves, 1994).

(1) 시간

유아들에게 적절한 시간을 제공하여 초고와 함께 수정 및 보완할 수 있도록 적절한 시간을 제공하는 것이 필수적인 요소라고 할 수 있다.

(2) 선택의 요소

쓰기는 그리기와 분리될 수 없는 요소이기 때문에 쓰기의 과정에서 유아 스스로 주제를 선택할 수 있도록 해야 하며 언어학습의 주도권이 교사가 아닌 유아가 될 수 있도록 해야 한다.

(3) 교사나 성인의 본보기 역할

유아들에게는 쓰기행동에 앞서 교사나 성인들의 행동을 관찰하는 과정이 중요하게 작용되기 때문에 특히 유아교사는 언어적인 본보기 역할을 해야 하며 쓰기지도를 할 때도 유아에게 본이 되는 역할을 하는 상황이 필요하다고 본다.

(4) 반응

유아들은 읽기나 쓰기행동에서 자신의 언어적인 행동이 올바른지, 아니면 잘못된 행동인지를 알고 싶어한다. 그러므로 유아들끼리 혹은 가족구성원 누군가의 도움으로 쓰기활동을 했든지 적절한 반응은 필수이며 칭찬과 격려로 지지를 나타내 주어야 한다.

(5) 구조

유아들은 쓰기활동에서 일주일에 한번 혹은 그 이상으로 교사와 함께 적절한 모임이나 함께하는 집단의 형태를 갖고 싶어하므로 유아들이 최상을 작업 혹은 쓰기활동을 모아서 포트폴리오를 구성할 수 있도록 해야 한다. 그러한 상황을 유지토록 하기 위해서는 유아교사의 적절한 행동철학이나 가르치는 구조를 유아들이 익힐 수 있도록 교사는 유아들에게 설명을 해 줄 필요가 있다.

(6) 집단의 구성체

유아들은 쓰기활동을 하는 동안 다른 유아들과의 상호작용이 필수적인 요소이므로 열정과 흥미를 유발할 수 있도록 두 명 혹은 세 명의 유아들과 집단의 구성체를 이룰 수 있도록 해야 한다. 그러한 사회적인 상호작용이 빈번하게 이뤄질 때 유아들의 쓰기활동은 기대 이상으로 좋은 결과를 나타낼 수 있으며 쓰기활동에 있어서 자극적이고 고무적인 분위기가 될 수 있을 것으로 사료된다.

4) 일반적인 쓰기단계

일반적으로 긁적거리기, 글자형태가 우연히 출현하는 단계, 글씨 형태가 의도적으로 출현하는 단계, 글자는 맞지만 획순이 바르지 않는 단계, 단어 쓰기를 거쳐 문장 쓰기 단계를 제시하고 있는 상황이 일반적인 경우다. 그러나 Machado(1999)의 단계에 의하면 일률적인 직선형태의 긁적거리기 단계를 먼저 제시하고 있다.

- 자유분방한 긁적거리기 – 자유스럽게 어떠한 제한받지 않고 긁적거리는 활동으로 유아들이 쓰기 이전에 많이 실행해 볼 수 있는 최초의 단계이다.
- 일률적인 직선형태의 긁적거리기 – 긁적거리기 단계에서는 자유자재로 긁적거리면서 글자모양의 형태로 나타내 보기도 하는 가운데 쓰기의 준비단계 및 예비단계가 이뤄진다고 볼 수 있다.
- 선이나 모양의 출현 – 자신이 그리고자 하는 의지에 따라서 적절한 선이나 모양이 나타난다.
- 글자형태의 출현 – 글자 형태가 만들어진다.
- 거울에 비쳐진 모습과 같은 글자형태 – 인식할 수 있는 글자형태가 나타나지만 마치 거울에 비춰진 글자처럼 반대로 보이기도 하고 위, 아래 방향에 따라 글자의 모양이 다르게 보이는 형태로 나타난다.
- 모음이나 자음과 같은 글자형태의 출현 – 적절한 철자의 형태가 나타나며

글자의 부분적인 모습이 보이는 단계이다.

- 글자형태의 출현 – 철자를 비롯하여 적절한 단어가 출현하기 시작하는 단계이다.
- 완전한 글자형태의 출현 – 단어와 단어 사이에 공간을 보이면서 완전한 글자가 나타나는 단계로서 최종적인 쓰기단계로 볼 수 있다.

5) 쓰기 행동의 원리

쓰기 행동의 원리는 다음과 같은 원리로 나타낼 수 있다.

- 반복의 원리(recurring principle) – 유아가 글자나 단어를 반복해서 써 보는 원리
- 방향의 원리(directional principle) – 왼쪽에서 오른쪽으로 글자를 쓰는 원리
- 생성의 원리(generating principle) – 글자는 다양한 단어에서 생성이 되며 그 단어가 반복적으로 출현할 수 있다는 원리
- 목록의 원리(inventory principle) – 유아가 아는 글자를 모두 기록해 보는 원리로 다음과 같이 유아들이 써 놓은 예시를 들 수가 있다.

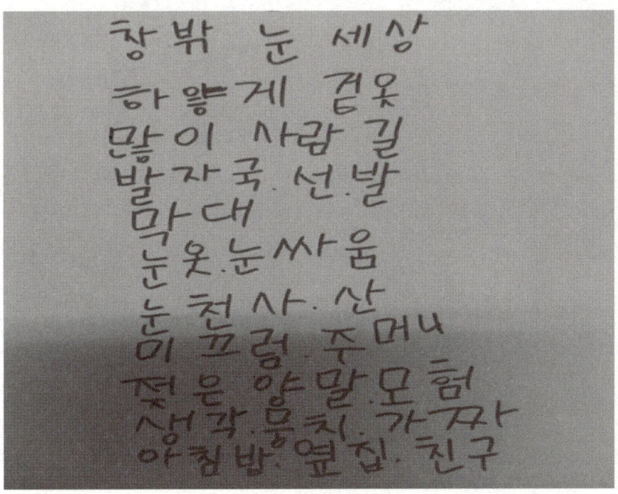

[그림 3-6] 단어 및 목록 써 보기 활동

• 대조의 원리(contrastive principle) – 단어나 문장의 유사점과 차이점을 인식하고 비교해 보거나 대조해 보는 원리

6) 쓰기 지도 원리

쓰기 지도의 원리는 유아들의 개인차, 연령차, 발달 수준차를 고려하여 유아들의 개별성을 인정하면서 다음과 같은 내용에 초점을 두고 실행해 나가는 것이 적합할 것으로 본다.

• 유아의 개별성 인정 – 유아들의 개인차, 능력 차이, 흥미도 등을 고려하여 지도해야 한다.
• 의미 있는 쓰기활동 제공 – 무의미한 활동이나 시간을 낭비할 수 있는 활동보다는 유아들에게 적절한 자극을 주면서 의미있는 활동이 될 수 있도록 해야 한다. 따라서 다음과 같은 생각 모으기(brainstorming) 활동을 해 보는 것도 의미있는 쓰기활동이 될 수 있을 것으로 사료된다.

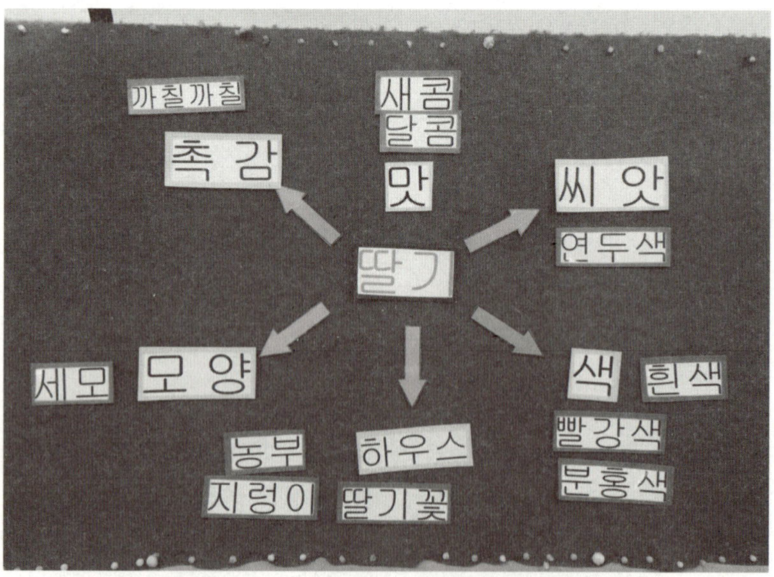

[그림 3-7] 생각 모으기 활동의 예

- 통합적인 방법으로 지도 – 쓰기 지도에 있어서 단순히 쓰기 위주로만 하기보다는 듣기, 말하기, 읽기, 쓰기와 연결된 활동을 하되 그림을 그린다거나 노래활동을 하면서 쓰기활동을 한다면 훨씬 효율적인 쓰기 지도가 될 수 있을 것으로 본다.
- 다양한 자료제공 – 쓰기활동을 할 때 다양한 종류의 필기구, 즉 색연필, 연필, 화이트보드, 작은 칠판, 줄없는 종이류 등 필기구를 제공해야 한다.

7) 쓰기 지도의 실제

쓰기 지도의 실제는 우리주변에서 많이 찾아볼 수 있으나 대략 다음과 같은 활동으로 실제적인 활동과 연결할 수 있다.

- 이름 및 단어쓰기 활동 – 자신의 이름이나 다양한 종류의 단어 또는 글자를 써 본다.
- 인상적이고 흥미있었던 경험쓰기 – 과거의 활동 중에 인상적이거나 흥미있었던 활동을 노트에 기록해 본다.
- 글자를 만들어서 놀이활동과 연결해 보기 – 글자놀이의 종류로서 글자를 만들어서 유아들끼리 놀아보게 하는 활동으로 글자놀이라고 할 수 있다.
- 글자 문질러서 베끼기 활동 – 사포지나 단추를 이용하여 글자를 문질러 보는 활동이다.
- 점 따라서 선 그어 보기 활동 – 점선을 따라서 노트에다 선이나 글자를 그어 본다.
- 그림일기나 시 써보기 활동 – 매일매일의 활동을 일기형식으로 그림을 그리고 시나 일기를 써 본다.
- 시화집이나 문집 만들어 보기 활동 – 시를 써서 시화집으로 만들어 보거나 다양한 종류의 글을 모아서 문집으로 만들어 볼 수 있다. 다음의 그림은 유아들의 단어쓰기 및 문장쓰기의 예로서 단어와 문장을 그림과 함께 표현한 활동이다.

[그림 3-8] 단어쓰기 예시

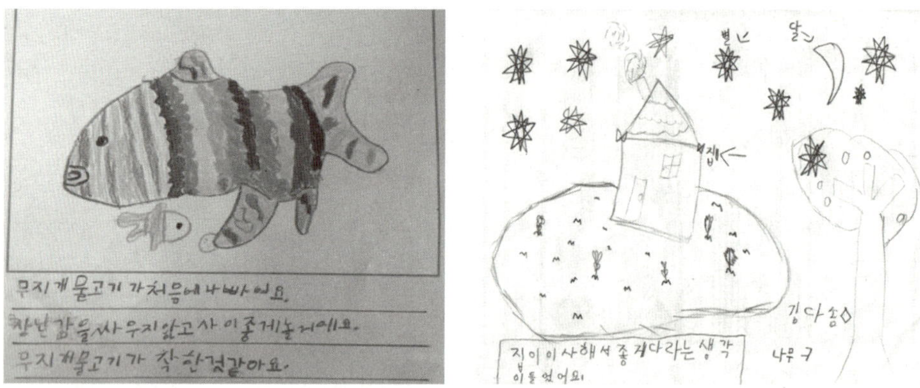

[그림 3-9] 문장쓰기 예시

8) 구체화된 쓰기의 발달 단계

유아를 대상으로 연구했던 Schickedanz(1990)는 태어나서 1년부터 6세까지의 쓰기발달을 제시한 바 있다. 즉, 쓰기 도구의 탐색 - 긁적거리기 - 선긋기 - 인쇄된 글자의 모습 모방 - 철자를 창안하기 - 철자를 표현하기의 어려움 - 일상적인 단어의 사용 등의 일련의 과정을 통하여 쓰기학습이 발달한다고 강조하고 있다. 또한 우리나라 유아를 대상으로 연구했던 학자(이연섭 · 강문희, 1997, 재인용)들도 6가지 단계로 유아의 쓰기단계를 제시한 바 있다. 그들의 6단계는 다음과 같이 몇 가지 하위단계로 나뉜다.

- 긁적거리기 단계 – 글자의 형태는 나타나지 않으나 가로선 혹은 세로선이 나타나는 단계
- 한두 개의 글자 형태가 보이는 단계
- 글자 형태가 한두 개 나타나는 단계
- 글자형태가 보이고 이따금 글자의 방향이 틀린 단계
- 어휘 쓰기단계 – 완전한 단어 형태가 나타나고 가끔 글자의 방향이 정확하기도 하면서 틀리기도 하는 단계
- 구나 문장 쓰기단계 – 문장 형태가 부분적으로 틀리기도 하고 완전한 문장 형태가 나타나기도 함

Ferreiro와 Teberosky는 취학전의 문해력(literacy before schooling)에 해당하는 유아들의 활자지식과 쓰기에 관하여 교육자들의 사고를 바꾸어 놓았다. Ferreiro와 Teberosky는 순서에 따른 3가지 발달수준을 다음과 같이 순서적으로 제시하고 있다.

(1) 제 1수준

- 유아들은 그리기(drawing)와 쓰기(writing)를 구별하기 위한 기준을 알고 싶어하기 때문에 유아의 긁적거림에 대해 관대함을 갖고 대해야 한다.
- 수직선이나 구부러진 선 그리고 점선에 대해서 알아가기 시작한다.
- 인쇄된 활자가 일률적인 형태의 순서를 지니고 있다는 결론에 도달하게 된다.
- 새로운 글자를 창안하기보다는 유아 자신의 주변환경 안에 있는 글자 모양을 익혀 간다.
- 유아가 3세가 되면 어떤 사물에 대해서 문자와 사물간의 관계성을 알며 사물 대신에 글자로 대체할 수 있다는 것을 인식하게 된다.

(2) 제 2수준

- 유아들은 글자 속에서 목적에 대한 차이를 찾는다.
- 말소리와 글자 간의 하나의 관계가 성립되고 있다는 것을 때론 깨닫지 못한다.

(3) 제 3수준

- 유아 자신의 이름과 연결되어 나타나는 글자를 익혀 나간다.
- 음절을 나타내는 형태의 글자 모양을 창안해 나간다.
- 단어 속에서 들었던 음절과 같은 글자 형태를 구별해 간다.
- 특정한 음절 형태에 관한 지식을 발전시켜 나간다.
- 글자소리를 쓰기 위한 유사한 문자를 찾아나간다.
- 유사한 단어 소리를 이해함으로써 문자를 이해하기 시작한다.

Ferreiro의 연구결과는 유아의 언어교육 프로그램과 유아교육자간의 상호작용에 영향을 미치고 있음을 보여 준다. 그러므로 교사들은 유아들이 활자를 이해하기 위한 적극적인 시도를 하고 있음을 분명히 인식해야 한다. 또한 유아들을 새롭게 보아야 함을 깨닫게 해 준다.

9) 쓰기 지도와 관련된 점선 및 패턴게임의 실제

(1) 크레용 활동

교사가 준비한 활동으로 크레용을 이용한 활동을 들 수 있으며 작업 활동으로서는 유아가 그림패턴을 따라 크레용으로 다시 써 보게 하여 쓰기에 대한 흥미를 유도해 나가야 한다.

(2) 점선 따라 연결하기

점선을 따라서 분필이나 연필로 그림을 연결해 보거나 선을 연결해 보는 과정을 통하여 글씨나 그림을 익히는 패턴이다.

(3) 패턴게임

다음은 분필을 이용한 작업 활동으로서 패턴게임을 들 수 있다.

유아들에게 어떤 모형의 패턴을 제시한 다음 어떤 패턴이 나올 수 있는지를 물어 보아 하나의 게임형식으로 진행할 수 있다.

다음은 쓰기 지도의 활동계획안으로서 다음과 같다.

활동주제에 따른 쓰기활동의 예 1

활동명	'포도'의 그림카드를 보며 글자 써 보기	
활동목표	• '포도' 그림을 인지하여 단어를 써보고 익힐 수 있다. • 단어가 의미하는 것에 대해 알 수 있다.	
대상연령	만 5세	
활동자료	'포도'의 그림카드, '포도'의 단어카드, 융판, 찍찍이, 코팅지	
활동방법	교사활동	유아활동
	1. 교사는 유아를 카펫에 앉힌다. T: 우리 친구들, 모두 카펫에 앉아 볼까요? 2. 손유희로 주의집중시킨다. T: 지난 시간에 선생님과 배웠던 '맛있는 포도' 손유희 기억나나요? T: 그럼 다 같이 '맛있는 포도' 손유희를 해 볼까요? T: 시작. 땡글땡글 포도	1. 유아들은 교사의 지시에 따라 카펫에 앉는다. C: 네네 선생님! 2. 손유희로 주의집중 한다. C: 네 선생님. 빨리 해봐요. C: 네 좋아요. C: 땡글땡글 포도 땡글땡글 포도 똑똑 따서 똑똑 따서 선생님 입에 쏘옥~

	땡글땡글 포도 똑똑 따서 똑똑 따서 선생님 입에 쏘옥~ 친구 입에 쏘옥~ 내입에 쏘옥~	친구 입에 쏘옥~ 내입에 쏘옥~
	3. '포도' 단어카드로 동기유발 시킨다. T: 우리 친구들 포도 먹어 봤어요? **포도**	3. '포도' 단어카드로 동기유발 시킨다. C 1: 네 포도 먹어봤어요. C 2: 어제 저녁에 먹었어요.
	T: 그러면 포도의 맛은 어때요? **맛** **달콤하다.** **새콤하다.**	C 1: 달콤해요. C 2: 상큼해요.
	T: 맞아요. 포도의 맛은 달콤하기도 하고 새콤하기도 해요.	C: 네.
	4. '포도' 그림카드로 이야기 나누기를 지도한다. T: 선생님이 포도 그림카드를 준비해 왔어요.	4. '포도' 그림카드로 이야기 나누기를 한다. C: 우와~
	T: (그림카드를 보여주며) 포도의 모양은 어떤 모양이에요?	C 1: 동글동글해요. C 2: 동그란 포도송이가 붙어 있어요.
	T: 포도는 어떤 색깔이에요?	C: 보라색이요.

	T: 이 포도 말고도 여러 가지 색깔이 있어요. 보라색 말고도 무슨 색이 있죠?	C 1: 연두색이요. C 2: 빨간색이요.

	5. '포도'와 관련한 단어를 써 보는 활동을 소개한다. T: 선생님과 단어카드와 그림카드로 포도의 맛과 모양과 색깔에 대해서 알아보았으니까 이번에는 포도 그림카드를 보고 각자 노트에 포도에 대해서 써 보는 활동을 해 볼거예요. T: 다 같이 노트에 써 볼까요?	5. '포도'와 관련한 단어를 써보는 활동을 소개한다. C: 네. C 1: 나는 포도의 맛은 달콤하다. 써야지. C 2: 나는 포도의 모양은 동그라미모양이다라고 써야지.
	6. 활동에 대한 토의 및 마무리를 한다. T: 우리 친구들 포도에 대해서 오늘 알아보고 쓰기 활동을 했었는데 어땠나요? T: 그러면 활동을 하다가 아쉬운점 있었어요?	C 1: 재미있었어요. C 2: 또 하고 싶어요. C: 더 하고 싶은데 많이 하지 못해서 아쉬웠어요.
	T: 그래요. 더 하지 못한 친구들은 선생님이	C: 네. 좋아요.

	언어영역에 놓을테니까 그림카드와 단어카드를 이용해서 쓰기활동을 해 보도록 해요.	
확장활동 및 평가	• 유아가 그림카드와 단어카드를 이용해서 쓰기 활동을 잘 수행하였는가? • 유아들이 단어의 뜻에 대해서 잘 알았는가?	

활동주제에 따른 쓰기활동의 예 2

<table>
<tr><td>활동명</td><td colspan="2">나비에 대해 생각나는 단어 써 보기</td></tr>
<tr><td>활동목표</td><td colspan="2">• 나비에 대해 생각나는 단어를 써 봄으로써 소근육 발달을 촉진한다.
• 자신의 생각을 단어로 표현함으로써 표현력과 사고력을 기른다.
• 쓰기 능력을 기른다.</td></tr>
<tr><td>대상연령</td><td colspan="2">만 5세</td></tr>
<tr><td>활동자료</td><td colspan="2">매직, 분필, 융판, 카드, 화이트 보드</td></tr>
<tr><td rowspan="5">활동방법</td><td>교사활동</td><td>유아활동</td></tr>
<tr><td>T: 교사는 유아를 카펫으로 모이게 한다.</td><td>C: 유아는 교사의 지시에 따라 하던 놀이를 정리하고 카펫으로 모인다.</td></tr>
<tr><td>1. 손유희로 주의집중한다.
T: 우리 같이 '나비 노래' 손유희를 해 볼까? 저번 시간에 배웠던 '나비' 손유희 기억나니?

나비 노래
원치호 작사
권길상 작곡

</td><td>1. 교사와 함께 손유희를 한다.
C: 네! 기억나요!
C: (교사의 지도하에) 손동작을 따라하며 기쁘게 손유희를 한다.
C: 유아는 저번 시간에 배웠던 노래와 손유희기 때문에 손동작을 잘 기억하며 따라한다.</td></tr>
<tr><td>2. 자료와 활동에 대해 설명한다.
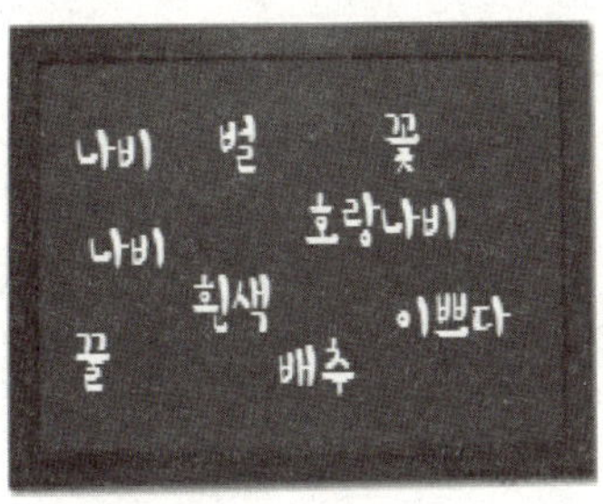
</td><td>2. 자료와 활동의 소개에 대해 듣는다.
C: 우와!

C: 네! 그러면 그냥 저희가 생각하는 것들을 쓰면 되는 건가요?</td></tr>
<tr><td>T: 오늘은 선생님이 활동을 하기 위해서 칠판을 준비했어.
너희들과 함께 나비하면 생각나는 것들을 써 보는 시간을 가져 볼거야.</td><td>C; 네, 그러면 그런 다양한 자료들을 활용해서 나비에 대해서 쓰기 활동을 해 봐야겠어요. 뭘 쓰지.</td></tr>
</table>

	(교사는 활동에 대해서 유아들이 이해하고 진행할 수 있도록 활동에 대한 준비를 제공한다. T: 선생님이 오늘 여기에 분필과 매직과 볼펜 등 너희들이 써 볼 수 있는 다양한 자료를 준비했어. 너희들이 일단 노트에 쓰면서 활동을 해도 좋고, 바로 칠판에 나와서 써도 좋아.	
	3. 활동을 진행한다. T: 자, 우리가 이제 활동을 해 볼까? T: 나비에 대해서 생각나는 단어에는 어떤 것들이 있니? T: 그렇구나. 벌이 생각나는 구나. T: 그럼 우리 나와서 벌이라는 단어를 적어 볼까? T: 또 생각나는 단어가 있니? T: 꿀이 생각나는구나. 그럼 나와서 꿀을 한 번 써 볼까? *교사는 이처럼 유아들이 자신이 나비에 대해 생각나는 단어들을 잘 써 볼 수 있도록 한다. 활동을 하지 않는 유아들이 없도록 잘 챙겨서 지도해야 한다.	3. 활동을 진행한다. C: 네! C: 음 , 나비에 대해서는 나비, 벌이 생각나요! 나비랑 벌은 같이 생각나는 것 같아요. C: 또, 꿀도 생각나요! C: 유아 역시, 교사의 지도하에 잘 따라서 다양한 글씨를 표현하고 써 볼 수 있도록 한다.
	4. 활동에 대해 마무리 토의한다. T: 오늘 활동을 해 보니 어땠니? T: 활동을 하면서 아쉬운 점이 있었니? T: 활동을 하면서 너희들이 어떤 것들을 써 보았니? T: 너희들의 쓰기에 도움이 된 것 같니? T: 그렇다면 다음에는 어떤 활동을 해 보면 좋을까? T: 그래 그렇게 하도록 하자.	4. 활동에 대해 마무리하고 토의한다. C: 재미있었어요! 그리고 다양한 단어들을 써 볼 수 있어서 좋았어요. C: 아쉬웠던 점은 활동을 조금 더 길게 하면 좋을 것 같아요. C: 네! 그래도 도움이 된 것 같아요. 중간에 호랑나비라고 쓰는 단어가 어려웠는데 선생님과 친구들이 알려줘서 잘 쓸 수 있었어요. C : 다음에는 오늘 쓴 단어들을 가지고 문장 만들기를 하면 재밌을 것 같아요.

활동평가	• 나비에 대해 생각나는 단어를 써 봄으로써 소근육 발달을 촉진했는지 평가한다. • 자신의 생각을 단어로 표현함으로써 표현력과 사고력을 길렀는지 평가한다. • 쓰기 능력을 길렀는지 평가한다.
확장활동	나비하면 떠오르는 단어들을 바탕으로 문장 만들어서 읽어 보기 • 교사는 유아들의 의견을 반영해서 오늘 활동하면서 썼던 단어들을 문장카드로 구성할 수 있다. 그래서 이를 바탕으로 유아들과 함께 문장을 만들어서 읽어 보는 활동으로 확장할 수 있다.

참고 문헌

김숙이 (1999). 화제적인 회상에 기초한 가장놀이와 이야기 구술의 효과. **아동학회지, 20(2),** 205-223.

김숙이 (2010). 유아들의 단기적이고 장기적인 화술구조의 기억과 가상놀이 및 이야기구술과의 관계, **미래유아교육학회지, 17(3),** 403-434.

김숙이 (2011). 유아 그림이야기책을 활용한 이야기회상 및 이야기꾸미기 활동에 관한 연구, 유아교 육학논집, 15(1), 249-275.

김숙이 (2013). 의사소통 교육의 전략적인 방향에 따른 유아들의 이야기 저널활동에 대한 실제 및 의미 탐색. **미래유아교육학회지, 20(2),** 347-373.

김숙이 · 강은주 · 유은정 · 임영심 (2004). **유아를 위한 언어교육의 이론과 실제,** 경기: 교육과학사.

김숙이 · 강혜경 (2014). 그림이야기책의 이해와 창출력에서 유아들의 단어인식 차이에 관한 연구. **아동교육, 23(4),** 5-24.

김숙이 · 전정민 (2012). 가상놀이 집단과 가상놀이 및 이야기 구술 연계 집단 간 유아들의 기억능력 및 표상능력의 차이에 관한 연구. **유아교육연구, 32(1),** 445-463.

이연섭 · 강문희 (1997). **유아의 언어 교육,** 서울: 창지사.

Ackerman, B. P., Paine, L., & Silver, D. (1991). Building a story representation: The effects of early concept prominence on later causal inferences by children. *Developmental Psychology, 27*(3), 370-380.

Allison, D. T., & Watson, J. A. (1994). The significance of adult storybook reading styles on the development of young children's emergent reading. *Journal of Reading, 34*(1), 57-72.

Au, K. (1993). *Literacy instruction in multicultural settings.* Fort Worth, TX: Harcourt Brace Jovanovich.

Au, K. (1997). Literacy for all students: Ten steps toward making a difference. *The Reading Teacher, 51*(3), 186-194.

Becker, W. C. (1977). Teaching reading and language to the disadvantaged -what we have learned from field research. *Harvard Educational Review. 47*(4), pp. 518-543.

Benson, M. S. (1993). The structure of four-and five-year-olds' narratives in pretend play and storytelling. *First Language, 13*, 203-223.

Bereiter, Carl and Siegfred Engelmann (1973). *"Observations on the Use of Direct Instruction with Young Disadvantaged Children,"* Early Childhood Education, ed., Bernard Spodek, Englewood Cliffs, N. J.: Prentice-Hall Inc., pp.176-186.

Bishop, D. V. M. (2004). *Expression, Reception and Recall of Narrative Instrument(ERRNI).* London: Psychological Corporation.

Chow, S. H. L., & Elmore, P. (1973). *The Engelmann-Becker model. Early Childhood Information Unit: Resource manual and program descriptions.* San Francisco: Far West Laboratory for Educational Research and Development, pp. 15-26.

Colledge, E. (2002). The structure of language abilities at 4 years: A twin study. *Developmental Psychology, 38,* 749-757.

Conti-Ramsden, G, & Durkin, K. (2007). Phonological short-term memory, language and literacy: Developmental Relationships in early adolescence in young people with SLI. *Journal of Child Psychology and Psychiatry, 48*, 147-156.

Dunning, D., & Mason, L. (1984). *An investigation of kindergarten children's expression of story character's intentions.* Paper presented at the Annual Meeting of the National Reading Conference, St. Peterburg, Florida.

Durkin, K. (2007). Phonological short-term memory, language and literacy: Developmental Relationships in early adolescence in young people with SLI.

Farver, J. A. M., & Frosch, D. L. (1996). L A. Stories: Aggression in preschoolers' spontaneous narratives after the riots of 1992. *Child Development, 67*, 19-32.

Farver, L. A. M. (1992). Communicating shared meaning in social pretend play. *Early Childhood Research Quarterly, 7*, 501-516.

Goodman, K. (1986). *What's whole in whole Language*? Heinemann Educational Books.

Heilman, A. W., Blair, T. R., Rupley, W. H. (1986). *Pinciples and practices of teaching reading,* Ohio: A Bell & Howell Company.

Hudson, J. A. & Shapiro, L. R. (1991). From knowing to telling: Children's scripts to stories and personal narratives. In A. McCabe & C. Peterson (eds.). *Developing narrative structure*, 89-136.

Jalongo, M. R. (2000). *Early childhood language arts.* A Pearson Education Company.

Jenkins, J. R. (2001). Oral reading fluency as an indicator of reading competence: A theoretical, empirical, and historical analysis. *Scientific Studies of Reading, 5,* 239-256.

Kathryn, B. Horton, Lioyd M. Dunn and James O. Smith (1981). *Teacher's Guide Level P: Peabody Language Development Kits-Revised*(American Guide Service Inc.).

Kim, S. Y.(1999). The effects of storytelling and pretend play on cognitive processess, short-term and long-term narrative recall. *Child Study Journal, 29,* 175-191.

Kovas, Y., Hayiou-Thomas, M. E., Oliver, B., Dale, P. S., Bishop, D. V. M., & Plomin, R. (2005). Genetic influences in different aspects of language development: The etiology of language skills in 4.5-year-old twins. *Child Development, 73,* 632-651.

Leondar, B. (1977). *Hatching plots: genesis of storymaking.* In D. Perkins & B. Leondar (1978). *The Arts in Cognition* (pp. 172-191). Baltimore, MD: Johns.

Leslie, R. Williams (1977). " The Behavioral Approach"' Education Before Five :A Handbook on Preschool Education, ed., Boegehehold, B. D. C. K. Harriet, W. H. Hooks and G. J. Kolph(N.Y.: Bank Street College of Education), p. 58

Machado, J. M. (1999). *Early childhood experiences in language arts.* Delmar Publishers: an International Thomson Publishing Company.

Manning, G. and M. Manning (1989). *"In the Process of Becoming Process Teacher", Whole Language: Beliefs and Practices,* K-8, ed., G. Manning and M. Manning, A National Education Association Publication, pp. 235-40.

Morrrow, L. M. (1992). Effects of structural guidance in storytelling on children's dictation of original stories. *Journal of Reading Behavior, 18,* 13-152.

Nation, K., & Snowling, M. J. (2004). Beyond phonological skills; Broader language skills contribute to the development of reading. *Journal of Research in Reading, 27,* 342-356.

Pellegrini, A. (1985). The narrative organization of children's fantasy play. *Educational Psychology, 5,* 17-25.

Sachs, J., Goldman, J., & Chaille, C. (1985). Narratives in preschoolers' sociodramatic play: the role of knowledge and communicative competence. In A. Pellegrini & L. Galda (eds.). *Play, Language and Stories: The Development of Children's Literate Behavior,* 45-61.

Stein, N. L. (1988). The development of children's storytelling skill. In M. B. Franklin & S. S. Barten(Eds.). *Child Language: A reader*, 282-297. New York: Oxford University Press.

Stoodt, B. D. (1988). *Teaching Language Arts*. New York: Harper & Row Publishers.

Thorpe, K. (2006). Twin children's language development. *Early Human Development, 82,* 387-395.

Trabasso, T., & Nickels, M. (1992). The development of goal plans of action in the narration of a picture story. *Discourse Processes, 15,* 249-275.

Trabasso, T., & Sperry, L. (1985). Causal relatedness and importance of story events. *Journal of Memory and Language, 24*, 595-611.

Weikart, D. P., & Schweinhart, L. J. (2000). The High/Scope curriculum for early childhood and education. In J. L. Roopnarine & J. Johnson (Eds.), *Approaches to early childhood education*(pp. 277-293). NJ: Merrill/Prentice Hall.

Wolf, A. (1996). *The True Story of The 3 Little Pigs.* Puffin Books. U. S. A.

Wortham, S. C. (2002). *Early childhood curriculum.* Upper Saddle River, NJ: Merrill. www.highscope.org. http://www.highscope/korea.com.

제 4 장

유아 언어교육 프로그램

1. DISTAR 프로그램
2. PLDK 프로그램

1960년대 이후 언어의 중요성이 강조되면서 영유아 언어교육에 초점을 맞춘 프로그램들이 다양하게 개발되었다. 언어발달을 위해 무엇을 어떻게 가르쳐야 하는지에 대해 Bartlett가 분석한 개발 프로그램만도 30여 개에 달한다. 그 중 대표적인 DISTAR 프로그램과, PLDK 프로그램에 대해서 알아보기로 한다.

1. DISTAR 프로그램

1) 이론적 배경

DISTAR 프로그램은 1966년 일리노이 대학에 있는 Bereiter와 Englemann 교수가 빈곤층 유아를 위해 만든 실천적 유아교육 프로그램이다. 이를 '베라이터-잉글만 프로그램'이라고 부르며 그 후 엥글만이 오리건 대학으로 옮겨 행동주의 심리학자인 베커와 함께 1967년 엥글만-베커(Engelmann-Becker) 프로그램을 완성하고 이것을 디스타 프로그램이라 불렀다. 이는 Direct Instructional System for Teaching Acceleration and Remediation 의 머리글자를 따서 붙인 이름으로 '촉진 및 교정학습을 위한 직접 교수체제'라고 번역할 수 있다.

디스타 프로그램은 헤드스타트 운동을 시발점으로 사회에서 혜택받지 못한 아동에게 관심이 옮겨지면서 저소득층 유아들에게 나타나는 학습부진 현상이 교육과 밀접한 관계가 있다고 전제하였다. 저소득층의 아동들이 학교에 입학해 실패를 겪는 것은 취학전 기초학습을 받지 못하고 자란 열악한 환경 때문으로 생각했으며 그 원인은 교육적 혜택의 불균형이라고 보았다. 아동들의 불우한 삶은 중상류층 아동들이 누리고 있는 교육적 기회를 박탈당하고 이러한 불균형은 가난의 악순환이 되어 대물림 현상으로 이어질 것이라 주장했다. 베커와 엥글만은 이러한 불우 아동이 처한 가정환경의 구조를 개선시키고 극복시킬 수 있는 유일한 방법은 불우 아동의 인지기능을 완성할 수 있는 교육방법의 개발이라고 보았다. 그들은 저소득층 아동들도 취학전 학교학습에서 필요한 기초적인 학습기능을 가르쳐야 한다는 필요성을 강조하며 행동주의 이론에 근거하여 디스타 프로그램을 개발하였다. 유아의 언어습득은 외적으로 주어진 자극에 반응하며 강화와 모방 등 외부의 영향과 경험에 의해 후천적으로 발달한다고 보는 입장으로서, 불우한 아동들도 교사 중심의 직접적이고 체계적 교수를 통해 성공적인 교과학습을 이룰 수 있다고 보았다. 이는 초등학교 준비교육 프로그램으로 미국의 대표적인 Follow-Through 프로그램의 하나이다.

디스타 프로그램은 다음의 가정에 기초한다.

첫째, 인간의 행동은 학습된 것이라 보며 발달의 정도나 배경에 상관없이 달라질 수 있다.

둘째, 기초 기능의 학습은 지적 행동의 중심이 되며 이러한 행동은 환경적 자극에 의한 결과이다.

셋째, 빈곤 아동들은 다른 아동들에 비해 인지적 발달이 늦기 때문에 학교에서 성공하기 위해서는 필요한 기능들을 습득해야 하고 더 많은 교육을 미리 받아야 한다.

2) 특징

디스타 프로그램은 불우한 환경의 아동들에게 읽기, 쓰기, 셈하기 등 학습에 필요한 기초적인 인지 기능을 체계적으로 가르치는 것에 초점을 둔다. 따라서 이 프로그램은 학문적 기초를 형성하는 것을 교육 내용으로 하고 있으며 언어활동은 세부적이고 면밀하게 구조화되어서 행동적 성과와 목표가 구체적인 행동유형으로 분류되어 있다. 이는 교사 중심의 직접적인 교수를 통해 교과학습에서의 성공을 지향하는 프로그램이다.

① 학습목표와 학습활동이 구체적이고 체계적으로 조직화되어 있다

② 유아의 발달 수준에 맞춰 개별화로 진행하거나 수준별, 단계별로 진행하면서 짧은 기일 내에 높은 학습 성과를 얻을 수 있도록 한다.

③ 기초적인 개념을 세분화하여 체계적으로 가르치는 것이 핵심이다.

④ 유아가 학습활동에 능동적으로 참여할 수 있도록 자극과 촉진, 강화로 격려하고 지지하는 행동주의 이론에 입각하는 교수 – 학습 상황을 적용한다.

⑤ 수업에 있어 교사는 모든 교수 – 학습을 체계화하고 조직화시킨 학습 자료의 진행순서와 제시원리에 따라 진행한다.

⑥ 교사는 유아의 활동을 객관적으로 평가하고 피드백을 통해 실패한 아동의 문제행동을 수정해 나간다.

⑦ 교사는 풍부한 활동자료보다 학습해야 할 과제에 초점을 맞추고 꼭 필요한 교구만 제시하며 집중해서 학습하게 한다.

⑧ 일과는 세 번의 학습시간과 세 번의 대집단 활동으로 나뉘어져 있으며, 각 활동의 단위는 15~20분 정도이다.

⑨ 학습의 속도가 빠르며 과정보다는 결과를 중요시한다. 유아의 학습결과를 극대화하기 위해 교사는 언어적 반응을 중요시한다.

⑩ 교사의 논리적인 진술이나 바른 언어사용은 유아에게 좋은 모델링이 되고 인지적 발달을 위해 필요다고 본다.

3) 목표

체계적인 교육을 통해 학업성취도를 높여 성공적인 학교생활을 하도록 이끄는 것이 목적이며, 나아가 빈곤의 악순환에서 벗어나게 하는데 큰 의의를 두고 있다. 따라서 프로그램은 일상 언어에 포함되어 있는 단어를 활용하여 문법에 맞는 문장을 말할 수 있고 이를 통해 논리적 구조를 이해하는데 있어 다음과 같은 능력을 목표로 삼고 있다.

① 질문에 대하여 긍정 또는 부정으로 분명하게 말할 수 있다.

② 주어진 지시사항이나 조건에 따라 반응하고 표현할 수 있다.

③ 반대되는 개념을 이해하고 다룰 수 있다.
④ 질문에 대하여 긍정적적이거나 부정적인 경우의 예를 들어 말할 수 있다.
⑤ 위치, 시간, 방향 등을 바르게 알고 사용할 수 있다.
⑥ 간단한 추론 문장을 완성시켜 사용할 수 있다. ("만일 ~한다면")
⑦ 추론을 나타내는 문장에서 '아니다'와 같은 부정법을 사용할 수 있다.
⑧ 간단한 추론 과정에서 '혹은'을 사용할 수 있다.
⑨ 기본색을 말할 수 있다.
⑩ 모음과 자음의 이름을 알고 기억할 수 있다.
⑪ 그림 안에서 인쇄된 글자를 찾아낼 수 있다.
⑫ 단어에 운율을 붙여 말할 수 있다.
⑬ 한 종류의 유목에서 네 가지 사물을 말할 수 있다. (예: 마실 것 네 종류)

4) 내용

저소득층 아동에게 학문의 기초가 되는 언어, 읽기, 셈하기 등 구조화된 프로그램으로 직접교수법(Direct Instruction Approach)을 사용한다.

(1) 언어

언어프로그램은 기초적인 언어기능을 가르치려는 것으로 I, II, III 수준별 프로그램으로 구성되어 있다. 어휘를 바르게 구사하고 문장으로 표현하는 능력부터 언어적 개념이나 문장형식의 논리적 구조를 이해하고 바르게 사용할 수 있도록 하였다. 이러한 과정은 유아의 읽기 이해를 위한 기초 기술로서 언어적 표현, 이해력, 인지발달 등 유아의 언어능력 신장에 초점을 두었다.

언어 I은 교사의 언어적 지시나, 용어, 개념, 어휘 이해, 진술, 정보 응용 등에 초점을 맞추었다. 예를 들어 긍정 또는 부정으로 발하기, 그것을 동작으로 나타내기, 반대말, 비슷한 말, 접속사 알기, 전치사 사용하기, 부분명칭 알기 등이며 이는 언어를 이해할 수 있는 기초능력을 갖게 하는 것이다.

언어 II는 수준 I에서 이미 가르친 개념을 확장시키고 쓰여진 문장을 분석하는 기능을 가르쳐 자신의 생각을 간단한 문장으로 작문하는 방법을 가르치고 배우는 단계이다. 주요 내용은 단어, 문장, 합리적 사고, 지시적 기술, 정보, 응용 등이며 예를 들어 계절의 이름 알기, 동식물의 특성 알기, 동의어 분류하기, 정의 내리기, 연역법 훈련 등이 있다. 언어학습을 위한 기본 모형은 "이것은~(무엇)이다."라는 문장 형식과 "~(무엇)은 ~(무엇)이다"의 두 가지이다

언어 III은 음성어와 독서할 때의 문장 분석에 그 초점을 두었다, 주요 내용은 정보분석, 정보처리 과정, 문장구성 분석, 문장구성 과정, 기교와 용법, 쓰기 등으로 구성되어 있다.

(2) 읽기

읽기 프로그램은 아동의 기초적인 읽기 기술과 개념을 발달시키기 위한 것으로 단어를 중시하고 철자법 원리학습을 세분화시켜 가르치게 된다. 읽기에 대한 내용을 보면 알맞은 발음 알아내기에서부터 동작을 나타내는 낱말 읽어 보기, 비슷한 발음 분류해 보기, 혼합해 보기, 글자의 순서알기, 단어와 문장 읽기 등 보다 어려운 단계로 진행된다. 단계별 읽기의 주요내용을 구체적으로 살펴보면 다음과 같다.

- 디스타 읽기 I은 소리와 기호 확인을 위한 글자 발음하기, 발음 알아내기 등이 있으며, 음운 단어 읽기와 이해를 위해 소리 내어 읽기, 상징과 동작 게임, 음률 맞추기 등이 있다
- 디스타 읽기 II는 글자 이름알기, 글자의 순서 알기, 단어 읽기, 대문자 익히기 등 소리의 결합, 단어와 어휘, 이야기 읽기, 그림 이해, 그림 추론 등이며 이야기를 읽는 과정 속에서 많은 단어들을 자연스럽게 이해하게 된다.
- 디스타 읽기 III은 단어, 어휘, 추론적 이해, 주요 사상, 연속적 원인, 결과, 관점, 동기, 설명 등이 있다.
- 디스타 읽기 IV는 이해력을 강조하고 있으며 읽기를 통해 얻은 정보를 확대할

수 있는 다양한 활동으로 구성되어 있다.

- 디스타 읽기 V는 아동이 정보를 기억하고 추론하여 적절한 상황에 사용할 수 있는 내용으로 구성되어 있다.
- 디스타 읽기 VI은 이야기를 구성하는 배역, 주제, 배경, 구성 등의 내용으로서 합리적인 사고력과 비판적인 사고력을 길러 주는 내용으로 구성되어 있다.

(3) 셈하기

수 프로그램은 수 I, II, III으로 수준별로 구성되어 있다. 아동이 스스로 문제를 해결할 수 있도록 기초 계산 능력부터 응용 능력까지 단계적 기술을 가르치도록 구성되어 있다.

이 밖에도 예술적 기능을 위해 대집단활동으로 노래하거나 창의적인 동작활동 등을 한다. 또한 사회적 기능을 위해서는 학교생활에 필요한 기본적인 생활습관을 형성할 수 있는 활동을 한다.

5) 방법

교사의 역할로서는 첫째 유아의 발달특성과 학업성취도를 올바로 진단하고 유아의 상황에 맞는 교수방법을 지시할 수 있어야 한다. 둘째, 유아의 학습지도와 생활지도에 대한 이론과 그 방법 및 절차에 대해서도 충분히 숙지하여 유아를 교육할 수 있어야 한다. 셋째, 교사는 유아가 집중할 수 있도록 도우며 과제를 수행할 수 있도록 이끌어야 한다. 학습과제는 작은 단위로 세분화하고, 교사의 직접적인 교수로 계속적인 피드백과 반복적인 연습을 통해 유아의 학습을 교정해 나간다. 학습과제와 관계가 없는 활동은 규제시키고 교육목표에 초점을 맞춘다.

행동주의에 입각하여 교사와 아동간의 언어적 반응과 적극적인 상호작용이 무엇보다 중요하며 강화, 촉진, 자극, 보상 등을 충분히 주어 학습에 대한 의욕과 동기를 갖게 한다. 또한 고립, 벌, 소거 등의 방법을 적절히 활용하여 유아의 바람직하지 않은 행동을 수정하고 감소시켜 학습능률을 더 높인다. 교재 · 교구를 필요 이상으로 많이 제공하면 유아들의 활동이 산만하게 되어 학습목표에 지장을 줄 수 있기 때문에 교재 · 교구는 유아용보다 교사용을 더 중요시한다. 또한 유치원과 가정을 연계하여 학습효과를 높이는 프로그램의 특징을 알리고 부모의 적극적인 협조와 참여를 요청한다.

6) 평가

디스타 프로그램은 학습의 과정보다 결과를 중시하고 있다. 따라서 평가는 교육목표 달성도를 알아보는 개인적 · 집단적 수행능력을 측정하는데 있다. 평가의 방법은 진단평가, 개별평가, 형성평가 등으로 구분하여 교사 지침서에 따라 진행한다. 진단평가를 통해 유아의 출발 행동을 진단하여 수준에 맞는 집단에 배치하며, 개별평가는 성취수준을 파악하는 자료로서 학습과제를 바르게 이해하지 못한 유아에게는 과제를 수정해 다시 제시한다. 형성평가를 통해 교수방법이 얼마나 효율적으로 이루어졌는지 파악할 수 있다.

2. PLDK 프로그램

1) 이론적 배경

PLDK(Peabody Language Development Kits) 프로그램은 George Peabody 사범대학의 Dunn과 Smith에 의해 1968년 빈곤계층을 대상으로 설계되었고, 1981년에 새로 수정 · 발표되면서 일반 유아들까지 범위를 확대하여 제작된 언어교육 프로그램이다. 이는 언어 인지에 대해 생득주의와 행동주의의 절충을 취하고 있는 입장으로, 유기체의 성숙과 학습에 대한 조화는 언어학습을 형성해 주는 조건이 된다. 다시 말해 언어를 발달시키려면 타고난 중추신경계와 청각구조, 평균 이상의 지능이 필요하며, 그에 못지않게 언어행위가 일어나는 환경도 중요하다는 견해이다, 이러한 조건을 갖추지 못한 아동이 학습과 언어의 결함이 나타났으며 그들에게 강도 있는 언어자극이 필요하다고 느꼈다. 교사들은 정규 교육과정 속에서 언어뿐 아니라 지적 기능과 학교생활의 성공을 촉진하기 위해 인지와 언어를 체계적으로 조합시켜 총체적인 언어발달을 강조하였으며 이러한 노력의 결과로 나온 것이 PLDK 프로그램이다.

2) 특징

PLDK 프로그램은 아동의 언어사용 기능과 인지사고 능력을 높여주고 무엇보다 논리적 사고를 길러주는 능동적인 학습 활동을 강조하고 있다. 활동중심 언어개입 프로그램의 성격을 갖고 있으며 활동에 있어서 일상생활에서 접할 수 있는 논리 · 수학적 지식과 사회적 지식에 관계한 어휘를 주요 내용으로 삼고 있다. 유아교육과정에 음성언어를 체계적으로 조화시켜 총체적인 언어발달을 강조하였으며, 활동의 영역을 주변 현상, 개념 등의 주제영역으로 분류하고 교육내용을 세분화 시켰다. 학급 규모는 교사와 보조교사, 학부모가 협력하여 집단수업과 개별화 수업을 통합시키려고 노력하였으며, 감각을 통하여 사물의 정보를 수용하고 인지과정을 거쳐 느낀 점을 표현하도록 자극하는 기능 영역으로 분류하여 프로그램을 구성하였다

3) 목표

PLDK 프로그램은 유아의 능동적인 학습활동을 통하여 추상적이고 표상적인 사고능력과 언어의 사회적 사용능력을 증진시키는데 중점을 두고 있다. 이 프로그램의 목적을 크게 두 가지로 나타내고 있다.

첫째, 표준어 범주 내에서 언어사용 기능을 촉진한다.

아동의 자발적인 표현을 지지하고 격려하는 가운데 자신의 생각을 문장 내에서 표현하는 능력을 길러 주고자 하는 것이며, 이는 언어의 문장 및 문법성보다는 의미론(semantics)을 강조하는 것이다. 이는 자발적인 대화 나누기 등 아동의 표현을 중시하며 새로이 배운 것에 대한 유형 반복 훈련을 통해 어휘의 의미, 구절의 의미 등 균형잡힌 학습활동 내에서 아동의 표현능력이 증진되도록 한다.

둘째, 광범위한 인지적 능력을 증진시킨다.

기억훈련과 같은 기술에 초점을 맞추는 것이 아니라 학습구성에 있어서 균형잡힌 접근법을 시행하여 확산적적이고 수렴적인 사고능력을 자극하는 것이다. 이를 통해 유아는 체계적이고 효과적인 학습에 의해 논리적으로 사고할 수 있도록 하는데 중점을 둔다.

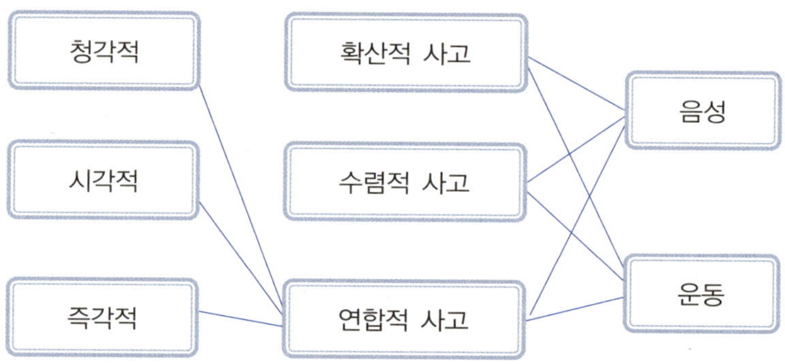

〈PLDK 활동에 의한 자극과정의 모델〉
출처: 신인숙(1984). 유아언어교육 프로그램 비교연구 논문

4) 내용

PLDK 프로그램은 모두 4단계로 구성되었으며 학력 전 단계, 1단계(4.5~6.5세), 2단계(6~8세), 3단계(7.5~9.5세)로 이루어져 있다. 활동의 내용은 총 360개의 활동으로 되어 있어 매일 1~2가지씩 활동하여 1~2년에 거쳐 끝낼 수 있다.

(1) 일상생활에서 접할 수 있는 논리 · 수학적 지식과 사회적 지식에 관계한 주제 및 어휘를 내용으로 삼고 있다.

(2) 의미론을 강조하며 문장 및 문법성에 있어 어휘의 의미, 문장의 의미, 음성언어의 발달을 강조한다.

(3) 교사는 지침서의 순서대로 아동의 흥미를 유발시키며 격려와 강화를 통해 교사와 아동의 적극적인 참여와 상호작용 속에서 수업을 진행한다.

(4) 자발적인 표현을 고무시키면서 새로이 배운 것에 대해서는 유형반복 훈련을 실시한다.

(5) 계열화된 구조적 질문의 교수방법은 피하며 자발적인 자기표현을 중요시한다.

360종류의 활동을 25개의 기능 영역으로 구분한 것은 다음과 같다.

① 조립하기
② 브레인스토밍하기
③ 음률에 따라 말하기
④ 분류하기
⑤ 비교하기
⑥ 수세기
⑦ 묘사하기
⑧ 토의하기
⑨ 극화하기
⑩ 지시에 따르기
⑪ 분별하기
⑫ 상상하기
⑬ 명칭 붙이기
⑭ 듣기
⑮ 짝짓기
⑯ 무언극하기
⑰ 예측해서 말하기

⑱ 문제해결하기
⑲ 추리하기
⑳ 관계짓기
㉑ 기억하기
㉒ 문장 구성하기
㉓ 계열화하기
㉔ 이야기하기
㉕ 어휘 습득하기

5) 방법

교사는 언어적 역할 모델자로서 좋은 본보기를 보여야 하며 질문과 대답은 개방적이고 수용적인 분위기 속에서 활발한 상호작용이 일어나도록 한다. 교사와 아동이 주가 되어 수업을 진행하며 교사는 요약 문장을 가지고 아동의 흥미를 유발시키며 문장 내에서 자발적인 표현을 하도록 돕는다. 개별적인 반응은 물론 집단적인 반응에 있어서 모든 아동에게 동등한 관심을 표명하도록 노력하며, 상황에 맞춰 아동에게 맞는 집단을 선택 · 조절해 줄 수 있어야 한다. 새로 배운 내용, 즉 어휘의 의미, 구절의 의미 등에 대한 유형 반복도 병행한다. 이때 중요한 것은 틀에 박힌 정답을 요구하는 질문을 피하고 아동의 자발적 표현을 지지하고 인정하며 격려해 주는 강화가 중요하다.

6) 평가

이해면, 개념화, 표현면의 세 가지 행동모델이 있어 틀에 박힌 교수법이 될 수 있지만, 반구조적인 짜임과 언어의 의미면을 중시하고 집단을 대상으로 한다는 점에서 활용하기 쉽고 적용이 용이하다.

평가는 형성평가와 총괄평가 모두 실시하며, 수업 중에 질문을 통하여 아동의 이해 정도를 파악하고, 그 결과는 앞으로의 학습을 위한 진단 도구로 활용한다.

또한 주, 월 단위로 사전 검사와 사후 검사를 실시하여 아동을 평가하는데 이때 사용되는 도구는 다음의 세 가지이다

① 교사의 관찰에 기초한 아동묘사보고서

② 교사에 의해 고안되고 실시될 테스트

③ 표준화된 검사(언어능력, 인지능력)

참고 문헌

김경희 · 유경애(2008). **유아교육과정.** 서울: 동문사.

김숙이 외(2002). **유아를 위한 언어교육의 이론과 실제.** 서울: 교육과학사.

문연심(2012). **영유아 프로그램 개발 및 평가.** 경기: 공동체.

민성혜 · 김성희 외(2008). **영유아프로그램 개발과 평가.** 경기: 양서원.

박찬옥 · 방인옥 외(2009). **유아교육과정.** 경기: 정민사.

박홍자 외(2006). **영유아언어교육.** 서울: 태영출판사.

신인숙(1985). 유아 언어교육 프로그램의 비교 연구, 이화여자대학교 대학원 석사학위논문.

이기숙(2004). **유아교육과정.** 경기: 교문사.

이상숙(1992). 幼稚園 어린이의 言語指導에 關한 연구, 원광대학교 대학원 석사학위 논문.

이은경(2009). **영유아 프로그램 개발과 평가.** 서울: 청목출판사.

임재택 · 박재환(2005). **유아교육과정.** 서울: 양서출판사.

현미숙(1992). 디스타 幼兒敎育 프로그램의 小規模 現場 適用 효과, 성균관대 대학원 석사학위논문.

Bereiter, C., & Engelmann, S.(1966). *Teaching disadvantaged children in the preschool.* Englewood Cliffs, NJ: Prentice Hall.

Ellis, D. E.(1971) *Contemporary influences in early childhood education.* Holt, Einehart and Winston Inc.

Horton, K. B., Lody, M, D., & James, O. S.(1981). *Teacher's guide P. Peabody Language Development Kits-Revised, American Guidance Service.* Inc.

제 5 장

영유아의 문해지도

1. 문해 개념의 발달
2. 문해발달에 대한 관점
3. 유아의 문해발달
4. 유아 문해발달을 위한 환경

1. 문해 개념의 발달

1) 문해의 정의

'문해(literacy)'란 사람들이 살고 있는 특정 문화 속에서 사용되고 있는 문자언어를 이해하고 사용하는 능력으로 정의되기도 하고, 읽기와 쓰기에 대한 인식 및 태도, 그리고 생활 속에서 읽기, 쓰기 행동이 갖는 의미와 가치에 대한 개념으로 정의되기도 한다. 문해란 인간의 언어생활 중 문자언어인 글자를 사용하여 의사소통하는 것으로 읽기와 쓰기를 포함하는 관련 활동을 말한다고 할 수 있으며, 문해교육은 읽기, 쓰기에 대한 태도와 기대, 생활 속에서 읽기와 쓰기행동이 갖는 의미와 가치, 그리고 의미를 해석하고 의사소통하는 수단을 길러 주는 교육이다.

유아교육사전에서는 문해를 '글을 읽고 쓸 줄 아는 지식이 있는, 교육을 받은 문명화된'으로 정의하고 있으며, 위영희(2003)는 유아의 문해발달에 있어서 문해라 함은 인간의 언어생활 중 문자언어인 글자를 사용하여 의사소통하는 것으로 읽기와 쓰기를 포함하는 관련 활동을 말한다고 하였다.

읽기와 쓰기는 사회의 구성원으로 활동하기 위해 갖추어야 하는 가장 필수적인 능력이다. 문해능력이란 글을 읽고 쓰기에 대한 능력을 의미한다. 문해능력은 단지 글자나 단어를 인식하는 수준을 넘어서 그 단어가 함축하고 있는 의미나 관련된 지식까지도 이해하는 능력을 포함한다(최은영 · 이지현, 2009).

유아기는 문해발달이 시작되는 시기로서 매우 결정적이며 이 때의 문해 경험은 이후의 학교에서의 성취와도 깊은 관련성이 있다(Darling & Lee, 2003). 문해발달이란 글을 읽고 쓸 수 있는 능력으로써 읽기는 글을 읽고 그 내용을 이해하여 분석하는 수준의 기능이며, 쓰기는 타인과의 의사소통을 위한 인쇄물을 사용하는 능력으로 문해발달에 읽기, 어휘력, 문장이해력, 쓰기 능력의 발달을 포함한다(김영애, 1998).

2) 문해발달에 대한 관점의 변화

문해(literacy)는 읽고 쓰는 것과 관련된 모든 것을 가리키며, 문해능력은 영유아가 음성언어와 문자언어의 관계를 이해하고 글을 읽고 쓰는 능력을 가지는 것을 의미한다. 문해를 언제부터, 어떻게 가르쳐야 하는가는 문해발달에 대한 관점에 따라 변화해 왔다.

유아의 문해발달에 대한 관점은 대체로 두 가지 입장으로 설명되었다. 하나는 1920~1930년대에 성행하여 60년대까지 지속된 견해로서 준비도 교육을 강조하는 성숙주의적 관점과 학습을 강조한 행동주의적 관점이 지배적인 전통적 관점이고, 다른 하나는 1980년대 문해발달에 대한 연구에 새로운 방향을 제시하는 발달적 관점을 말한다. 전통적인 관점은 유아의 능동적인 학습을 방해하고 학습과정에 적극적인 참여를 하지 못하게 막을 뿐 아니라, 유아들이 이미 가지고 있는 여러 가지 문식적 기능들을 충분히 고려하지 않는다 하여 비판을 받고 있다. 반면 발달적 관점을 지지하는 학자들은 유아들이 공식적인 학습을 받기 이전에 이미 그들이 처한 환경 속에서 자연스럽게 쓰기를 경험할 수 있는 적절한 기회를 가질 뿐만 아니라, 그런 기회를 통하여 쓰기에 필요한 기초적인 지식을 많이 습득하고 있다고 주장한다. 즉, 문식성 실제에 대한 유아들의 방대한 초기 지식을 강조하고 있다.

전통적인 접근은 주로 Gesell의 성숙주의 이론에 바탕을 둔 것으로, 읽기 준비도가 신경 성숙의 결과라고 보는 입장이다(Teale & Sulzby, 1986). 다시 말해, 읽기에 필요한 인지적 발달은 유아가 성숙함에 따라 자연스럽게 이루어진다는 것이다. 따라서 유아의 문해 지도를 위해서는 유아가 읽을 준비가 될 때까지 기다려야 한다고 여기게 되었다. 읽기 준비도 개념은 유아의 문해발달이 단계적으로 이루어진다고 보는 기술 지향적 개념으로 발전되었고, 읽기를 위해서는 글자에 대한 지식과 글자·소리 대응에 관한 정확한 지식을 요구하므로 단계적이고 기술적인 활동이 제시되었다.

1980년대에 와서 아동의 문해 행동의 발달적 특성을 설명하기에는 읽기 준비도 개념이 부적합하다는 비판을 받게 되었다(Teale & Sulzby, 1986). 따라서 유아의 읽기 및 쓰기 기술은 실제 생활 속에서 발달하는 역동적인 과정으로 보아야 한다는 총체적인 언어 접근법으로서의 문해 출현이라는 관점이 대두되었다. 문해 출현은 Piaget와 Vygotsky의 인지발달론적 이론에 근거하여 이루어졌다. Piaget는 지식이란 외부로부터 주어지는 것이 아니라 학습자 자신이 새로운 경험을 하기 전에 형성된 개념에 비추어 일어나는 작용으로 유아의 언어발달이 그들의 인지적 구조에 의해서 결정되며 그들의 초기 언어는 그들의 현실 세계 속에 있는 대상과 사건을 나타내는 방법으로 기술된다고 하였다. 따라서 유아의 언어발달을 촉진하기 위해서 성인이 할 수 있는 일은 이들에게 실세계 속에서 사건과 행위를 기술하고 설명할 수 있는 기회를 가능한 많이 제공하는 것이며, 더 근본적으로는 이들의 인지 구조에 적합한 환경을 풍부하게 구성하여 제공하는 일이다(이차숙, 1992). Vygotsky는 모든 고등정신 기능은 사회적 상호작용 내에서 발달한다고 보았으며, 성인의 존재를 중요시하였다. 성인은 유아의 경험을 정제하여 유아로 하여금 환경을 극복하는 방법을 깨닫게 하고 문제를 해결할 수 있는 힘을 키워 준다. 유아는 이러한 성인의 도움으로 말미암아 능력이 발달하고 점차 문제를 독자적으로 풀게 된다. 사회적으로 지지를 나타내는 이러한 능력은 근접발달지대 안에서 이루어진다고 하였는데, '근접발달지대' 개념은 읽고 쓸 수 있는 능력과 부모와의 상호작용을 설명하는데 많이 이용되었다(김영애, 1998).

이처럼 문해발달은 전통적 관점에서 발달적 관점으로 나름대로의 장점과 제한점을 가지고 변화하여 왔으나, 오랜 세월을 두고 어느 방법이 더 효과적인지에 대한 학자들 간에 논란이 계속되어 왔고 두 접근의 상반된 관점은 교사들에게 효과적인 교수방법 및 접근방법을 제공하지 못함으로써 교사들을 매우 혼란하게 하였다. 최근 들어서는 전통적 관점과 발달적 관점이 서로 보완해 주는 방식으로 '균형 있는 문해 지도' 방식이 강조되고 있는 실정이다. '균형 있는 문해 지도' 방식은 유아에게 의미 있는 맥락 안에서 상황적인 언어사용이 가능하도록 한다. 단순히 읽기를 위한 읽기와 쓰기를 위한 쓰기가 아니라 실제적 의미가 있는 읽기 활동과 유목적적인 쓰기 활동들을 가능한 한 많이 경험시켜 읽기와 쓰기에 대한 유아들의 동기와 흥미를 지속시킬 수 있도록 의미 있는 읽기 자료들과 쓰기 상황을 간과하지 않는다. 낱자 지식, 자 · 모음체계의 이해, 자소 · 음소의 대응 관계 이해, 단어 재인, 그리고 어휘력 등 읽기와 쓰기의 기초 기능들을 체계적이고, 직접적이며, 명시적인 방법으로도 가르치는 것이다(이차숙, 2000). 이상과 같이 문해에 대한 전통적, 발달적, 균형 있는 관점은 유아들의 문해 지도 방법으로 쓰기의 도입 방법에서 약간의 차이를 보이고 있다. 즉 전통적인 관점은 공식적인 교육 이전에는 쓰기에 의한 방법을 거부하고 있고 발달적 관점에서는 이미 유아들이 쓰기와 같은 활동들을 생활에서 활용하고 있다는 것이다. 한편 균형 있는 문해 지도 방식에서는 선별적으로 의미 있는 상황에서 동기와 흥미가 지속되도록 다양한 방법과 자료를 활용하여 체계적이고 직접적이며 명시적으로 가르친다는 관점이다. 실제로 현 각종 유아 교육기관에서 활용되고 있는 문해 지도방법은 균형적인 문해 지도 방식에 입각하여 다양한 자료와 방법들이 활용되고 있어 이와 관련된 체계적이고도 구체적인 현장의 실천 연구가 필요한 실정이다.

2. 문해발달에 대한 관점

유아의 문해발달에 대한 관점은 유아가 형식적 교육을 받기 시작할 때까지 기다려야 한다는 성숙주의적 관점에서 형식적, 직접적 교수방법으로 지도해야 한다는 행동주의적 관점, 그리고 능동적 학습자로서 유아가 주변 환경과의 상호작용을 통해 발달시켜 나간다는 관점으로 변해 왔다. 이 중에서 행동주의 관점은 기술 중심 교수방법과 맥락을 같이 하는 것이고, 상호작용주의 관점은 아동 자신이 문어에 대해 구성해 나간다는 것을 전제로 하는 총체적 언어 관점으로 변화하였다.

영유아 언어 교수방법으로는 문해 지도는 읽기의 하위기술을 직접적으로 지도하는 것에서 시작되어야 한다는 부호중심 접근법(code emphasis approach)과 언어를 전체적인 의미를 이루는 덩어리로 보고 의미 있는 맥락에서 문자를 경험하도록 하는 것에서 출발하는 총체적인 언어 접근법(whole language approach), 이 두 가지 접근법의 장점을 취하여 의미있는 맥락에서 문자를 경험하도록 하면서 읽기 하위기술들에 대한 직접적인 지도를 병행하는 균형적 언어교육 접근법(Balanced language approach)이 있다.

1) 부호중심 언어교육 접근법(code emphasis approach)

부호중심 언어교육 접근방법은 설명과 지시, 반복적 훈련 등을 핵심으로 하는 교사 중심적 성격을 가진 직접적 수업형태에 의한 언어수업 방식이다(Wortham, 1998). 부호중심 접근방법에서는 유아의 자발적이고 실질적인 읽기나 쓰기보다는 맞춤법에 맞는 읽기, 쓰기 학습이다(김은심 · 조정숙, 2013). 부호중심 언어교육 접근법의 교수방법의 특징은 첫째, 읽기와 쓰기의 목표는 문자해독(decoding)과 부호화(encoding)에 두며, 둘째, 효율적인 읽기 · 쓰기학습이 이루어지기 위해서 필요한 하위기술들을 위계적이고 반복적인 훈련을 통해서 숙달시킨다(이영자 외, 2006; 이지현 외, 2009). 셋째, 글의 작은 단위부터 시작하여 큰 단위로 진행된다고 하여 상향식 언어교육 방법(bottom-up model)이라고 하나 반드시 음소에서 시작하는 것이 아니라 친숙한 낱자나 단어 등을 인식하고 변별하는 과제에서부터 시작하여 어느 정도 익숙해지면 음소단위의 훈련을 하기도 한다(이지현 외, 2009).

그런데 부호중심 접근법은 너무 분석적이고 논리적이어서 유아에게 이해시키는 데 어려움이 따르며 추상적이고 무의미한 낱자 단위까지 다루므로 유아 학습의 흥미 유발과 지속이 곤란하다는 지적을 받고 있다. 또한 의미보다는 문자 자체에 더 큰 관심을 갖게 되므로 지나치게 자소-음소 대응을 강조하게 되면 받침 있는 음절, 연음이 되는 단어 읽기에 어려움이 따를 수 있다(이차숙, 1999).

2) 총체적 언어교육 접근법(whole language approach)

총체적 언어교육 접근법은 유아가 자연스러운 상황에서 말하고, 듣고, 읽고, 쓰는 것과 관계되는 상호 지원적 신념과 교수 전략 및 경험이라고 정의하고 있다(Watson, 1995). 총체적 언어교육에서 '총체적'이라는 말은 언어의 기본단위를 '의미'로 보며 언어사용을 풍부하게 경험할 수 있는 환경을 제시하여 언어의 네 가지 기능인 말하기 · 듣기 · 읽기 · 쓰기를 상호 관련시켜 통합하여 경험하게 하고 나아가 모든 다른 활동과 통합하여 가르친다는 것을 의미한다(Brown, 1994; Edelsky, 1993; 이영자 외, 2009). 총체적 언어교육 접근법의 원리는 학습의 동기는 언제나 본질적인 것이어야 하고 학습에 쓰일 글은 반드시 의미와 연관성을 갖춘 형태의 글이어야 한다는 것이다. 총체적 언어교육 접근법에서는 학습의 주체가 유아임을 강조한다. 유아가 자신의 사고를 언어로 구성하기 위해 유아 자신이 가지고 있는 어휘와 언어 경험을 기초하여 새로운 언어를 구성하기 위해서는 시간이 필요하다. 실제적이고 자연스러운 언어활동을 하면서 의미를 파악하는 가운데 유아 스스로가 언어를 학습하도록 하며 문해 환경을 계획하고 준비하여 격려하여야 한다(Brown, 1994).

그러나 총체적 언어교육 접근법이 언어교육에 있어 철자의 소리와 모양을 상대적으로 간과한 것에 대한 문제점이 제기되기 시작하였다. Adams(1990)는 1970년대 이후 총체적 언어접근법을 시도한 미국의 텍사스 주, 캘리포니아 주, 캐나다의 몇몇 주들 및 영국 여러 곳에서의 읽기 성취도 검사에서 읽기 성적이 떨어진 결과를 보고함으로써 총체적 언어교육 접근법의 제한점을 지적하였다(이숙희, 2007).

3) 균형적 언어교육 접근법(balanced language approach)

총체적 언어교육 접근법으로 교육을 받은 유아들이 해독이나 읽기능력이 저하되었다는 지적에 따라 유창한 읽기나 단어 재인(word recognition)을 위해서는 음운 인식 능력이나 자·모음 지식, 글자와 소리의 대응관계에 관한 지식이 필요하다는 점이 국내·외 여러 연구들을 통해서 확인되었다(김선옥·조희숙, 2004; 이경화 외, 2003; Adams, 1990). 유아들에게 유창한 읽기를 하도록 하기 위해서는 전체적인 맥락에서 의미를 파악하는 방법과 해독에 필요한 기초적 기능들을 병행하여 가르칠 필요가 있다. 이러한 요구에 의해 만들어진 교수방법이 균형적 언어교육 접근방법이다(이영자 외, 2009; 이지현 외, 2009).

균형적 언어교육 접근법은 특히 읽기와 쓰기를 시작하려는 유아들에게 효과적인 것으로 보고 음운 인식, 단어 식별 기술, 자음과 모음의 규칙 등을 가르칠 것을 강조하는 부호적 언어교육 접근법과 문학을 통한 읽기·쓰기를 해야 한다는 총체적인 언어교육 접근법을 병행하여 적용할 것을 강조하고 있다(Adams, 1990; Clay, 1991).

균형적 언어교육 접근법의 교수 – 학습 방법은 다음과 같다(Hoover, 2006). 첫째, 의미 이해력 증진을 위해서는 교사는 유아가 의미 있는 맥락 안에서 읽은 내용을 이해할 수 있도록 풍부한 문해 환경을 조성해주고 유아가 읽기와 쓰기에 흥미를 가질 수 있도록 지원해 준다.

둘째, 의사소통과 어휘력 증진을 위해 유아가 성인의 읽기를 청취하거나 혼자 읽기, 친구들과 함께 읽기, 소리 내어 읽기, 여러 사람들과 함께 이야기 나누기 등을 할 수 있도록 최선의 전략을 병행한다.

셋째, 유창성 증진을 위해 독립적 읽기, 쓰기, 또래끼리 읽어 주기, 유창한 읽기, 쓰기 모델 제시, 반복되는 구절 등을 활용하여 지도한다.

넷째, 자소와 음소의 대응관계를 이해하기 위한 발음원리에 대한 지도는 동시나 동요, 동화책에서 의성어나 의태어 등을 활용하여 지도하되 유아가 원할 경우에는 유아의 수준에 따라 체계적이고 명시적으로 지도한다.

마지막으로, 음소 인식을 돕기 위해서는 어휘를 이루는 각각의 소리를 인식하고 서로 다른 단어 속에서 초성, 중성, 종성이 같은 모양과 소리 찾기, 서로 다른 모양과 소리 찾기, 어휘들 가운데 특이한 소리를 인식하기, 하나의 어휘를 각각의 소리로 분리해 보기 등의 활동을 지도한다.

3. 유아의 문해발달

1) 유아의 문해 출현

문해 출현의 견해에 따른 연구들의 결과를 종합해 보면 다음과 같다(이기숙 · 김영실 · 현은자, 1993).

첫째, 유아들이 유치원에 오기 전부터 문해발달 과정이 시작되며, 읽기, 쓰기 발달은 동시에 상호 관련되어서 발달한다.

둘째, 문해는 매일의 활동 속에서 발달하며, 유아들은 자신이 속한 사회와의 상호작용을 통해 문해에 대한 것을 학습한다.

셋째, 문해의 발달은 듣기, 말하기, 읽기, 쓰기가 포함되는 전체적인 의사소통 과정의 한 부분이다. 유아의 문해발달은 형식적이며 직접적인 교수 방법으로 유아에게 문해를 지도해야 한다고 보는 전통적인 관점과 문해발달의 연속적인 과정으로서 환경과의 상호작용을 통해 유아 스스로 구성해 가고 사회적이고 심리적인 과정으로 보는 문해 출현 관점으로 변화되었다.

2) 문해발달에 영향을 주는 사람

유아의 문해발달에 영향을 주는 사람으로는 부모, 형제 이외에 교사, 또래 유아를 들 수 있다. 이 중에서 장시간 유아교육기관에서 시간을 보내며 유아를 교육하는 사람은 교사이므로, 교사의 역할은 매우 중요하다(양영란, 2001). 인간이 태어나면서부터 생을 마칠 때까지 사회생활을 영위해 나가는데 있어서 언어는 없어서는 안 될 필수적인 요소이다(Teale & Sulzby, 1986). 언어는 인간의 사고를 구조화하는데 도움을 주고, 타인과의 사회생활에 필수적인 요소이기 때문에 언어의 가치와 중요성은 아무리 강조하여도 지나침이 없다(양영란, 2001). 유아기는 문해발달이 시작되는 시기로서 매우 결정적이며 문해 경험은 이후의 학교에서의 성취와도 깊은 관련성이 있다(Darling & Lee, 2003).

3) 유아의 문해발달 단계

유아의 문해발달 단계를 읽기와 쓰기로 나누어 살펴보면 다음과 같다. 먼저 Clay의 읽기발달 단계를 살펴보면 1단계는 글자가 이야기로 전환될 수 있는 것임을 이해하는 단계이고, 이 단계의 유아는 일상 대화의 말하기 유형을 반영하여 책에 관한 문장을 창안하여 읽는다. 2단계는 구어에서는 잘 사용하지 않는 특별한 형태의 문어체 이야기를 만들어 내는 단계이다. 이 단계에서는 책의 그림을 보고 내용과 관계없이 이야기를 만들어 내고 읽는 흉내를 낸다. 3단계에서는 그림이 이야기 내용의 단서가 됨을 이해하고, 그림을 보고 적절한 문장을 생각해 내는 단계이다. 4단계는 자신이 기억한 내용과 그림을 단서로 책을 읽는 단계이며, 5단계는 단어의 시각적 단서를 사용하여 문장을 재구성하는 단계이다. Schickedanz(2002)는 초기 읽기 행동의 발달은 책읽기 옹아리 시기, 책 속의 그림이 나타날 때 그림 지적하기, 그림을 보고 책 내용의 일부를 암기하여 이야기하기, 손가락으로 글자를 지적하며 아는 글자 읽기 등의 단계를 거쳐 진행한다고 밝히고 있다. Teal과 Sulzdy(1986)는 유아교육기관에서는 유아들에게 읽기를 위한 선수기술이 아닌 읽기를 가르쳐야 한다고 하였다. 그러나 전통적인 교수 방법이 아니라 유아의 문해발달 특징과 발달적 요구를 반영한 비형식적인 문해교육이 이루어져야 함을 주장하였다.

이상 학자들의 유아 읽기발달 특징에 관한 견해를 분석·요약해 보면 초기 단계에서는 글자로 표현된 내용과 상관없이 자신의 생활 경험에 비추어 창안하여 읽고, 차츰 발달하면 주로 그림의 모습이나 글자를 보고 이야기를 만들어 가며 읽으며, 다음 단계에서는 그림과 자신이 들은 이야기를 관련지어 읽다가 글자를 짚어가며 정확하게 뜻을 이해하면서 읽게 된다는 것을 알 수 있다. 그러나 이와 같은 발달현상은 엄격하게 단계로 구분되어 발달하는 것은 아니고 위와 같은 순서에 따라 앞부분과 뒷부분이 서로 어울리면서 통합적으로 순서에 따라 발달된다고 할 수 있다. 따라서 읽기 지도는 전통적인 교수방법처럼 홀소리, 닿소리 글자부터 지도하는 선수기술 뿐만 아니라 비형식적, 통합적으로 교육이 이루어져야함을 알 수 있다.

쓰기 단계도 읽기 단계와 마찬가지로 통합적으로 발달된다는 것이 지배적인 견해이다. 쓰기 행동도 읽기와 마찬 가지로 일상생활 속에서 일어나며 여러 매체와 인쇄물을 접촉하면서 글자에 대한 호기심을 갖게 되고 글자의 의미를 자발적으로 파악하고 쓰기를 배우려고 한다. Clay(1967)는 유아가 이름을 반복하여 쓰는 가운데 단어는 정해진 글자가 순서에 의해 쓰여진 것이라는 개념을 터득하는 데에 도움이 되며 특히 자신의 이름 쓰기는 쓰기 동기유발에 가장 큰 요인이라고 볼 수 있으며 유아는 자신의 이름 쓰기 경험에서 구성한 규칙을 다른 단어 쓰기에 적용한다고 하였다. 또한 유아가 점차적으로 글자와 단어 사이의 관계를 발견하기 위하여 베껴쓰기를 하다가 실제관계를 터득하여 단어 쓰기를 연습하게 되므로 단어 연습현상은 유아가 기본 글자형이 여러 단어를 쓰기 위해 반복하여 사용된다는 것과 방향성의 발견과 같은 언어적 사고 인식을 가지게 되었다는 표시라고 주장하였다.

이영자와 이종숙(1985)은 우리나라 유아들을 대상으로 한 연구에서 유아의 쓰기 발달 단계를 다음과 같이 구분하였다. 1단계는 '긁적거리기 단계'로서 하위 1, 2단계로 나누고 있는데, 하위 1단계는 글자의 형태는 나타나지 않으나 세로선이 나타나고, 하위 2단계에서는 가로선이 나타난다고 한다. 2단계는 '한두 개의 자형이 우연히 나타나는 단계'이며, 3단계는 '자형이 의도적으로 한두 개 나타나는 단계'라고 하였다. 4단계는 '글자의 형태가 나타나고 가끔 자 · 모음의 방향이 틀리는 단계'이며, 5단계는 '단어 쓰기 단계'로서 하위 1단계는 완전한 단어의 형태가 나타나고 자 · 모음 방향이 틀린 단계이고, 하위 2단계는 완전한 단어 형태가 나타나고 자 · 모음의 방향이 정확한 단계이다. 6단계는 '문장 쓰기 단계'이며, 하위 1단계는 문장의 형태가 나타나나 부분적으로 틀리고 하위 2단계는 틀린 글자 없이 완전한 문장 형태가 나타난다고 하였다.

이상에서 유아들의 쓰기발달은 초기에는 일상생활에서 필기도구를 이용하여 표시를 만들고, 책이나 주변 환경에서 인쇄된 글자를 지각하게 된다는 것을 알 수 있다. 또한 유아가 임의로 긁적이거나 가로선, 세로선을 나타내고, 우연히 한두 개의 자형을 나타내며 글씨 쓰는 흉내를 내게 된다. 이러한 행동을 반복하다 자신의 이름 쓰기를 경험하며 완전한 글자의 형태가 나타나고, 획순을 정확하게 적게 되면서, 완전한 문장을 만들게 된다. 이와 같이 쓰기 활동도 읽기 활동과 같이 순서에 따라 앞부분과 뒷부분이 서로 어울리면서 통합적으로 순서에 따라 발달된다고 할 수 있다. 따라서 쓰기 지도는 전통적인 교수방법처럼 홀소리, 닿소리 글자부터 지도하는 선수기술 뿐만 아니라 생활 속에서 비형식적, 통합적으로 교육이 이루어져야 함을 알 수 있다.

4. 유아 문해발달을 위한 환경

1) 문해 환경이 풍부한 교실

문해 환경이 풍부한 교실의 특징은 다음과 같다. 첫째, 유아의 연령과 흥미에 적합한 양질의 다양한 문해 자료를 구비하고 있다. 둘째, 놀이를 통해 유아들이 자연스럽게 읽기, 쓰기 활동을 하며, 때로는 교사의 활동 계획 하에 읽기, 쓰기 활동이 이루어지기도 한다. 셋째, 매일매일의 일과 속에 읽기, 쓰기활동이 포함되어 있다. 넷째, 읽고 쓴 것에 대해 교사와 유아, 유아와 유아간의 상호작용이 활발하다. 다섯째, 유아 개개인의 독특한 요구를 인식할 수 있는 능력 있는 교사가 요구된다(김영신, 1995).

효율적인 문해 활동을 위해 언어 영역 내의 읽기 영역은 되도록 밝고 조용한 분위기를 마련해 주어야 한다. 이를 위해서는 읽기 영역의 바닥에 카펫을 깔아 주고 커다란 쿠션을 준비해 주어 유아가 아늑하고 안정된 분위기에서 책을 읽을 수 있도록 배려해야 하며 읽기 영역에 바닥용 책상을 준비하거나 유아용 흔들의자를 준비해 주어 개별적으로 읽을 수 있도록 해야 한다. 또한 그림책, 동시, 전래동화, 정보를 주는 책 등 모든 유형의 책을 제시해야 하며, 그 외에도 읽기 과정에 대한 개념이 없는 유아를 위해서는 그림만 있는 책, 추측하기 책 등도 구비해야 한다.

문해자료는 언어영역 뿐만 아니라 과학 영역, 역할놀이 영역 등 교실의 전 영역에 걸쳐서 통합적으로 제시되어야 한다. 풍부한 문해 환경을 구성하기 위해서는 언어 영역 뿐만 아니라 그 밖의 여러 흥미영역에 글자가 적혀 있는 소도구와 게시물 등을 제시하여 유아들이 흥미를 갖고 읽을 수 있도록 격려해야 한다. 예를 들면 소형 교통표지판을 쌓기놀이 영역에 제시하거나, 전화번호부책, 잡지, 요리책, 인형에게 이야기를 읽어 줄 수 있는 책들을 역할놀이 영역에 비치하여 일상생활과 연결된 놀이 시 읽기 행동이 이루어지게 할 수 있다. 과학활동 영역에서 기르고 있는 식물이나 물고기에 이름표를 붙여 놓을 수도 있고, 개인 사물함이나 신발장에 유아들의 사진과 함께 이름을 적어 두거나 유치원 각방에 해당되는 이름을 적어서 붙이고, 수집한 물체에 해당하는 이름을 물체와 연관지어 적어 두어서 유아에게 인쇄된 글자와 사물을 연결시켜 읽는 경험을 제공해 줄 수 있다. 또한 활동계획판, 동물 먹이 당번표, 식물 물주기 당번표, 간식 당번표 등을 붙여 놓아 문자를 사용하는 목적에 대해 이해하면서 문자 인식의 기회를 줄 수 있다(이영자, 2006).

또한 예를 들면 요리표를 사용하여 요리를 하며 숫자와 숫자 이름이 적힌 카드를 짝짓는 등의 활동을 통해 유아의 읽기활동을 유발시킬 수 있다. 언어 영역에는 유치원의 주제나 유아의 발달 수준 등을 고려한 그림 자료와 글자 자료, 그리고 책 등의 다양한 문해 자료가 구비되어 있어야 한다.

2) 유아의 문해지도 방법

유아의 문해 지도에 있어서 가장 효과적인 방법이 무엇인지에 대해서 많은 관심을 가지고 있으나 이에 따른 의견도 분분하다. 가장 주류를 이루고 있는 지도 방법으로는 준비도를 강조하는 형식적 교수방법과 발생적 문해를 강조하는 상호작용적 교수방법이 있다(강명희, 2000). 첫째, 형식적 교수방법은 읽기, 쓰기 학습은 기계적이고 반복된 연습을 통해 이루어진다고 보는 입장이다. 형식적인 읽기 교수방법으로 읽기를 학습하며 이런 방법을 사용하는 어머니나 교사는 문자언어의 가장 기본이 되는 구성 요소, 즉 낱말, 단어, 짧은 문장, 긴 문장 순으로 가르친다. 이미 출판된 상업용 자료를 순서대로 제시하며 학습지를 이용하여 일련의 기술을 지시적 활동을 통해 습득하게 함으로써 읽기 능력을 가르치기도 한다. 즉, 유아들이 읽는 글자에 밑줄 긋기, 같은 것끼리 짝맞추기, 빠진 글자 채우기, 점선 따라 글자쓰기, 글자 베껴쓰기, 이야기 내용 중에 다양한 글자들로 시작되는 단어를 지적해 보기, 글자 이름 인식하기, 글자와 음성을 연결시켜 보기 등에 의한 읽기 학습방법이다. 둘째, 상호작용적 교수방법은 읽기, 쓰기를 배우는 것은 자연스러우며 즐거운 것이라는 생각을 가지고 있다. 유아는 그림책을 보며 의미를 구성해 보거나 이야기를 만들어 읽는다. 유아에게 의미 있는 활동에 참여함으로써 문해 지식을 습득한다. 즉, 길거리의 표지판, 간판 읽기, 우편물을 보내고 받기에 참여하기, 과자이름 읽기, 편지나 카드 보내기 등을 통해 문해 활동에 대한 지식을 습득한다. 말하기와 듣기를 배우는 방법과 같은 방식으로 사회적 의사소통의 필요성에 의해 자연스럽게 그림책을 대하거나 유아 주변에서 자주 접하는 글자 인식하기 등을 통해 글이 가진 내용의 의미를 이해하는 과정에서 읽기, 쓰기가 자연스럽게 일어나도록 가르쳐야 한다.

참고 문헌

강명희(2000). 컴퓨터 연관활동이 유아의 문해발달에 미치는 영향. 한국교원대학교 교육대학원.

김선옥 · 조희숙(2004). 유아의 음운처리과정이 읽기에 미치는 영향. **아동학회지,** 21(1), 215-240.

김영신(1995). 유아교육기관의 질에 따른 유아의 문해행동. 이화여자대학교 대학원 석사학위논문.

김영애(1998). '취침전 책 읽어주기 활동'과 어머니 - 유아의 언어적 상호작용이 유아의 문해발달에 미치는 영향. 전남대학교 대학원 박사학위논문.

김은심 · 조정숙(2013). **영유아 언어교육의 이론과 실제**. 경기: 정민사.

노명완(1990). 읽기의 개념과 읽기 지도의 문제점. **교육한글** 35-44.

양영란(2001). 유치원 교사의 교육신념과 문식성 발달에 대한 신념과의 관계: 총체적 언어접근법을 중심으로. 충남대학교 교육대학원 석사학위논문

위영희(2003). 유아의 문해발달에 영향을 미치는 요인. **교육발달**. 22(1), 73-101.

이경화(2003). 언어적 창의성 신장을 위한 국어과 교수 · 학습의 이해.전라북도 교육청 국어과 자생연구회 세미나 특강 자료집.

이기숙 · 김영실 · 현은자(1993). **유아의 문자언어교육을 위한 통합적 접근법에 관한 연구. 청삼아동문제 시리즈**. 서울: 창지사.

이숙희(2007). 균형적 유아 읽기 프로그램의 개발 및 적용 효과. 동덕여자대학교 대학원 박사학위논문.

이영자(2006). **유아언어발달과 지도**. 경기: 양서원.

이영자 · 이정욱 · 박정희 · 이금구(2006). 유치원에서 초등학교로의 전이활동 계획 및 운영. 한국어린이육영회.

이영자 · 이종숙 (1985). 비지시적 지도방법에 의한 유아의 읽기와 쓰기 행동의 발달. 덕성여자대학교 논문집, 14, 367-402.

이지현 · 마송희 · 김수영 · 정정희(2009). **영유아를 위한 언어교육**. 경기: 공동체.

이차숙(1992). 유아의 그림 이야기책 읽기 활동에서 어머니의 매개적 역할이 유아의 문식성 발달에 미치는 효과. 고려대학교 대학원 박사학위논문.

이차숙(1999). 읽기 과정에서 단어재인의 역할에 대한 이해. **유아교육연구,** 19(1), 133-150.

이차숙(2000). 초기 읽기지도의 개념적 모형. **유아교육연구,** 20(1), 5-25.

이차숙(2004). **유아언어교육의 이론적 탐구**. 서울: 학지사.

최은영 · 이지현(2009). 유아기 문해 관련 연구의 경향 분석: 1990년 이후 논문을 중심으로. **미래유아교육학회지**, 16(3), 171-194.

Adams, M. J. (1990). *Beginning to read: Thinking and reading about print.* Cambridge, MA: MIT Press.

Brown, H. D.(1994). *Teaching by Principles.* Englewood Cliffs, NJ; Prentice Hall.

Clay, M. M.(1991). *Becoming literate: The construction ofinner control.* Portsmouth, NH: Heinemann.

Darling, S. & Lee, J.(2003). Linking parents to reading instruction. *International Reading Association, 57*(4), 382-384.

Edelsky, C.(1993). Whole language in perspective. *TESOL Quarterly, 27*, 548-549.

Holdaway, D.(1979). *The Foundations of literacy.* Porsmouth, N.H. : Heinemann Educational Books, Ins.

Hoover, V. J.(2006). Program evaluation of the implementation of the mandated balanced literacy program in kindergarten. Ph. D. dissertation. Kansas City, Missouri: University of Missouri.

Pressley, M.(1998). *Effective reading instruction: The case for balanced teaching.* New York: Guilford.

Schickedanz, J. A.(2002). *Connecting early language and literacy to later reading abilities: Evidence, theory, and practice*, in Neuman, S. B., & Dickinson, D. K.(Eds.). Handbook of early literacy research. New York: The Guilford Press.

Teale, H. W. & Sulzby, E.(1986). *Emergent Literacy : Writing and Reading.* NJ : Ablex Publishing Corporation.

Wortham, S.(1998). *Early childhood curriculum: Developmental bases for learning and teaching.* Upper Saddle River, NJ: Merrill.

제 6 장

총체적 언어교육

1. 총체적 언어교육 접근법
2. 총체적 언어접근에서의 교사의 역할
3. 총체적 언어교육의 내용
4. 총체적 언어교육 지도법

총체적 언어교육 접근은 단순히 특정 프로그램이나 수업 방법만을 의미하는 것이 아니다. 그것은 언어학습, 언어사용에 대한 지식과 인간과 인간의 언어습득의 본질에 대한 광범위하고 근본적인 철학적인 재고라고 생각한다. 총체적 언어교육 접근은 말하기와 듣기가 읽기와 쓰기에 선행한다는 기존의 언어발달의 전개를 비판하고 말하기, 듣기, 읽기, 쓰기가 동시에 발달한다고 주장한다. 총체적 언어 접근법(whole language approach)은 1960년대에 시작하여 1980년대까지 번성하였으며, 초기 문해발달 및 교수방법에 커다란 변화를 초래하였다. 총체적 언어 접근법은 뉴질랜드 교사들이 소수집단의 이중 언어를 사용하는 학생들에게 읽기와 쓰기를 가르치기 위해 사용한 접근법이며 교수법으로 미국에서도 총체적 언어 접근법에 의한 교재와 교구가 활발히 개발되었으며 많은 교사들이 그 효과를 입증하고 있다. 현장의 교사들은 아동의 언어교육이 실제 생활 속에서 전체적으로 의미 있게 교육되고 사용될 때 실제 생활 속에서 전체적으로 의미 있게 교육되고 사용될 때 교육이 효과적으로 이루어지며 기본적인 언어생활을 풍부하게 한다는 생각을 갖게 되었다. 그 결과, 이야기, 차트, 다양한 문학서적, 노래, 리듬, 운율, 다양한 학습 자료를 이용하여 효과적인 학습을 유도하며 배움의 즐거움을 갖도록 하게 되었다(강성화 · 김경회, 2013).

1. 총체적 언어교육 접근법

1) 총체적 언어교육 접근법의 정의

총체적 언어교육 접근법에서 '총체적'이란 세 가지 의미를 내포한다(박혜경, 1991). 첫째, 언어의 기본단위가 '낱자'가 아니라 '의미'의 덩어리(whole)라는 것이다. 둘째,

언어의 4가지 영역인 말하기, 듣기, 읽기, 쓰기를 인위적으로 분리하여 가르치지 않고, 총체적 또는 통합적으로 가르쳐야 한다는 것이다. 아동은 좋은 글을 읽음으로써 그 의미를 내면화하고, 그것이 쓰기에 나타나며, 그 쓰기에서 배운 낱말이나 문장은 또한 읽기에 도움을 준다. 음소가 아니라 문장이나 이야기에서 읽기가 출발하듯이 쓰기도 또한 맞춤법에 맞게 쓰는 일이 아니라 완결된 하나의 전체를 이루는 '의미'를 만들어 내는 일이 선행되어야 한다. 맞춤법은 '의미'를 이루는 글을 읽음으로써 학습자 자신이 수정할 수 있기 때문이다. 셋째, 교육과정이 통합적으로 이루어져야 한다는 것이다.

총체적 언어교육 접근법은 언어를 음소나 낱자를 중심으로 가르치는 것이 아니라 의미를 지닌 덩어리로 사용할 수 있도록 한다. 총체적 언어교육 접근법에서 보는 언어는 언어 그 자체를 위해서 있는 것이 아니라, 다른 사람과 나를 이어주는 의사소통의 수단이고 나아가서는 생존을 위한 수단이라고 생각한다. 그러므로 유아에게 언어를 가르치기 위해서 의도적으로 언어를 쪼개고 분석하는 것을 피한다. 그리고 교사가 외부에서 개입하는 것보다는 유아 스스로가 자신이 지니고 있는 사전 지식과 경험에 따라 의미를 구성해 나가도록 격려해 줄 것을 권장한다.

Goodman(1986)의 총체적 언어교육 접근법에 따르면, 언어학습은 작은 단위를 배운 후 전체를 알아 가는 것이 아니라, 의미를 이루는 큰 부분을 이해하려는 욕구에서 출발하여 그것을 예측하고 수정하면서 지속적인 학습동기를 유발시켜 작은 단위까지 스스로 배우도록 해야 한다는 것이다. 총체적 언어교육 접근법과 부호중심의 언어교육 접근법의 차이점은 [그림 6-1]과 같이 나타낼 수 있다.

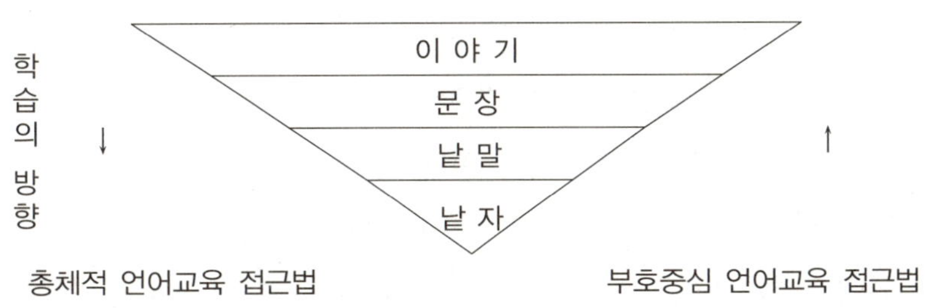

[그림 6-1] 총체적 언어교육 접근법과 부호중심 언어교육 접근법의 학습의 방향

총체적 언어교육 접근에서는 유아의 문해학습의 방향을 전체적 의미를 이루는 이야기로부터 시작하여 문장, 단어, 낱자로 나아간다고 보기 때문에 총체적 언어 접근을 위에서 아래로의 접근법(top-down approach)이라고도 한다(Goodman, 1986).

2) 총체적 언어교육의 개념

총체적 언어교육의 개념을 요약하면 다음과 같다(도미진, 2007).

첫째, 언어의 기본 단위를 의미의 덩어리로 본다. 총체적 언어교육 접근법에서는 언어를 이루고 있는 여러 요소들 낱자의 형태, 낱자의 조합, 낱자의 이름, 소리의 조합, 음절의 조합으로 분석하고 쪼개어 분절된 단어의 요소를 가르치는 것이 아니라 구체적이고 상황적이며 비형식적인 언어활동을 통해 의미를 지닌 덩어리로서의 언어가 상황에 따라 어떻게 사용되는지를 체험할 수 있도록 한다. 언어의 기본 단위는 의미이다(Goodman, 1986). 즉, 언어 그 자체를 학습하는 것에 초점을 두는 것이 아니라, 진짜 말하고, 듣고, 읽고, 쓰는 사건 속에서 사용되는 언어의 의미에 초점을 두는 것이다. 왜냐하면 언어에서 의미를 상실하면 공허한 소리일 뿐 인간 언어의 한 부분이 될 수 없기 때문이다(Vygotsky, 1986).

둘째, 언어교육을 총체적으로 한다는 것이다. 전통적인 언어교육 방법에서는 유아의 언어가 음성 언어, 읽기, 쓰기의 순으로 학습한다고 보았으나 총체적 언어교육에서는 듣기, 말하기, 읽기, 쓰기 학습은 일련의 어떤 순서에 의해서 이루어지는 것이 아니라 거의 동시에 이루어지며 통합적 경험 활동에 의해 학습의 효과가 있을 수 있다고 본다. 예를 들면, 동화 듣기를 한 후 듣는 것에 그치지 않고 어떤 내용이었는지, 어떤 소리가 들렸는지, 어떤 느낌이었는지에 대해 서로 이야기해 보고 재미있었던 장면을 그림으로 그려보거나 글씨를 적어 보는 활동을 한 후, 자신이 쓰거나 교사가 받아 써준 내용을 다시 읽어 보거나 책으로 묶어서 언어 영역에 내놓아 다시 읽어 보는 활동으로 연결한다.

셋째, 언어교육을 위한 교육과정이 통합적으로 이루어져야 한다는 의미이다. 총체적 언어교육은 말하고, 듣고, 읽고, 쓰는 과정이 동시적으로 진행된다고 보기 때문에 교육과정 역시 몇 개의 과목으로 분리되기보다는 그 주제의 공통성에 따라 묶어서 가르치는 것이 도움이 된다고 본다. 그러므로 총체적 언어교육에서는 언어 그 자체를 목적으로 보지 않고 의미와 목적을 만들기 위해 존재하는 수단으로 본다. 따라서 유아들이 언어 기술 만을 배우기보다는 언어를 적절히 사용할 줄 아는 것을 목표로 하고 있으며 유아에게 언어를 가르침에 있어서도 의미가 담겨있는 상황은 무엇보다도 중요한 것이다(Edelsky, 1991).

총체적 언어교육에서는 말하기, 듣기, 읽기, 쓰기의 이 네 가지를 구분하는 것은 인위적이며 언어의 네 가지 측면을 총체적으로 학습하는 것이 가장 이상적이라고 본다. 또한 총체적 언어교육 접근법은 학습자 개인, 성장배경, 언어, 읽기 경험, 다른 선행경험들을 존중한다(이경우, 1996).

3) 총체적 언어교육 접근법의 원리

교사는 교실에서 유아들에게 실제적이고 의미 있는 언어교육을 하기 위해서 총체적 언어교육 접근법의 원리에 대해 다음과 같은 신념을 가지고 있어야 한다(김은심 · 조정숙, 2013).

첫째, 언어교육은 교사가 외부에서 개입하는 것보다 유아 스스로가 자신의 경험과 배경지식에 따라 스스로 선택할 때 의미가 있고 효과적이다. 따라서 언어교육은 내부에서 외부로 향하는 접근법을 사용해야 한다.

둘째, 언어학습은 교사에게 책임이 있는 것이 아니라 유아 자신에게 있다. 언어학습의 주도권이 교사가 아니라 유아에게 있기 때문에 교사는 읽어야 할 책과 써야 할 주제를 선정할 필요가 없으며 유아의 말이나 글의 오류를 반드시 고쳐 줄 필요가 없다.

셋째, 학습하는 과정에 있는 유아의 말과 글은 결코 완벽할 수 없다는 것을 인정하고 문법적으로 오류 없는 언어를 사용할 것을 강요하지 말아야 한다.

넷째, 말을 하고 들으며 글을 쓰고 읽는 행위는 의미 구성의 과정이다. 의미 구성은 사고의 행위이다. 따라서 언어를 말하기, 듣기, 읽기, 쓰기의 영역으로 구태여 구분을 하고, 또 각 영역을 하위 기능으로부터 상위기능으로 인위적으로 세분화하여 낱낱의 기능들을 쪼개어 가르쳐서는 안 된다. 언어 학습은 반드시 의미를 전달하고 파악하는 실제적이고 자연스러운 언어활동을 통해서 일어나야 한다.

다섯째, 언어교육은 교실 내에서의 모든 생활뿐 아니라 교실 밖의 생활과 통합되어 가르쳐져야 한다. 유아는 실생활에서 말하기, 듣기, 읽기, 쓰기를 경험하면서 그것의 표준적 사용을 자연스럽게 배운다.

여섯째, 언어교육은 유치원에서 경험하는 모든 생활 영역과 통합되어 가르쳐져야 한다. 유아는 유치원에서 자유선택활동과 대 · 소집단 활동과 유치원 생활에 필요한 것은 무엇이든지 말하고, 듣고, 읽고, 쓸 수 있다.

일곱째, 평가의 목적은 유아에게 자신에 관한 정보를 주기 위한 것이라고 믿는다. 평가는 유아의 능력을 규정짓기 위한 것이 아니라 유아가 더 나은 학습을 할 수 있도록 도와주기 위한 것이다.

2. 총체적 언어교육 접근에서의 교사의 역할

총체적 언어교육을 하는 교사는 유아와 적극적으로 상호작용하려는 태도를 가지고 있어야 하며, 유아의 발달 정도를 파악하는 동시에 유아 활동에 적극적으로 참여하도록 학습할 수 있는 분위기를 만들어 주어야 한다. 총체적 언어교육 접근법에서의 교사의 역할을 구체적으로 살펴보면 다음과 같다(이기숙 · 김영실 · 현은자, 1993).

첫째, '매개자'의 역할을 해야 한다. 교사는 유아의 독립적 기능보다 약간 높은 수준의 과제를 제시하여, 유아의 현재 요구와 능력에 적절하게 개입의 양을 조절

해야 한다.

둘째, '환경과 분위기의 제공자' 역할을 해야 한다. 총체적 언어교육에서의 환경은 유아에게 물리적, 지적, 사회 · 정서적으로 잘 조화를 이루어 유아에게 의미를 줄 수 있어야 한다.

셋째, '정보전달자'의 역할을 해야 한다. 교사는 유아의 의도를 파악한 후 유아의 아이디어에 관련된 다른 아이디어를 제시하여 유아의 아이디어에 초점을 두면서도 유아가 현재 지닌 의미를 넘어서서 이 의미와 관련된 특별한 정보를 소개하는 것으로 놀이 상황에서 문어 적용 아이디어를 자연스럽게 확대시킬 수 있다.

넷째, '평가자'로서의 역할을 해야 한다. 총체적 언어교육을 하는 교사들은 끊임없이 유아들을 관찰하고, 이러한 관찰을 통해 비공식적인 평가를 하며 관찰한 것을 기록해야 한다. 총체적 언어교육을 하는 교사들은 유아들의 포트폴리오를 만들어 유아들로 하여금 자신의 글로 쓴 것, 독후감 등 학습 활동의 증거를 보관하도록 한다. 총체적 언어교육을 하는 교사는 유아들이 남긴 작품을 통해 성장에 대한 정보를 얻는다. 총체적 언어교육을 하는 교사는 평가의 목적이 학습자에게 그 자신에 관한 정보를 주기 위한 것이며 학습자 자신의 성장을 위한 것이라고 믿는다.

3. 총체적 언어교육의 내용

총체적 언어교육 접근법은 유아 스스로 선택한 문학책을 읽는 것, 내용을 알려주는 주제가 있는 이야기를 읽는 것, 유아가 민족지학적 프로젝트를 해보는 것, 상호작용적 저널을 만드는 것, 큰 책을 함께 읽는 것 등과 같은 내용을 전개할 수 있다. Routman이 제시한 총체적 언어교육에서 실시할 수 있는 읽기와 쓰기의 내용을 살펴보면 다음과 같다.

총체적 언어교육에서의 읽기의 내용으로는 소리 내어 읽기, 함께 읽기, 유도적 읽기, 혼자 읽기 등이 있다. '소리 내어 읽기'는 매일 일정한 시간에 소리를 내어 읽는 방법으로 유아의 읽기 능력 향상을 위해 매우 효과적이고 영향력 있는 방법이다. 또한 듣기 능력의 향상이나 단어의 축적, 이해력 증진을 가져오며 읽기에 대한 유아의 긍정적인 태도 형성에도 좋은 방법이다. 소리 내어 읽기는 처음에는 짧은 읽기시간을 가지도록 하는 것이 좋다.

'함께 읽기'는 언어에 숙달된 자가 감정을 넣어 능숙하게 책을 읽으면 유아는 책을 보고 눈으로 글자를 따라가는 형태의 방법으로 편안하게 읽는 것이다. 이야기, 시, 노래 등을 감상하는 분위기 조성이 중요하며 양질의 언어와 예들이 사용된 좋은 책을 선정하는 것이 중요하다. 함께 읽기에서는 교사가 읽어 줄 수도 있고, 유아 스스로 읽을 수도 있으며, 짝을 지어 읽을 수도 있다. 함께 읽기는 무엇보다도 유아가 비위협적인 분위기에서 지루한 언어적 기술의 훈련을 통해서가 아니라, 책을 즐기고 감사하는 과정에서 자주 나오는 단어를 자연스럽게 익히고 글 쓰는 습관을 습득하게 되는 장점이 있다.

'유도적 읽기'는 대부분 토론 시간으로 이루어지는데 이야기의 구성이나 인물에 대해서 이야기를 나눈다. 이때 교사는 어려운 단어가 나오면 멈추어서 이야기 속이나 생활 속의 예에서 뜻을 찾아보는 등의 중재활동을 하는 것이 바람직하다.

'혼자 읽기'는 유아가 혼자 책을 읽는 것으로 유아는 스스로 책을 선택하여 읽고 도전하게 된다. 유아가 책을 읽는데 보내는 시간의 양은 유아의 읽기 능력 향상에 영향을 주므로 매일 혼자 책을 보는 시간을 가질 수 있도록 일과를 계획하는 것이 중요하다. 교사는 유아에게 친숙한 책과 새로운 책을 준비해 주고, 정기적으로 책을 바꾸어 주어야 한다. 또한 교사는 새로운 책을 제시할 때는 책에 대한 소개를 해 주어 유아의 흥미를 유발시킬 수 있도록 하며 교사가 책을 읽는 모습을 보여주도록 한다.

한편, 총체적 언어교육에서 쓰기의 내용으로는 보여주며 쓰기, 함께 쓰기, 유도적 쓰기, 혼자 쓰기 등을 들 수 있다. '보여주며 쓰기'는 교사가 유아 앞에서 글을 쓰는 방법으로 유아에게 올바른 철자습득을 위한 자연스러운 기회를 제공해 줄 수 있는 좋은 방법이다.

'함께 쓰기'는 교사와 유아가 함께 글짓기를 하는 것이다. 교사는 글씨를 써 주는 대신 필기자나 조언을 해 줄 수 있는 전문가로 참여한다. 교사는 유아를 지지하고 격려하며 혼자서는 하기 어려운 쓰기 활동에 참여할 수 있도록 자연스럽고 편안하게 유아를 이끄는 역할을 수행한다.

'유도적 쓰기'는 유아가 쓸 준비가 되어 있고 어느 정도 쓸 능력이 있어야 가능하며, 편지 쓰기, 이야기 쓰기, 시 쓰기 등 다양한 형태로 가능하다. 교사는 유아를 유도하고 반응해 주며 사고를 확장시켜 주는 역할을 해야 하는데 유아가 흥미를 지속하게 하고 개성 있는 글을 쓸 수 있도록 격려해야 한다.

'혼자 쓰기'는 유아가 교사의 개입이나 평가 없이 글을 쓰는 것이다. 이 때 교사는 유아 개개인의 쓰기에 대해 신뢰를 가져야 하며 혼자 쓰기 이후에는 서로 발표할 기회를 갖도록 함으로써 교사-아동, 아동-아동 간의 상호작용이 이루어질 수 있도록 한다.

4. 총체적 언어교육 지도법

1) 총체적 언어교육 지도방법

총체적 언어교육 접근법이란 언어의 기본 단위를 음소나 낱말로 보지 않고 의미를 구성하는 전체적인 원문(whole text/whole language)으로 보고자 하는 접근법이다. 또한 언어교육에서 말하기, 듣기, 읽기, 쓰기를 구별하여 독립적으로 가르치지 않고 총체적이고 통합적으로 가르치고자 하는 노력을 말한다(김상순, 2004).

총체적 언어교육 지도방법은 첫째, 의미와 의미를 이루는 전체 원문을 강조하고, 둘째, 말하기, 듣기, 읽기, 쓰기의 통합적 지도, 셋째, 언어와 다른 교과의 통합적 지도를 강조, 넷째, 언어의 작은 단위(자모체계)를 배운 후 큰 단위(텍스트)를 배우도록 지도하는 것이 아니라, 의미를 이루는 큰 단위를 이해하고 싶은 욕구에서 출발하여 언어의 작은 단위까지 스스로 배우도록 지도한다(정남미, 2013)

총체적 언어교육 지도방법은 자모 체계부터 지도하지 않고 그림동화책을 활용하여 책의 내용 및 단어와 문장, 이야기 전체를 언어활동의 출발점으로 삼는다. 총체적 언어교육 접근법에서의 문자언어학습은 전체적 의미를 이루는 이야기로부터 시작하여 문장, 단어, 낱글자의 방향으로 나아간다고 본다. 이런 의미에서 이 방법은 하향식 접근법 또는 전체에서 부분으로의 접근으로 불린다. 이 접근법은 교육과정 전반에 걸친 통합적 읽기, 쓰기 교육을 강조하고 있으며, 읽기, 쓰기 발달에 있어서 양질의 문학 작품을 통한 문식성과 사회적 맥락 사이에서 일어나는 상호작용의 중요성을 강조하고 있기 때문에 문학중심 프로그램(literature-based program)으로도 불린다(김은심 · 조정숙, 2013).

총체적 언어 지도 시 유아들이 읽기 자료를 선택하고 그것을 통해 즐거움을 느낄 수 있도록 한다. 그리고 생활 주변의 문해 자료(메모지, 노랫말, 차트, 꼬리표, 포스터, 지도, 요리책, 광고지, 표지판, 포장지, 메뉴, 간판 등)를 활용함으로써 실제적 자료를 통한 언어학습의 동기유발과 유아 중심의 언어활동이 전개되도록 지도한다. 또한 큰 책(big book) 접근법을 통해 유아들이 대집단으로 큰 책을 함께 보는 경험을 통해 확대된 글을 시각적으로 익히게 되어 자연스럽게 문자를 학습할 수 있도록 한다(김연 · 황혜정, 2003).

총체적 언어교육 접근법은 언어 과정을 자연스럽게 유지하면서 개념학습을 가능하게 한다. 또한 유아들은 실제적인 필요와 흥미에 의해서 언어를 사용할 경우에 잘 모르는 언어라 할지라도 도전하게 되고, 잘못 이해하고 실수하는 과정을 통해서 발전적인 언어를 사용할 수 있는 능력을 가지게 되며 유아들이 읽기에 대해 흥미를 잃지 않으면서 읽기 기술들을 습득하는 장점이 있다(이숙희, 2007).

이 지도방법의 장점은 첫째, 실생활에 익숙한 단어나 문장을 중심으로 지도하므로 유아에게 의미 있는 언어학습이 일어날 수 있고, 흥미를 유발하기 쉽다는 점, 둘째, 제한된 단어와 문장으로 반복 지도하므로 학습하기 쉽다는 점, 셋째, 단어나 문장을 하나의 단위로 읽어 나가기 때문에 발음보다는 의미 파악에 초점을 둘 수 있다는 점을 들 수 있다.

단점으로는 첫째, 배운 글자는 쉽게 읽을 수 있으나 제한된 단어, 문장만 지도하므로 학습량이 많지 않고 배우지 않은 문장은 거의 읽을 수 없다는 점, 둘째, 의미 파악에 지도의 초점을 맞추게 되므로 정확한 해독 지도가 어려운 점, 셋째, 교사의 지도 능력에 따라 학습자의 개인차가 크게 벌어지게 된다는 점을 들 수 있다(조정숙 · 김은심, 2005).

개선점으로는 유아기에는 의미 중심의 총체적 언어지도에 비중을 두고 발음 중심 지도방법을 부분적으로 실시하도록 하며, 글자의 원칙과 의미 구성에 대한 관심 및 유창성도 함께 발전시킬 수 있도록 해야 한다는 점을 들 수 있다(정남미, 2013).

2) 총체적 언어교육 접근법의 교수 전략

총체적 언어교육 접근법에서 고려하는 교수 전략으로는 첫째, 교사는 유아의 선행 지식을 고려하여 언어적 경험을 증진시켜 주기 위해 유아에게 다루고 있는 문학의 내용과 관련된 특정 기술을 소개하는 시간을 갖는다. 이러한 교사주도 활동에는 적은 시간만이 할애된다. 둘째, 유아들이 자신의 활동을 주도할 기회를 갖고 계획을 수행하는데 책임을 지도록 한다. 셋째, 유아가 개별적으로 또는 소집단으로 선택 활동을 할 때 특정 기술인 이해를 발달시키기 위한 협의를 한다. 이를 통해 교사는 유아의 흥미, 쓰기에 대한 태도, 사고 기술의 발달에 대한 정보를 얻을 수 있다. 넷째, 교사는 유아가 흥미를 가질 수 있도록 소리 내어 읽어 주기, 함께 보며 읽기, 혼자 조용히 읽기, 이야기해 주기, 언어 경험 및 쓰기 과정 등의 다양한 전략을 대집단 활동 및 선택 활동과 병합될 수 있도록 한다 (Rothlein & Meinbach, 1991; 김소양, 1995 재인용).

총체적 언어교육 접근법에서 효과적인 언어지도를 위한 구체적인 전략으로는 첫째, 유아에 대해서 끊임없는 관심을 가지는 일이 중요하다. 유아의 언어 학습은 언어교육에 필요한 물리적 환경이 얼마나 풍부한가 보다는 그러한 환경을 어떻게 다루면서 살아가는지를 시범해 보이고 또 유아가 그런 환경을 잘 이용할 수 있도록 도와주는 성인의 도움이 있느냐에 달려 있다. 성인은 유아의 관심사와 행동에 주의를 기울이면서 함께 토론하고 성공과 실패의 경험에 대해 이야기를 나누는 것이 좋다. 둘째, 유아에게 가능하다면 말하고 들을 수 있는 기회를 많이 허락하는 것이 좋다. 읽기와 쓰기는 음성 언어적 기능에 바탕을 두고 있기 때문이다. 셋째, 유아들에게 그림책을 많이 보여주고 또 그림책에 관심을 가지도록 유도하는 것이 좋다. 그림책 보기는 사물을 영상적 표상으로 대체하고, 그 영상적 표상을 다시 언어적 상징으로 대체하는 정신작용을 하는 것이다. 넷째, 그림책을 많이 읽어주는 것이 좋다. 유아의 읽기 기능은 글과 접촉하는 기회를 많이 가지면 가질수록 더욱 잘 길러진다. 다섯째, 질문을 많이 하여 유아의 사고를 자극하고, 수렴적으로 또는 확산적으로 촉진시키는 것이 좋다. 여섯째, 스스로 질문을 만들게 하는 것이 좋다. 질문을 만들게 하는 것은 사고의 내용과 방향을 스스로 정하게 하는 것이기 때문에 능동적인 사고라고 할 수 있다. 일곱째, 쓰기 활동을 많이 하는 것이 좋다. 부모나 교사들은 유아들의 선긋기 같은 초기 단계의 쓰기 활동에 관심을 보여주어야 한다. 그러나 쓰기의 외적인 모양보다는 유아들이 표현하고자 의도하는 의미에 초점을 맞추어 지도해야 한다(박혜경, 1990).

총체적 언어교육 접근법에서는 활동을 계획할 때 거미줄 모형(web)으로 계획한다. 거미줄 모형은 거미가 짜 놓은 훌륭한 그물조직으로, 목적과 개념과 삶이 지각하는 관계 등을 재현하는 복잡한 정신적 작업이다. 또한 사전에서는 web의 정의를 거미가 짜 놓은 조직이나, 거미줄집 외에 물갈퀴, 한두 마리의 인쇄용지 등의 여러 정의가 있듯이 학급에서도 사전의 정의와 마찬가지로 거미줄 모형은 다양한 방법으로 적용된다. 거미줄 모형이란 통합적 교수에 대한 구체적인 계획이며 이를 표현하는 것으로 어린이의 전인적 발달을 위해 여러 발달 영역을 통합하여 계획 · 교수되어야 한다는 생각에 그 근거를 둔 것이다. 왜냐하면 어린이는 분절된 것보다 통합적인 전체적 경험으로써 더 잘 학습하기 때문이다(이경우, 1993).

3) 총체적 언어교육 접근의 방법에서 문학적 접근에 의한 교수 전략

총체적 언어교육 접근법에서 그림책은 좋은 자료가 된다. 문학적 접근에 의한 통합적 학습을 위한 교수전략으로 Moen(1990)은 문학적 접근 전략을 작가적 전략(authorship strategy), 협동적 전략(cooperative-learning strategy), 게임 전략, 이해를 위한 전략, 이야기 구조 인식을 위한 전략, 듣기 전략(listening-lab strategy), 연출 전략(performing-arts strategy), 시각예술 전략(visual-arts strategy)의 8가지 전략으로 나누었다. 모엔의 그림책을 활용한 총체적 언어교육 활동의 전략을 살펴보면 다음과 같다(이경우, 1996; 김상순, 2004).

(1) 작가적 전략(authorship strategy)

언어 확장 활동을 위해 글쓰기를 활용하는 방법이다. 모든 언어 확장 활동을 위한 기초로서 '짓기' 활동을 한다. 저널쓰기, 자서전, 편지쓰기, 안내문, 광고, 신문 만들기, 이야기지어 책으로 묶기, 등장인물 단평하기, 동시, 직업목록, 가상(상상)하기 등이 있다.

(2) 협동적 전략(cooperative-learning strategy)

한 어린이가 다른 어린이에게 도움을 주는 것으로서 어린이의 참여를 격려하고 어린이에게 권한을 주어 어린이가 서로서로 상호작용하여 학습하도록 함으로써 보다 많은 학습이 일어나게 하는 활동이다. 이는 유아들 간의 상호작용을 격려하고 다양한 능력을 가진 유아들 간의 교류를 강조한다. 활동의 예로는 회의하기, 큰 유아가 어린유아 돕기 등이 있다.

(3) 게임 전략

게임의 전략과 확장 활동을 하는 것으로 유아들이 재미있게 읽은 책을 게임에 활용한다. 활동의 예로는 단어 입양하기, 부분가리고 읽기, 글자 뒤바꾸어 놓기, 문장 재배열하기, 문장 패턴을 이용하여 글짓기 등이 있다.

(4) 이해를 위한 전략

유아들이 그림책을 이해하고 의미를 창조하도록 돕는 방법이다. 활동의 예로는 표지 읽기, 그림책 다시 읽기-소리 내어 읽기, 그림책 구연 등 사건이 일어난 순서대로 이야기하기, 이야기에 등장하는 사건을 요약하기, 이야기에 등장하는 사건의 인과관계를 추리하기, 등장인물에 대해 설명하기, 단어 가지 만들기, 단어 책, 같은 점 찾기와 다른 점 찾기 등이 있다.

(5) 이야기 구조 인식을 위한 전략

이야기의 일반적인 구조를 인식하고 이해하도록 하는 전략이다.

(6) 듣기 전략(listening-lab strategy)

여러 가지 책읽는 것을 듣는 활동이다. 다양한 시, 이야기가 녹음된 테이프 등을 구비해서 유아가 듣기를 즐길 수 있도록 도와 준다.

(7) 연출 전략(performing-arts strategy)

읽기나 동극에 참여하는 활동이다. 몇 개의 집단으로 나눈 유아들이 각기 맡은 책의 한 부분을 읽는 읽기 합창, 연극, 인형극과 팬터마임 등이 있다.

(8) 시각 예술 전략(visual-arts strategy)

그림책의 예술적인 요소를 분석해 보는 활동이다. 그림을 그려 보고 감상하며 그림에 글을 꾸며 넣어 내용을 좀 더 실감 있게 호소하여 전달하는 활동이다. 활동의 예로는 포스터와 표지판, 삽화 그리기, 프로젝트, 실제물 도입 등이 있다.

참고 문헌

강성화 · 김경희(2013). **영유아를 위한 언어지도**. 서울: 동문사.

김상순(2004). 그림책을 활용한 총체적 언어교육이 유아의 읽기 능력과 흥미에 미치는 효과. 동국대학교 교육대학원 석사학위논문.

김연 · 황혜정(2003). 읽기 지도 방법에 따른 유아의 창의성 증진에 관한 연구. **유아교육연구,** 23(4), 253-272.

김은심 · 조정숙(2013). **영유아 언어교육의 이론과 실제**. 경기: 정민사.

도미진(2007). 어린이집 교사의 총체적 언어 신념과 전통적 언어 신념에 대한 연구. 수원대학교 교육대학원 석사학위논문.

박혜경(1991). 유아를 위한 총체적 언어교육 접근법의 효과에 관한 연구. 이화여자대학교 대학원 박사학위 청구논문.

이경우(1993). 통합적 접근을 위한 동시의 활용방안. 이화여자대학교 사범대학 인간발달연구소.

이경우(1996). **총체적 언어: 문학적 접근을 중심으로**. 서울: 창지사.

이기숙 · 김영실 · 현은자(1993). **유아의 문자언어교육을 위한 통합적 접근법에 관한 연구**. 청삼아동문제 시리즈. 서울: 창지사.

이숙희(2007). 균형적 읽기 프로그램의 개발 및 적용 효과. 동덕여자대학교 대학원 박사학위논문.

정남미(2013). **유아언어 교육**. 서울: 창지사.

Edelsky, C., Altwerger, B., & Flores, B.(1991). *Whole language: what's the difference? Portsmouth*, NH: Heinemann.

Goodman, K. (1986). *What's whole in whole language?*, Portsmouth, NH: Heinemann.

Vygotsky, L. S. (1986). *Thought and language*. Cambridge, M.A.: MIT Press.

제 7 장

문학적 접근에 기초한 언어교육

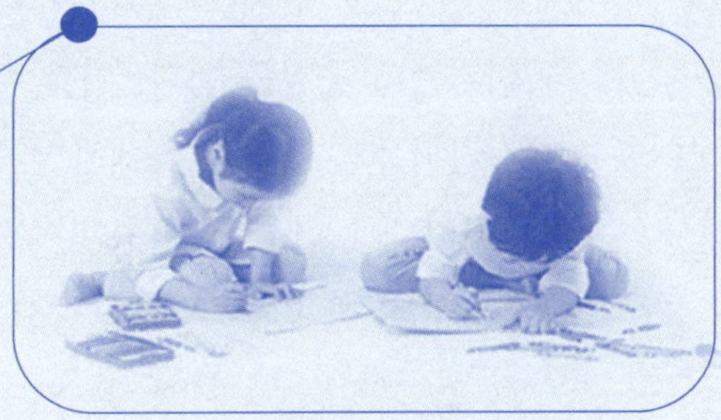

1. 문학적 접근의 개념 및 가치
2. 그림책을 활용한 접근법
3. 문학적 접근의 전략
4. 문학적 접근의 절차 및 방법
5. 그림이야기책을 활용한 문학적 접근의 예

1. 문학적 접근의 개념과 가치

1) 문학적 접근의 개념

문학적 접근법은 총체적 언어학습의 한 방법으로 문학을 통하여 영유아에게 흥미와 동기, 언어적 자극을 제공함으로써 영유아에게 의미 있고 통합적인 학습이 일어나도록 활용하는 언어교육 프로그램을 말한다. 이는 영유아가 능동적인 언어 사용자로서 문식성과 사회적 맥락 간에 일어나는 상호작용을 통해 자신의 경험이나 느낌, 또는 지식을 연결하여 내용에 대한 의미를 구성하며 다양한 반응을 창안해 나가는데 중점을 둔다. 이를 위해 교사는 유아가 문학작품을 이해하고 감상하며 창작활동의 즐거움 속에서 자연스럽게 듣기, 말하기, 읽기, 쓰기의 언어교육이 이루어지도록 다양한 교수 전략을 세우고 통합적 발달이 일어나도록 지원하고 촉진시키는 일이 무엇보다 중요하다.

Moen(1991)은 어린이들의 언어 경험을 확장하고 촉진시킬 수 있도록 문학성 있는 작품을 통해 여러 가지 전략적 교수 · 학습 방법을 적용하고 전개하는 유아들의 경험활동에 초점을 맞추었으며, Strickland는 읽기, 쓰기, 말하기를 생각하기와 연결한 교수 · 학습방법을 강조하며 “좋은 그림책”을 활용하는 통합적 교육 방법을 추천하였다.

이처럼 문학적 접근은 다양한 교수방법으로 좋은 그림책을 통해 유아의 듣기, 말하기, 읽기, 쓰기는 물론 수학, 과학, 언어, 사회, 예술 등 각 분야의 발달과 함께 창의력과 사고력을 증진시키는 효과적인 언어교육 접근법이다

2) 교육적 가치

문학은 신체적, 정서적, 지적 능력이 급속히 발달하는 영유아 시기에 전인적

발달을 도울 수 있는 효과적 교육 매체이다. 문학적 경험은 영유아에게 즐거움을 얻도록 하고, 주변의 세계를 폭넓게 경험함으로써 자신과 세상을 보다 잘 이해할 수 있도록 해 주며, 이전의 경험과의 연속성 속에서 사고하는 가운데 상상력, 창의력을 발달시킬 수 있도록 도와 준다. 문학은 문해학습에 있어서 여러 학문간, 발달 영역 간, 활동간 통합이 이루어지는 다양한 교수전략을 세워 적용할 수 있다. 또한 텍스트의 경험과 언어활동을 통해 능동적인 언어 사용자로서 말하기, 듣기, 읽기, 쓰기의 관심을 갖게 하고 통합적 언어발달을 촉진시킬 수 있다.

Freeman과 Perseon(1998)은 문학에 기초한 통합적 접근은 영유아에게 친숙하고 흥미로운 일이며, 다양한 간접 경험을 제공한다고 하였다. 또한 문학을 통해 자연스럽게 통합적 학습 경험을 즐길 수 있게 하며, 관심이나 흥미 있는 주제를 스스로 탐색하게 하고, 다양한 학습영역에 대한 이해를 증진시킬 수 있다고 하였다.

Shickedanz(1986)는 영유아기에 질이 좋은 책을 통해 즐거운 경험을 많이 하는 것은 영유아에게 문해 발달이 성공적으로 이루어지고, 이야기 도식(schema)을 형성하는데 많은 도움을 받아 앞으로 어떤 이야기가 진행될 것인지에 대해 예견할 수 있으며, 읽은 내용을 더 잘 이해할 수 있다고 하였다. 또한 말하고, 듣고, 읽고, 쓰는 언어발달 기술을 증진시킬 수 있으며 상상력과 추론 능력을 발달시킬 수 있다고 하였다(김양선, 1996).

Perry Nodelman(2001)은 문학의 즐거움을 다음과 같이 정리하였다.

- 언어자체의 즐거움: 소리를 만들고 그것들이 서로 어울려 의미가 만들어짐을 알아가는 것이다.
- 감정을 이끌어 내는 즐거움: 문학 속에 있는 희로애락의 감정들을 함께 느끼도록 만드는 것이다.
- 문학 이해의 전략을 쓰도록 만드는 즐거움: 문학을 이해하고 감상하는 능력을 발휘하게 만드는 것이다.
- 공간의 여백을 느끼는 즐거움: 글과 그림의 여백을 채우며 깨닫고 상상하는 즐거움을 만드는 것이다.

- 생각의 즐거움: 새로운 사실에 대해 아이디어를 생각하게 만드는 것이다.
- 공식적인 형태의 즐거움: 즐겼던 스토리들의 친숙하고 편안한 체험을 되풀이하는 것이다.
- 스토리텔링의 즐거움: 문학적 요소에 어떠한 반응을 만들지 의식하는 것이다.
- 구조의 즐거움: 단어, 그림, 사건들이 의미 있는 패턴을 만들어 내는 방법을 의식하는 것이다.
- 벗어남의 즐거움: 상상력을 발휘하여 새로운 생각 감정을 경험하는 것이다.
- 문학을 통해 보는 즐거움: 문학이 우리의 감정을 조정하고 사고와 도덕적 판단에 영향을 미치는가를 깨닫는 것이다.

2. 그림책을 활용한 접근법

문학적 접근법에서 가장 많이 사용하는 것이 그림책을 활용한 접근법이다. 그림책은 글 또는 그림으로 이야기하거나 정보를 예술적으로 형상화한 책으로 영유아들이 가장 좋아하는 문학 장르이다. Lechner(Stwig, 1995)는 그림책은 갖고 다닐 수 있는 미술관이라 할 만큼 심미적으로 만족스러운 것이라 했으며, Nikolajeva(2011)는 글과 그림이라는 두 개의 의사소통 방식으로 조화를 이루어 내는 독특한 예술형식이라고 하였다. 그림책 감상은 심미적, 예술적 경험뿐 아니라 글과 그림 속에 담겨진 풍부한 언어를 경험하게 된다. 유아는 이러한 과정 속에서 자신이 알고 있는 지식을 근거로 글과 그림을 통해 의미나 내용을 유추하고 해석하면서 새로운 지식을 구성해 나간다. 또한 또래나 성인과의 상호작용 속에서 비지시적 상황이나 활동을 통해 자연스러운 언어발달을 이뤄 나가게 된다.

이처럼 그림책 읽기는 문학을 감상하고 이해하는 능력과 태도를 길러 주며 가치관을 심어 주고 정서발달, 언어발달을 도와 준다. 무엇보다 가장 자연스럽고 즐거운 방법으로 유아의 문해발달을 도와줄 수 있는 교육매체로서 통합언어교육의 교육적 기능과 가치를 갖고 있다.

3. 문학적 접근의 전략

좋은 그림책을 활용한 문학적 접근으로 Moen(1991)의 교수방법에서는 문학적 접근의 8가지 교수전략을 소개하고 있다(이 경우, 2014). 이것은 하나의 전략으로만 완성되는 것이 아니라 전략 간에 유기적으로 결합되는 가운데 확장활동으로 이어갈 수 있다고 하였다.

1) 작가적 전략

작가적 전략은 언어 확장활동의 기초가 되는 것으로 유아들이 작가가 되어 보는 "쓰기(짓기)" 활동을 해 보는 것이다. 유아는 단어를 선택하고, 자신의 생각을 정리하는 과정에서 비판적이고 논리적인 사고를 할 수 있다. 이때 유아마다 개인차가 있기 때문에 성급하게 이행하지 않아야 한다. 유아들은 자신들이 생각하고 상상한 것을 자유롭게 활동할 수 있기 때문에 흥미롭게 활동할 수 있다.

▣ 활동 : 저널쓰기, 등장인물이 되어 일기 쓰기, 내 단어 책 만들기 , 작가나 등장인물에게 편지쓰기, 이야기 지어 책으로 묶기, 신문광고 만들기, 광고나 자서전 꾸미기, 동시짓기, 제목 바꿔 보기, 내 단어책 만들기, 가상하기 등

2) 협동적 학습 전략

협동적 학습 전략은 상호작용 과정 속에서 생각을 모으고 협력하는 가운데 참여자들 간에 적극적인 학습이 발생되도록 고안된 활동이다. 유아들이 자신에게 주어진 권한을 통해 능동적인 교류와 참여로 서로 간에 도움을 주고받으면서 보다 많은 학습이 일어나는 효과를 만들어 갈 수 있다, 문학그룹의 토론은 상호교육적인 읽기 과정을 강조한다.

▣ 활동 : 회의하기, 토론하기, 연령 간 협동하며 책읽어 주기 등

3) 게임 전략

게임 전략은 흥미 있는 게임에 참여하는 가운데 자연스럽게 언어적인 경험을 제공하는 것으로 읽은 책을 게임에 활용해 유아들이 즐겁게 참여할 수 있게 하는 전략이다.

▣ 활동 : 단어 조합하기 게임, 부분 가리고 예측하며 읽어보기 게임, 문장 재배열 게임, 낱자 모아 단어 만들기 게임, 재미있는 단어 찾기 게임, 단어 빌리기 게임 등

4) 이해를 위한 전략

이해를 위한 전략은 유아들이 그림책을 더 잘 이해하고 의미를 창조할 수 있도록 돕는 전략이다

▣ 활동: 큰 책 만들기와 읽기, 소리 내어 읽기, 벤다이어그램, 단어 가지 만들기, 동화구연, 주원문해 (SWBS 도표로 표시, somebody, wanted, but, so의 약어) → S: 주인공, W; 원했다, B ; (그런데) 문제가 있다, S; (그래도) 해결했다

5) 이야기 구조(내용) 인식을 위한 전략

이야기 구조 인식을 위한 전략은 유아가 이야기의 일반적인 구조를 인식하고 이해하도록 하는 전략이다. 이를 통해 유아는 그림 읽기의 방향이나, 글과 그림 읽기로 이야기의 구조를 이해한다.

▣ 활동 : 질문과 대답이 있는 이야기, 사건의 연속이 있는 이야기, 운율과 반복이 있는 이야기, 진술과 정교화가 있는 이야기, 문제해결이 있는 이야기, 원인과 결과가 있는 이야기, 비교와 대조가 있는 이야기 등

6) 듣기 전략

듣기 전략은 듣기를 통해 내용을 생각하고 의미를 부여하도록 돕는 전략으로, 유아 자신이 낸 목소리를 듣거나 이야기가 녹음된 CD, 테이프 듣기 등이 있다.

▣ 활동 : 여러 가지 방법으로 잘 듣기

7) 연출 전략

연출 전략은 문답의 형식이나 리듬이 있는 책을 가지고 몇 개의 집단으로 나눠 각기 맡은 부문을 함께 소리 내며 읽기나 등장인물을 배정해 맡은 역할 연기 등을 할 수 있다. 극활동을 통해 자신의 감정을 적극적으로 표현하고 참여하게 하는 전략이다.

▣ 활동 : 읽기 합창, 독자의 무대, 동극, 인형극, 팬터마임 등

8) 시각 예술 전략

시각 예술 전략은 그림을 그리고 그림에 글을 꾸며 넣어 내용을 적는 활동으로 예술적인 요소를 분석해 보고 시각을 통해 표현하고 감상하는 활동이다

▣ 활동 : 포스터 만들기, 광고판 만들기, 삽화 관찰하기, 표지 다시 만들기, 프로젝트, 실물의 도입, 다양한 기법의 삽화 관찰 및 감상하기 등이 있다.

4. 문학적 접근의 절차 및 방법

문학적 접근을 통한 언어교육의 전개 순서에는 계획하는 단계, 활동하는 단계, 평가하는 단계로 크게 나눌 수 있으며 그 안에서 다시 세부단계로 나누어 진행할 수 있다. 이는 반드시 고정된 것이 아니며 교사가 융통성과 창의성을 발휘해 적절한 단계를 만들어 가며 진행할 수 있다.

문학을 통한 언어교육 활동은 유아가 문학작품을 읽고 듣는 것, 읽고 들은 작품의 내용과 구성을 이해하고 감상하는 것, 작품을 평가하고 반응하는데 활용되는 모든 활동들을 의미한다. 교사는 이를 위해 듣기, 말하기, 읽기, 쓰기, 생각하기를 통합적으로 발달시킬 수 있는 다양한 문학 활동을 제공할 수 있어야 하며 알맞은 교수방법을 적용해야 한다.

1) 계획하는 단계

계획단계에서는 주제나 영역에 맞는 관련 작품을 선정하고 그에 따른 활동을 계획하며 관련 자료를 수집하거나 만들어 준비한다. 문학 작품의 선택에 있어서는 무엇보다 좋은 책을 선정하는 것이 중요하다. 작품이 유아에게 유의미한 문학적 경험이 되어야 하며 흥미성, 교훈성, 문학성을 갖춘 작품을 통해 즐거운 감상이 되어야 한다. 영유아는 대상에 따라 작품의 이해 수준이 달라지기 때문에 작품 선정에 있어서 유아의 과거의 경험과 선행지식, 흥미, 관심, 연령과 발달 수준을 고려하여 문학 작품을 선정해야 한다.

여러 학자들에 의한 좋은 그림책의 조건(Hillman, 1995; Norton, 1991; Cullinan, 1989)은 다음과 같다.

① 그림만 봐도 이야기가 나올 수 있는 것
② 유아에게 흥미롭고 친숙한 소재로 다루어진 것.
③ 단순하고 쉬운 대화체 문장으로 반복적인 리듬이 있는 것
④ 주제와 내용이 유아의 발달 수준과 정도에 적합한 것
⑤ 유아의 생각, 가치관, 분별력 등에 좋은 영향을 주는 것

2) 활동하는 단계

활동하는 단계에서는 크게 문학작품을 읽어주기 전 과정, 읽어 주기 과정, 읽어 준 후의 과정으로 나눌 수 있다.

(1) 읽어 주기 전 과정

작품을 소개하기의 첫 단계로서 첫 단추를 끼우는 일만큼 중요하다. 작품에 대한 관심과 흥미를 유발시킬 수 있는 도입의 성공적인 진행은 유아들에게 작품에 대한 호기심과 기대심을 갖게 해 주고 작품 듣기에 집중할 수 있도록 해 준다. 그림책을 읽어 주기 전 과정에서는 다음과 같은 여러 가지 도입 방법이 있을 수 있다.

1 표지와 면지로 이야기 나누기

책표지에 나오는 인물이나 배경 등의 그림이 무엇을 의미하는지 탐색하고 예측해 보게 한다. 이야기가 앞표지부터 시작되었거나 앞뒤 표지를 펼쳤을 때 한 장면이 되어 이야기를 만드는 경우도 있다. 또한 앞표지를 열었을 때 나오는 면지의 기능도 그림책 탐색의 중요한 요소가 된다. 면지는 책을 튼튼하게 고정시켜 주는 실용적 측면도 있지만 최근에는 그림책의 내용 구성과 밀접한 관련이 있는 경우가

많다. 앞뒤 면지의 그림이 서로 같거나 달라지면서 이야기를 만드는 경우가 있기 때문에 면지의 그림읽기도 반드시 필요하다. 또한 글 작가나 그림 작가에 대한 설명과 함께 작가의 다른 작품도 소개해 줌으로써 아이들이 작가의 작품 스타일이나 그림풍을 이해하도록 돕는다.

2 제목으로 이야기 나누기

책 제목을 보고 어떤 이야기가 펼쳐질지 상상해 보거나 제목의 의미를 유추해 보게 한다. 제목에 어려운 단어가 있을 때는 교사가 책을 소개하면서 단어의 뜻을 해석해 주며, 제목과 연관시켜 아이들의 관련 경험을 이야기하게 하여 공감을 통한 흥미를 유발시킬 수 있도록 한다. 예를 들면, '좁쌀 한 톨로 장가 간 총각' 전래동화를 소개할 때 좁쌀이 무엇이고 얼마나 작은지 설명해 주며, '동물원'을 소개할 때 동물원에 가본 경험이나 관련 질문으로 이야기를 나눠 보거나, '우리엄마가 제일 좋아요'라는 책이라면 엄마가 가장 좋은 순간이 언제인지 자신의 생각을 표현해 보게 한다.

3 브레인스토밍이나 질문으로 언어적 상호작용하는 방법

동화에 대한 관심을 고조시키고, 흥미를 유발하기 위하여 교사는 내용과 연관된 주제어로 브레인스토밍 하여 연상되는 생각이나 낱말을 말해 보게 한다. 또는 책의 소재, 제목의 단어 등 관련 단서를 활용하여 질문이나 퀴즈를 통해 언어적 상호작용을 한다.

4 소품 이용이나 음율활동으로 주의집중시키기

손인형을 가지고 성대모사하며 수업의 도입부 인사를 나누거나 이야기의 안내자 역할을 한다. 마술이나 스토리 관련 매체를 이용해 호기심을 자극하거나 주의집중시킬 수 있으며 "동화나라 나와라 뚝딱!" 구호를 외친다거나 동화송으로 개작된 노래를 부르거나 손유희를 하는 것도 주의집중시키기는 좋은 방법이다.

(2) 읽어 주기 과정

유아가 작품 내용에 대해 인식하는 단계로서 차분한 분위기 속에서 감상하도록 돕는다. 운율이나 반복이 있는 내용일 경우 읽는 과정에 유아를 부분적으로 참여시키는 함께 읽기도 가능하다. 충분한 감상을 즐기도록 해 주기 위해서는 교사가 작품을 미리 분석하고 연습해서 실감나게 읽어 줄 때 유아들이 작품에 동화되는 감동을 경험하게 될 것이다. 동화구연으로 책을 실감나게 읽어 주면 더욱 좋으며 교사가 몇 가지 노력만 해도 즐거운 동화 읽기 시간을 만들어 줄 수 있다.

1 그림책의 성격이나 분위기를 먼저 파악한다.

옛이야기 그림책, 환상 그림책, 사실 그림책, 운문 그림책 등 그림책의 종류에 따라 그 느낌이나 성격이 달라진다. 먼저 작품의 성격이나 분위기를 파악한 후 특징에 맞게 읽어 준다. 글 없는 그림책일 경우 교사가 먼저 다양한 이야기를 채워 보는 연습을 해 본다.

2 등장인물을 분석한다.

캐릭터 분석을 잘하면 구연의 절반은 준비하는 것이다. 인물마다 성별과 나이를 정해 보고 성격을 파악해 본다. 생물 무생물일 경우 사람에 대입시켜 어떤 인물로 표현할 것인지 사전에 정해 놓고 읽어 주면 훨씬 실감나는 구연이 된다.

3 바탕글 읽기에 입체감을 준다.

바탕글도 입체감 있는 읽기가 필요하다. 고저장단, 속도, 호흡, 포즈 등이 있을 때 훨씬 입체적이다. 의성어나 의태어를 강조하기 위해 감정을 너무 많이 싣기보다는 낮은 음성으로 읽을 때 강조의 효과를 낼 수 있다. 또한 그림책은 글과 그림으로 이야기하는 서사구조이다. 아이들은 이야기를 귀로 들으며 눈으로 그림을 해석하고 있다는 것을 염두에 두고 충분한 감상을 할 수 있도록 천천히 읽어 줘야 한다. 더욱이 유아들은 주의집중 시간이 길지 않기 때문에 이런 유아들의 특징을 생각하고 언어적 수준과 반응을 고려하면서 읽어 준다.

4 유아들과 상호작용하며 읽어 준다.

책을 읽는 과정에서 질문과 대답이 길어지면 전체적인 감상의 리듬이 끊어질 수 있다. 시간을 너무 할애해야 하는 질문은 가급적 피하고, 필요시에는 그림책 읽기가 끝나고 질문을 덧붙이거나 설명해 준다. 다만 교사는 유아가 자신의 생각을 표현하고 반응하는데 있어 수용적 태도를 잃지 말아야 한다. 책을 읽는 과정에 유아들이 쉽게 대답할 수 있는 질문이나, 유아의 반응에 짧게 대답해 주는 정도의 상호작용은 진행하는데 무리가 없다. 무엇보다 유아들이 내용과 그림을 충분히 감상할 수 있도록 해 주며 의성어나 의태어, 운율이 있는 반복어는 함께 참여하며 읽기, 주고받으며 읽기, 따라 읽기, 등 읽기에 참여시켜 보는 것도 좋다.

5 매체를 이용해 들려준다.

생명이 없는 대상을 살아 있는 것이라고 여기는 물활론적 사고를 하는 이 시기의 유아들은 매체를 활용해서 이야기를 들려줄 때 이야기 속에 더욱 몰입하는 즐거움을 경험하게 된다. 매체를 활용하면 영유아의 흥미를 유발하고 감상을 지속시키는 데 매우 효과적이다. 막대동화, 원판동화, 앞치마동화, 테이블동화, 좌석동화, 그림자동화, 손인형, 융판동화, 인형극 등 다양한 매체를 활용해서 이야기를 들려줄 수 있다

(3) 읽어 준 후 과정

읽고 난 후의 과정에서는 다양한 문학활동이 이루어지는 확장의 단계로 이어진다. 유아가 이야기의 내용을 이해하는 것은 물론 새로 알게 된 것을 말하거나, 자신의 경험과 느낌을 말해 보게 한다. 책의 내용을 바르게 이해했는지 확인해 보고 내용 인지가 안 된 유아를 위해서는 간단히 내용을 정리해 주거나, 다시 한 번 그림을 보여주면서 핵심 내용을 들려주며 재감상하게 하여도 좋다. 이때

유아들은 새로운 그림을 찾아내는 즐거움을 경험할 수 도 있으며 그림의 다양한 상징적 의미를 재해석해 보며 여백을 채워 나가는 즐거움을 맛보게 된다. 감상 나누기에 있어서 교사는 이야기의 상황이나 사건, 주인공의 행동과 심리 등 개방식 질문을 통해 자신의 느낌이나 생각을 자유롭게 이야기하도록 돕는다. 논리적이고 창의적인 사고를 할 수 있는 발문이나 전략적 접근의 방법으로 다양한 활동을 진행할 수 있다. 이때 읽기, 쓰기, 말하기, 듣기, 생각하기 등의 통합교육은 물론 교과 영역 간의 통합적인 언어교육이 이루어질 수 있도록 한다.

3) 정리 및 평가하는 단계

문학 감상과 활동이 끝난 후에는 차분한 분위기 속에서 수업에 대한 소감을 나누며 마무리한다. 이때 교사는 활동과 결과에 대한 개인차를 인정해 주면서 긍정적 평가로 반응해 준다. 문학 감상과 활동 과정에서 관찰한 내용들은 기록하여 개인별 언어활동 평가 자료로 보관한다. 활동 결과물이 있을 경우 환경판에 게시하여 친구들 간의 작품을 재탐색해 보게 하며 성취감을 맛보게 해 준다. 또한 개별 작품을 가정으로 보내 부모님과 상호작용하는 매개체로 사용하여도 좋다.

5. 그림이야기책을 활용한 문학적 접근의 예

1) 강아지가 태어났어요.

〈목표〉

① 유아들에게 강아지의 탄생과정에 대한 지식을 습득하도록 돕는다.

② 유아들에게 생명의 탄생과 성장과정에 대한 이해를 돕는다.

〈내용〉

유아들이 가장 좋아하는 강아지의 탄생과정과 성장과정을 소개한 책으로 유아들에게 분명히 흥미로운 소재이다. 강아지의 탄생과 관련된 활동은 강아지의 출산 장면과 엄마개의 뒤처리 과정 새끼 강아지가 조금씩 커가는 모습들을 사람의 한 살이나 생일, 남녀의 신체 차이와 관련하여 함께 계획해 볼 수 있는 활동이다.

유아들에게 생명의 탄생에 대한 지식과 동물의 성장과정에 관한 이해를 돕고자 '강아지가 태어났어요(비룡소, 2000)'의 그림이야기책을 중심으로 활동을 계획하였다.

(1) 목적

강아지의 탄생과정을 통해 인간 생태계에서의 역할을 유아에게 알게 하여 생명의 가치를 인식한다. 아울러 가족에 대한 생각을 진작하게 한다.

(2) 내용

강아지가 태어나는 과정을 쉬운 언어와 깔끔한 사진으로 꾸민 유아 과학 동화이다. 엄마개의 뱃속에서 나온 강아지는 얇은 주머니에 들어 있다. 엄마개는 이빨로 주머니를 찢는다. 강아지는 탯줄이라는 관으로 엄마개와 연결되어 있다. 엄마개는 강아지들 곁에 바짝 붙어서 젖을 먹이고, 깨끗하게 닦아 주기도 한다. 강아지가 차츰 혼자 걷고, 이빨이 나서, 엄마개의 곁을 떠날 때까지의 과정을 담았다. 〈신기한 스쿨 버스〉 시리즈로 논픽션 상과 데이비드 맥코드 문학상을 수상한 적 있는 작가의 작품(출처: 인터넷 교보문고, 2000).

신나는 일이 생겼어요! 이웃집 개가 강아지를 낳을 거래요. 강아지를 낳으면 나한테도 한 마리 준대요 !

아이는 강아지를 가질 생각에 설렌다. 이웃집 개가 새끼를 낳으면 한 마리 얻기로 한 것이다. 드디어 엄마개는 상자 안으로 들어가고…….

엄마개는 신문지를 찢어 상자 안을 부드럽게 만들고 강아지 낳을 준비를 한다. 그리고 곧 강아지를 낳기 시작한다. 엄마개는 힘을 주어 뱃속에 있는 강아지를 밖으로 밀어 낸다. 드디어 첫 번째 강아지가 나왔다. 엄마개는 강아지의 탯줄을 끊고 핥아 깨끗하게 말려 준다. 갓 태어난 새끼강아지는 눈도 뜨지 않았고 귀도 막혀 있다. 몸무게도 겨우 몇 그램밖에 나가지 않는다. 아이는 강아지 이름을 '토토'라고 지었다. 빨리 토토랑 놀고 싶지만 토토는 잘 걸을 수도 없고 딱딱한 음식을 잘 먹지도 못한다. 2주가 지나자 토토는 눈도 뜨고 귀도 열렸다. 그리고 점점 딱딱한 음식도 먹을 수 있게 되고 다른 개랑 어울려 놀 수도 있다. 8주가 지나자 토토는 엄마개랑 떨어져 있을 수도 있다. 이제, 토토는 아이와도 놀 수 있을 만큼 큰 것이다. 아이는 진짜 자기 강아지가 된 토토를 안고 행복해 한다.

강아지는 아이들이 주위에서 쉽게 접할 수 있는 친근한 대상이다. 이 책은 이러한 강아지의 출생과 성장과정을 보다 자세하게 보여 준다. 엄마개 뱃속에서 막 태어난 강아지가 얇은 막에 둘러싸여 있는 모습, 엄마개가 이빨로 탯줄을 끊고 강아지를 혀로 핥아 주는 장면, 시간이 지남에 따라 단계별로 성장해 가는 강아지의 모습과 그에 따른 습성 등 사진이 가지는 최대한의 장점을 살려 현장감을 생생히 느낄 수 있다. 따라서 이 책은 강아지의 출생과 성장에 대한 정보 뿐만 아니라 아이들에게 생명 탄생의 신비와 작은 감동을 느끼게 해 준다(예스 24 제공).

(3) 관련 개념

강아지, 동물의 번식, 생명 탄생, 생명 존중 방법

(4) 활동계획 구성

강아지가 태어났어요

예술표현
- 강아지가 태어난 후 가족 모습을 꾸미기
- 애완동물을 키워 보기에 대한 이야기 나누기
- 가족으로 받아들이고 싶은 애완동물에 대해 이야기 나누기

의사소통
- 애완동물 종류 쓰기
- 읽은 후 뒷이야기를 생각해 보고 말하기
- 강아지에게 편지 쓰기
- 엄마에게 편지 쓰기
- 동화 듣고 느낌 쓰기

자연탐구
- 우리 몸 관찰하기
- 동물 몸 관찰하기
- 남녀 몸 차이점 찾기
- 아기가 어떻게 태어나는지 읽기

신체, 건강
- 아기몸 되어 보기
- 아기되어 엄마 뱃속 여행하기

사회관계
- 애견센터 현장학습
- 유기견 센터의 모습관찰
- 강아지 키우는 방법 알기

(5) 관련 활동

① 역할놀이-자꾸 만지면 싫어요.
- 엄마개, 강아지, 사람의 역할을 정하고 강아지가 태어나는 상황에서 각자 하고 싶은 말을 해 본다.

② 애완동물을 키울 때 우리가 주의해야 할 점들 알아보기

③ 동물들은 어떤 환경에서 태어나는지 조사해서 발표하기

④ 자연 다큐멘터리 비디오 보기(환경 스페셜, 내셔날 지오그래픽)

⑤ 사과의 편지 쓰기

- 애완동물이나 생명체들을 괴롭히거나 죽게 한 일이 있는지 생각해 보고 사과의 편지를 쓰게 한다.

2) 화내지 말고 예쁘게 말해요

〈목표〉

① 유아들에게 올바른 의사표현 방법에 대한 지식을 습득하도록 돕는다.

② 유아들에게 자신의 감정이나 생각, 기분을 전달하는 효과적인 방법에 대한 이해를 돕는다.

〈내용〉

뾰족뾰족한 고슴도치의 모습을 보면 생김새처럼 성격도 뾰족뾰족할 것만 같다. 유아들에게 고슴도치를 보면 생각나는 것들을 자유롭게 이야기하도록 하고 생김새랑 성격이 과연 어떻게 다른지 차이점을 먼저 생각해 보게 한다.

책 소개-'CHILD COMMUNICATION' 시리즈

또한 과연 고슴도치는 자신의 기분을 어떻게 표현하는지 알아보고 유아들과 함께 가장 효과적으로 자신의 감정이나 기분을 나타내는 방법은 어떠한 것이 있는지 생각을 나눠 본다. 그 후 상대방의 기분을 이해하는 훈련으로 올바른 언어 습관을 길러줄 수 있도록 하는 활동을 계획해 볼 수 있다.

유아들에게 올바른 의사표현 방법에 대한 지식이나 자신의 감정을 좀 더 잘 이해하도록 돕고자 '화내지 말고 예쁘게 말해요(상상스쿨, 2008)' 동화를 중심으로 활동을 계획하였다.

(1) 목적

유아들이 상대방의 기분을 이해하는 훈련으로 의사소통의 기본이 되는 올바른 의사표현을 배워 나갈 수 있도록 한다.

(2) 내용

'화내지 말고 예쁘게 말해요'. 유아들이 커뮤니케이션의 기본이 되는 올바른 의사표현을, 재미있는 이야기를 읽어 나가면서 자연스럽게 배워 나갈 수 있도록 구성한 그림책입니다. 알록달록한 천을 한 땀 한 땀 바느질하여 담아낸 특별한 그림이 유아들의 흥미를 불러일으킵니다.

화를 내며 말을 하는 버릇이 있는 꼬마 고슴도치 '도치'의 머리 위에 손바닥만한 구름이 생기면서 벌어지는 사건사고를 담아냈습니다. 상대방의 감정이나 생각이나 기분을 고려하여 말하는 능력이 아직 충분히 발달되지 못한 유아들에게 올바른 의사표현 방법을 가르쳐 줍니다.

꼬마 고슴도치 '도치'는 화를 내며 말을 하는 버릇이 있어요. 친구들은 물론 엄마, 동생에게도 버럭 소리를 지르지요. 그래서 도치의 별명은 '버럭쟁이'랍니다. 그러던 어느 날 도치의 머리 위에 손바닥만한 구름이 생겼어요. 도치가 버럭 소리를 질러도 구름은 없어지지 않았어요.

도치가 동생에게 버럭 소리를 질렀어요. 동생이 자신의 장난감을 만졌거든요. 그러자 머리 위의 구름이 식빵만큼 커졌어요. 도치는 친구에게 버럭 소리를 질렀어요. 자신이 먼저 그네를 타고 싶었거든요. 그러자 구름이 그림책만큼 커졌어요. 도치는 엄마에게도 버럭 소리를 질렀어요. 주스를 마시고 싶은데 엄마가 우유를 주었거든요. 그러자 구름이 새카맣게 변하더니 천둥번개가 쳤는데…….

패드커버(인터넷 교보문고)

(3) 관련 개념

천둥, 구름, 그네, 분노, 화, 욱질, 몸으로 하는 긍정 대화법, 친절한 말, 공손한 단어, 화가 난 친구를 도와주는 방법

(4) 활동 계획구성

화내지 말고 예쁘게 말해요

예술표현
- 도치가 동생에게 소리를 질렀을 때 동생의 기분에 대해 이야기 나누기
- 엄마, 친구에게 버럭 소리를 질렀을 때 엄마, 친구의 기분에 대해 이야기 나누기
- 소리 지르고 싶었을 때 내 맘에 대해 이야기 나누기

의사소통
- 화와 관련된 단어 찾아보기
- 읽은 후 뒷 이야기를 생각해 보고 말하기
- 싸운 친구에게 사과 편지 쓰기
- 소리 지르고 싶었을 때 쓸 수 있는 공손한 단어 사용해 보기
- 무승부의 대화법 익히기

자연탐구
- 화난 얼굴 관찰하기
- 고슴도치 몸 관찰하기
- 강아지, 고양이가 화가 나면 어떻게 나타나는지 관찰하기

신체, 건강
- 친구와 짝을 지어 운동하기
- 하루 한 시간 화내지 않고 친구를 몸으로 칭찬하기

사회관계
- 도치가 되어 보기
- 하루 종일 짝꿍 모습 관찰하기
- 하루 종일 짝꿍의 그림자 되어 보기

(5) 관련 활동

① 모래성 쌓기
② 무지개 도치를 꾸며보기
③ 우정 편지 타임캡슐
④ 분노 신호등 만들기

3) 굿모닝 미스터 푸

〈목표〉

① 유아들에게 적절한 대소변 가리기에 대한 지식을 습득하도록 돕는다.

② 유아들에게 대 · 소변 가리기를 통한 성취감, 불안제거, 나아가 건전한 식습관 형성에 대한 이해를 돕는다.

〈내용〉

매일 화장실 변기에서 보게 되는 똥은 더럽고 지저분하게만 여겨져 왔다. 하지만 유아들에게는 재미있는 이야깃거리이며 감정을 표현하는 대체물이 되기도 한다.

변기물 내리는 소리에 불안을 느끼는 유아나 과도하게 섣부른 대 · 소변 가리기 훈련으로 되려 대 · 소변 가리기에 대한 불안으로 실수를 연발하는 유아들에게 가볍게 하지만 발달에서 긍정적인 과제인 대 · 소변 가리기 훈련에 대한 이야기들을 자유롭게 할 수 있도록 돕는다.

유아들에게 올바른 대 · 소변 가리기 방법에 대한 지식이나 자신의 몸에 대한 이해를 더 잘 이해하도록 돕고자 '굿모닝 미스터 푸(시공주니어, 2015)' 동화를 중심으로 활동을 계획하였다.

(1) 목적

유아들이 자신의 몸이 보내는 신호에 대해 이해하고 건강한 배설작용을 배워 나갈 수 있도록 한다.

(2) 내용

'굿모닝 미스터 푸'는 변기에서 영감을 받아 시작된 똥 이야기이다. 작가는 매일 아침 똥을 누는 토비와 변기 속의 미스터 푸를 등장시켜 이야기를 풀어 나가고 있다. 으레 사람들은 '똥은 지저분한 것'이라고 생각하지만, 아이들에게 있어서 똥은 특별하고 재미난 소재이다. 이야기 속 토비도 똥을 부정적으로 바라보지 않는다. 토비에게 있어서 변기 속의 똥은 친구 같은 존재이다. 오죽하면 '미스터 푸'라는 이름을 붙였겠는가! 토비는 아침에 미스터 푸를 만나면 반가운 마음에 미소를 짓는다. 반대로 변기 물에 흘려 보내는 순간에는 마음이 슬퍼진다. 그리고 내일 아침에 또 만날 테니 걱정 없다며 스스로를 위로한다(인터넷 교보문고).

(3) 관련 개념

시계, 요일, 기념일, 일과 계획, 색깔, 수영, 수영장, 화장실 사용법

(4) 활동 계획구성

굿모닝 미스터 푸

예술표현
- 화장실에 가고 싶을 때 몸이 보내는 신호에 대해 이야기 나누기
- 배가 아플 때 내가 내는 소리에 대해 이야기 나누기
- 하루 일과에 대해 이야기 나누기
- 기념일 달력 만들기

의사소통
- 시계 보는 방법 익히고 말하기
- 요일 익히고 요일별 일과 말하기
- 색의 종류알고 느낌 말하기
- 화장실 사용방법 알고 사용하기

자연탐구
- 매일 화장실가기 위해 먹으면 좋은 음식 알아보기
- 화장실 가기 나쁜 음식 알아보기
- 수영장에서 지켜야 할 화장실 예법 알아보기

신체, 건강
- 화장실 사용 색깔 달력 만들기
- 매일 화장실에 가지 못했을 때 하면 좋은 운동 배우기

사회관계
- 푸 아저씨 되어 보기
- 수영장에 빠진 푸 아저씨 되어 보기
- 수영장 현장체험하기

(5) 관련 활동

① 역할 놀이하기(역할 : 변기, 똥, 수영장)
- 배설되는 상황에서 하고 싶은 말하기
- 배설이 어려운 상황에서 하고 싶은 말하기
- 수영장에서 배설하고 싶을 때 상황극 해 보기

② 화장실 사용할 때 주의해야 할 점들 알아보기

③ 응가송 부르기

참고 문헌

김정화(2009). 유아교육현장에서 문학적 접근 프로그램이 유아의 언어 사고능력 증진에 미치는 효과. 가야대학교 석사논문.

김혜옥(2009). 그림책 활동이 유아의 언어 및 언어창의성에 미치는 효과에 관한 메타분석. 경희대학교 석사학위 논문.

서정숙(2014). **그림책 이해하기.** 그림책과 어린이교육연구소.

윤복희 외(2013). **영유아 언어교육.** 경기: 공동체.

이경우(2001). **총체적 언어: 문학적 접근을 중심으로.** 서울: 창지사.

이경화(2003). **유아언어교육.** 서울: 창지사.

이지현외(2009). **영유아를 위한 언어교육.** 경기: 공동체.

이차숙(2007). **유아언어교육의 이론과 실제.**

임재숙(2009). 그림책을 활용한 문학적 접근이 유아의 창의성에 미치는 영향. 인천대학교 석사학위논문.

페리노들(2001). **어린이 문학의 즐거움.** 경기: 시공주니어.

한유미 외(2001). **영유아 언어교육의 이해.** 서울: 학지사.

제 8 장

유아 언어교육 프로그램의 설계

1. 영유아 언어지도의 교육과정 및 실제
2. 잠재적인 언어의 교육과정 및 실제

영유아는 태어나면서부터 말을 배우기 시작하며, 옹알이처럼 첫마디 말을 하기 전부터 언어학습은 시작되고 있다. 아기는 어떤 말소리를 내기 전에 이미 말할 준비를 하고 있는 것이며, 모든 감각을 총동원하여 다른 사람과 의사소통하고자 한다. 아가는 다른 사람과 신체적인 접촉을 통해 의사소통하고자 하며, 특별한 표정을 지어 의사소통하기도 하며, 언어발달이 잘 이루지면 완전한 문장으로 의사소통하기도 한다. 의사소통은 인간 간에 끊임없이 주고받는 교호의 활동이다.

의사소통은 더 이상 반응이 없으면 종료되며, 아기가 시선을 딴 데로 돌리면 엄마는 더 이상 웃음을 지을 이유가 없는 것이며, 아직 말을 하기 전, 엄마와 아기가 주고받는 몸짓은 나중 언어를 사용한 보다 복잡한 의사소통의 준비다. 따라서 학교 교육의 핵심은 언어교육이며, 이 때의 언어는 단순히 단어와 문장만을 다루는 것이 아니라, 언어가 언어로서 효과적으로 기능할 수 있게 하는 학교교육이며, 기능과 의사소통의 기능을 훌륭히 수행해 낼 수 있어야 언어의 기능을 충분히 다했다고 할 수 있다. 유아가 자라면서 효과적으로 사고하고, 효과적으로 의사소통할 수 있게 돕기 위해서 우리는 유아에게 어떻게 언어교육을 해야 할 것인가? 이 질문에 대한 답은 영유아 언어프로그램 설계시 중요한 원리에서 찾아볼 수 있다(이차숙, 2009).

원리 1. 언어학습자는 유아이다.

'언어학습자는 유아'라는 말은 교사가 지도할 때, 교사의 가르침보다는 유아의 스스로 학습을 더 강조하라는 뜻이다. 이 말은 새로운 개념이 아니다. 이미 1836년에 Wilhelm von Humboldt는 "누구도 유아에게 언어를 가르칠 수 없다. 우리는 유아가 스스로 자기 방법으로 말을 터득할 수 있도록 환경과 조건을 만들어 줄 수 있을 뿐이다."고 언급했다(Chomsky, 1965). 역시 인위적으로 유아에게 언어교육을 할 수 없다는 이 개념은 1965년대 Chomsky가 재강조하면서 언어교육에 센세이션을 불러일으켰다. 이와 같이 유아가 자기 스스로 배울 수 없는 것을 교사가 억지로 가르쳐서는 안 된다는 것을 상기시킬 필요가 있다.

원리 2. 언어학습과 교수방법은 유아의 필요와 목표에 따라 달라져야 한다.

유아의 필요와 목표는 완전히 개인적인 것은 아니다. 그것은 사회적인 요구, 정치적인 상황, 부모의 기대 등에 의해 영향을 받기 때문이다. 그렇더라도 교사는 유아의 연령, 배경, 포부, 관심, 목적, 적성, 유아가 속한 환경에 대해 잘 알아야 할 필요가 있다. 유아의 필요와 목표가 무엇인지 먼저 알고 언어교육의 내용과 방법, 자료들을 결정해야 할 것이다. 언어교육은 무엇을 가르칠 것인가라는 문제보다 누구를 가르칠 것인가의 문제가 더 중요하다.

따라서 언어교육은 한 가지 교수방법으로 불가능하다. 유아의 필요와 목표가 다 다르듯이, 다양한 교육 내용에 따른 교수방법을 적용시켜야 할 것이다. 이런 맥락에서 보면, 언어교육은 교수방법보다는 교수내용을 먼저 생각해 봐야 한다.

원리 3. 언어교육은 의미를 주고받는 정상적인 언어 사용, 즉 실제로 의사소통이 일어나는 방법으로 이루어져야 한다.

언어교육은 단어, 문장, 문형들을 반복적으로 암기하고 연습하는 형태로 이루어져서는 안 된다. 실생활에서 언어를 사용하듯이 학교 교실에서도 자연스럽게 언어를 사용할 수 있도록 지도해야 한다. 실생활에서 우리는 새로운 정보를 주고받고, 설명하고, 토론하고, 기술하고, 설득하고, 약속하고, 거절하고, 감상하고, 감정과 태도를 숨기거나 드러내고, 다른 사람의 행동을 지시하고, 문제를 해결하고자 할 때 언어를 사용한다. 교실에서 일어나는 언어교육은 이 모든 언어활동들이 자연스럽게 일어날 수 있도록 도와야 할 것이다.

원리 4. 교실은 유아와 교사, 교사와 유아 간에 서로 허용하는 따뜻한 분위기로 아동의 언어활동이 위협받지 않아야 한다.

진정한 의사소통은 자신의 속내를 드러내는 것이다. 우리는 말과 글을 통하여 자신의 감정, 편견, 가치, 포부 등을 드러낸다. 사람은 상대가 어떤 사람이냐에 따라 진심을 말하기도 하고 진심이 아닌 것을 말하기도 하며, 말하기가 어렵기도 하고, 쉽기도 하다. 정서적인 위협감은 말하는 것을 두렵게 만든다. 교사의 반응도 중요하지만 친구들 간의 조롱이나 멸시도 아동에게는 매우 중요한 영향을 미친다. 상호 신뢰하고 아끼는 정서적인 유대를 유지하는 것도 언어교육에서 빼놓을 수 없는 원리다.

원리 5. 언어 지식 및 언어 통제력 등 언어 사용의 기초 능력을 길러 주어야 한다.

언어가 기능적으로 사용되기 위해서는 최소한 언어에 대한 체계적인 지식을 알아야 한다. 우리 머릿속에 아무리 중요한 생각이 있다 하더라도 그것을 언어로 묶어 내지 않으면 전달이 불가능하다. 의미를 전달하려면 최소한의 언어적 구조적 틀을 알고 사용할 수 있어야 가능하다. 우리가 만들어 낼 수 있는 문장은 무한하다. 그러나 그 수많은 문장들은 몇 개의 기본적인 구조로 이루어져 있다. 어떤 유형의 단어를 어떤 위치에 어떤 순서로 묶어야 할지, 언어에 대한 기본적인 스텝을 밟을 수 있어야 춤을 출 수 있다. 과학자들이 과학의 기본적 원리를 알아야 새로운 지식을 만들어 내고자 할 때, 과학자들이 과학의 기본적인 원리를 알아야 새로운 지식을 만들어 내고자 할 때 실험하고, 적용하고, 창의적으로 생각해 낼 수 있는 것과 마찬가지다.

원리 6. 창의적인 언어 사용 능력은 언어활동에 능동적으로 참여하고 상호작용할 때 길러진다.

언어교육의 궁극적인 목적은 자신의 목적한 바를 학습하기 위해 언어를 사용할 수 있고, 자신이 전달하고자 하는 의미를 정확하게, 아름답게 그리고 설득력 있게 표현할 줄 알게 하는 것이다. 남의 말을 단순히 흉내내거나 반복하게 하는 것은 언어교육의 궁극적인 목적은 아니다.

원리 7. 모든 매체와 양식을 언어교육의 학습 자료로 활용할 수 있다.

언어사용에서 맥락은 매우 중요한 요인이며 맥락이 없으면 실제적 언어 사용이 불가능하다. 이 맥락은 어떤 것이든 다 될 수 있다. 청각적인, 시각적인, 촉각적인,

후각적인 것들이 될 수도 있고, 상황적이고 정서적인 것이 될 수도 있다. 언어 교수와 학습을 어느 한 가지 매체나 양식에 국한시키면, 학습자는 있을 수 있는 다양한 맥락을 손실하게 된다.

원리 8. 평가는 학습의 보조 수단이 되어야 한다.

평가는 흔히 학생을 등급짓고, 벌주는 방법으로 많은 학생들이 평가에 대해 불안해하고, 시험 치르는 것을 고통스러워한다. 평가를 학생들이 무엇을 모르고, 무엇을 할 수 없는지 알기 위한 방법이 아니라, 학생이 다른 학생보다 무엇을 알고, 무엇을 할 수 있는지를 비교하는 기회로 삼아 왔기 때문이다. 평가는 학생들이 무엇을 모르는지, 무엇을 할 수 없는지 알아내어 비교가 아닌 학습을 도와주는 학습의 보조 수단이 되어야 한다.

원리 9. 언어교육은 문화를 깊숙이 이해하고, 더불어 살아가는 사람들과 조화를 이룰 수 있도록 도와주어야 한다.

말을 유창하게 하는 것만이 능사는 아니다. 언어는 문화적인 가치와 반응, 기대 등이 묘하게 서로 녹아 융합된 결과다. 언어적 예의를 갖추는 것으로써 다른 사람의 기대나 기분에 맞지 않는 말을 하는 것은, 아무리 유창한 말이라 할지라도 결코 잘하는 말이 아니다. 상대를 이해하고, 수용할 줄 아는 상냥함을 지닐 수 있도록 교육해야 할 것이다.

원리 10. 인간 세상은 교실의 벽 속에 갇혀 있지 않다. 언어 학습은 교실 안에서 그리고 교실 밖에서 함께 일어날 수 있도록 해야 한다.

언어는 인간 삶에서 매우 자연스럽게 일어나는 활동이다. 아동은 많은 사람을 만나면 만날수록 아동의 언어적 잠재력은 커진다. 물건을 사고, 상품의 질을 따질 때도 그리고 가격을 흥정할 때도 지방의 날씨를 물어 보기 위해 전화를 걸고 식당에 가서 특별한 음식에 대해 물어볼 때도, 은행에 가서도, 우체국에 가서도, TV를 볼 때도 우리는 언어를 사용한다. 이 많은 실제적인 기회들을 놓칠 이유는 없다.

1. 영유아 언어지도의 교육과정 및 실제

유아와 의사소통할 때, 우리는 단순히 단어와 문장만을 가르치는 것이 아니라 그 이상의 것을 가르치고 있다. 우리가 서로 의사소통하고, 서로의 경험과 생각을 나누는 것이 얼마나 중요한가를 알게 하고, 어디에서 어떻게 어떤 단어를 골라 어떻게 사용해야 하는지 그리고 그것들이 우리 생활에서 어떤 특별한 의미를 가지는지 알게 된다. 우리가 목적으로 하는 것, 원하는 것, 의도하는 것 그리고 감정을 표현할 수 있는 말을 어떻게 찾아낼 것인지 의사소통을 통해 배우게 한다. 복잡한 세계를 어떻게 표현하고, 여러 가지 것들 사이의 차이를 어떻게 정확하게 기술할 것인지 배우게 된다.

학교교육에서 언어와 학습은 더 말할 필요가 없다. 모든 학습은 음성언어이거나, 문자언어이거나 어쨌든 언어를 통하여 이루어진다. 교사는 설명하고, 질문하고, 기술하고, 조직하고, 평가하며, 학생은 대답하고, 토론하고, 어떤 것을 생각해 내고, 때로는 그것을 기록으로 남기기도 하며, 기록으로 남기기 위해 요약하고, 분석하고, 종합하기도 하여 자신의 이해를 나타내 보이기도 한다. 이 모든 것들은 음성언어이건 문자언어이건 언어를 통해서 이루어진다. 성공적인 학습자는 여러 가지 자원으로부터 정보와 아이디어를 추출하고 판단할 줄 아는 사람이다. 이런 과정들을 거치면서 지식과 이해의 지평을 넓혀 간다. 언어가 없다면 이 모든 것들은 가능하지 않다. 이러한 언어지도를 위하여서는 언어지도의 교육과정이 체계화되어야 할 것이다. 체계화된 교육과정으로 누리과정의 언어지도 교육과정을 소개하고자 한다.

1) 언어지도를 위한 누리과정

(1) 누리과정의 도입배경

우리나라는 최근 합계 출산율이 1.22명(2010년, 통계청)으로 떨어지는 등 세계 최저 수준의 저출산이 고착화되는 현상을 보이고 있다. 저출산으로 인구 규모가 감소되고 인구의 구조도 변화하게 되면서 노동력 감소, 노인 인구의 증가, 이에 따른 사회적 비용의 증가 등 심각한 사회 문제를 초래할 것이라는 우려가 확대되고 있다. 이러한 상황에서 영유아 교육 · 보육비 부담은 저출산을 더욱 심화시키는 요인으로 지적되고 있다. 특히 만 5세 유아에 대한 국가 투자는 국제적인 흐름이며, OECD 회원국들은 최근 유아교육과 보육의 공공성을 강화하기 위하여 무상교육 · 보육을 확대해 나가고 있다. 지원 대상도 만 5세에서 만 2세까지 확대하고 전략적으로 투자하고 있다.

우리나라의 만 5세 유아에 대한 무상 교육 · 보육은 1997년 이래 유아교육법과 영유아보육법으로 명문화되어 있었다. 2011년까지는 유아 학비 · 보육료의 일부 금액만 지원하고 있었고, 그 대상도 소득하위 70% 이하로 제한되어 있어서 국가의 교육 · 보육 정책에 대한 국민 체감도는 매우 낮은 수준이었다. 모든 유아 특히 만 5세 유아에 대한 국가 지원을 확대하여 모든 만 5세 유아가 출발선상에서 평등권을 보장받을 수 있는 제도가 조속히 마련되어야 한다는 사회적 공감대가 형성되었다. 역시 어린이집 0-5세 영유아의 연속적 경험과 연령 간 발달적 연계를 위해서 제2차 표준보육과정 중 3-5세 연령별 누리과정의 목표와 내용을 고려하여 0-1세 보육과정, 2세 보육과정을 개정하였다. 2012년 3월에 도입한 '5세 누리과정'에 이어 2013년에는 만 3~4세까지 누리과정을 확대한다는 「3, 4세 누리과정 도입계획」을 발표하였다.

'누리과정(제도)'은 현재 유치원과 어린이집으로 이원화되어 있는 교육 · 보육과정을 통합하여 유아기 단계에서 교육의 질을 제고하고, 생애 초기 출발점 평등을 보장하는 데 그 의의가 있다. 특히 유아기부터 타인을 배려하고 존중하며 공감하는 역량을 기르기 위한 인성교육을 대폭 강화하였다. 이에 2013년 1월에 누리과정을 포함하여 제3차 어린이집 표준보육과정을 고시하였다(보건복지부 고시 제 2013-8호).

(2) 누리과정 구성방향

1 0-2세

① 0-1세 보육과정과 2세 보육과정은 영아의 발달상 개인차가 큰 점을 고려하여 6개월 정도를 한 수준으로 구분하였다

② 영유아는 청결과 위생, 적당한 수면과 휴식 및 배변으로 몸과 마음이 건강하고 쾌적하며, 편안하고 안정된 일과를 보내도록 하는데 중점을 둔다.

③ 교사는 낙상사고, 교통사고 등 안전사고에 특히 주의를 기울이며 영유아들에게 정기적인 안전교육을 통해 사전에 사고를 예방하도록 노력한다.

④ 기본생활습관은 일상생활 속에서 영유아가 주도적으로 참여하며 반복적으로 경험되도록 한다.

2 3-5세

① 질서, 배려, 협력 등 기본생활습관과 바른 인성을 기르는 데 중점을 두고 있다.

② 자율성과 창의성을 기르는 데 중점을 두고, 전인발달을 이루도록 구성되었다.

③ 사람과 자연을 존중하고, 문화를 이해하는 데 중점을 두고 있다.

④ 만 3~5세아의 발달 특성을 고려하여 연령별로 구성되었다.

⑤ 신체운동 · 건강, 의사소통, 사회관계, 예술경험, 자연탐구의 5개영역을 중심으로 구성되었다.

⑥ 초등학교 교육과정과 0-2세 표준보육과정과의 연계성을 고려하여 구성되었다.

2) 0-2세 누리과정의 의사소통 영역

(1) 의사소통 영역의 성격

의사소통 영역은 출생 후 첫울음, 옹알이 등의 소리나 몸짓, 표정과 같은 비언어적 행동을 통해 자신의 감정이나 요구를 타인에게 전달하다가 점차 한 단어와 짧은 문장으로 다른 사람과 소통할 수 있는 기초를 이루는 영역이다.

(2) 의사소통 영역의 목표

말소리를 구분하고 의사소통의 기초를 마련한다. 주변의 소리와 말소리 듣기에 관심을 보인다. 표정, 소리, 몸짓으로 자신의 생각과 느낌을 표현한다. 짧은 그림책이나 친숙한 환경 인쇄물에 관심을 가진다. 끼적이기에 관심을 가진다.

(3) 의사소통 영역의 내용 범주

표 8-1 의사소통 영역 내용범주

내용범주	내용
듣기	• 주변의 소리와 말소리 구분하여 듣기 • 경험과 관련된 말 듣고 알기 • 운율이 있는 말 듣기 • 말하는 사람을 보기
말하기	• 발성과 발음으로 소리내기 • 표정, 몸짓, 말소리로 말하기 • 말할 순서 구별하기
읽기	• 그림책과 환경 인쇄물에 관심 가지기
쓰기	• 끄적이기

출처: 교육과학기술부 · 보건복지부(2013).

(4) 의사소통 영역의 내용 구성(보건복지부, 2013)

1 듣기

① 주변의 소리와 말소리 구분하여 듣기

- '주변의 소리와 말소리 구분하여 듣기'
- '여러 가지 소리와 말소리 듣기에 흥미를 보인다'.
- '친숙한 낱말의 발음에 흥미를 보인다.
- '익숙한 목소리를 듣고 그것에 반응한다'.
- '높낮이와 세기 등 말소리의 차이에 반응한다'.

표 8-2 주변의 소리와 말소리 구분하여 듣기

내용	1수준	2수준	3수준	4수준
주변의 소리와 말소리 구분하여 듣기	여러 가지 소리와 말소리 듣기에 흥미를 보인다.			친숙한 낱말의 발음에 흥미를 보인다.
	익숙한 목소리를 듣고 그것에 반응한다.			
			높낮이와 세기 등 말소리의 차이에 반응한다.	

수준	활동 개요	사진
1수준	침대에 누워 있는 영아에게 모빌의 움직임을 말소리도 표현해 주면서 교사의 목소리를 반복적으로 들려준다.	
2수준	앉아 있는 영아의 이름을 불러 교사의 목소리를 들려주며 얼굴을 보여준다.	
3수준	영아의 목소리를 녹음하여 녹음기에서 나오는 자신의 목소리를 들어본다.	

수준	활동 개요	사진
4수준	영아에게 익숙한 목소리를 녹음한 것을 들려주며 자신의 목소리와 익숙한 성인의 목소리를 들어본다.	

[그림 8-1] 익숙한 목소리를 듣고 그것에 반응하기

② 경험과 관련된 말 듣고 알기

- '눈앞에 보이는 경험과 관련된 말에 반응한다'.
- 자신의 이름이 불리면 듣고 반응한다'.

표 8-3 경험과 관련된 말 듣고 알기

내용	1수준	2수준	3수준	4수준
경험과 관련된 말 듣고 알기	눈앞에 보이는 경험과 관련된 말에 반응한다.			
		자신의 이름이 불리면 듣고 반응한다.		

수준	활동 개요	사진
1수준	교사는 영아를 안정적으로 안고 씻기며 영아에게 씻는 경험과 관련된 말을 일관적으로 들려준다.	
2수준	교사가 거울을 보면서 영아를 안고 씻기면서 씻는 경험과 관련된 말을 반복적으로 들려주고, 그 말에 영아가 반응을 보이도록 한다.	
3수준	세면대에서 교사의 도움을 받아 영아가 자신의 손에 물을 묻힐 때 교사는 손 씻기 경험과 관련된 말을 일관적으로 반복하여 들려준다.	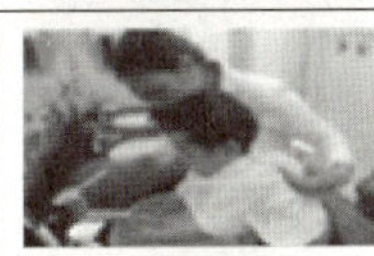
4수준	영아가 세수를 할 때 교사는 세수하기라는 말의 의미를 알 수 있도록 반복적으로 씻기와 관련된 말을 들려주고 영아가 이을 듣고 반응해 보도록 한다.	

[그림 8-2] 눈앞에 보이는 경험과 관련된 말에 반응하기

③ 운율이 있는 말 듣기

- '운율이 있는 말 듣기'
- '운율이 있는 짧은 말소리를 관심 있게 듣는다'.

표 8-4 운율이 있는 말 듣기

내용	1수준	2수준	3수준	4수준
운율이 있는 말 듣기	운율이 있는 짧은 말소리를 관심 있게 듣는다.			

수준	활동 개요	
1수준	교사가 영아를 품에 안고 운율이 있는 짧은 자장가를 불러 준다.	
2수준	낮잠을 자기 위해 누워 있는 영아에게 운율이 있는 자장가를 들려준다.	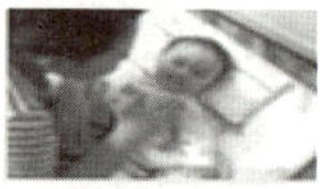
3수준	영아와 함께 촉감책을 보며 교사가 들려주는 운율이 있는 말 소리에 영아가 관심을 보이도록 한다.	
4수준	교사와 영아가 마주 앉아 짧은 이야기책이나 촉감책을 탐색하여 교사가 말하는 짧은 말소리를 모방하여 표현해 볼 수 있도록 한다.	

[그림 8-3] 운율이 있는 짧은 말소리를 관심 있게 듣기.

④ 말하는 사람을 보기

- '말하는 사람을 보기'
- '말하는 사람의 눈을 마주 바라본다'.
- '말하는 사람의 표정, 몸짓을 관심 있게 본다'.

표 8-5 말하는 사람을 보기

내용	1수준	2수준	3수준	4수준
말하는 사람을 보기	말하는 사람의 눈을 마주 바라본다.		말하는 사람의 표정, 몸짓을 관심 있게 본다.	

수준	활동 개요	사진
1수준	누워있는 영아와 눈을 맞추고 양 손으로 얼굴을 가렸다가 펼치며 까꿍 놀이를 반복하여 영아가 말하는 교사의 눈을 볼 수 있도록 한다.	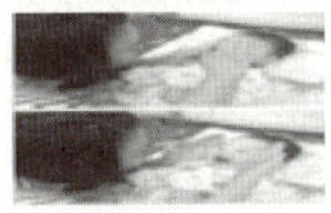
2수준	교사는 영아가 영아용 의자에 앉아 있을 때 옆에서 영아에게 말을 걸어, 영아가 교사를 향해 고개를 돌리면 '까꿍' 하여 눈을 맞춘다.	
3수준	영아는 마주앉아 손을 입에 가져다 대었다가 떼면서 소리를 내는 아바바 놀이(한음절 소리를 내며 손으로 소리를 조절하는 놀이)를 하며 영아가 말하는 교사의 몸짓을 따라해 본다.	
4수준	영아와 교사가 나란히 앉아 거울을 보며, 영아가 교사의 몸짓과 표정을 모방하여 따라해 본다.	

[그림 8-4] '말하는 사람을 보기'

2 말하기

① 발성과 발음으로 소리내기

- '발성과 발음으로 소리내기'
- '여러 가지 소리를 내고 옹알이를 한다'.
- '여러 말소리를 즐겁게 내 본다'.
- '의미 있는 음절을 내 본다'.
- '옹알이와 말소리에 대해 말로 반응해 주면 모방하여 소리 낸다'.
- '교사의 말을 모방하여 발음한다'.

표 8-6

발성과 발음으로 소리내기

내용	1수준	2수준	3수준	4수준
발성과 발음으로 소리내기	여러 가지 소리를 내고 옹알이를 한다.		여러 말소리를 즐겁게 내 본다.	
			의미 있는 음절을 내 본다.	
	옹알이와 말소리에 대해 말로 반응해 주면 모방하여 소리 낸다.		교사의 말을 모방하여 발음한다.	

수준	활동 개요	사진
1수준	영아가 가까이에 있는 탈것에 소리로 관심을 보일 때 교사는 '부웅~~빠앙~~' 소리를 반복해서 들려주면서 영아들이 놀잇감을 통해 소리내기에 관심을 지속시킬 수 있도록 한다.	
2수준	영아를 탈것에 태워 밀어 주며 "우리 뛰뛰 빵빵 타보자. 자~ 뛰뛰 빵빵 자동차 나갑니다"하며 반복적인 뛰뛰 소리를 듣게 함으로써 영아가 교사의 말을 짧게나마 모방할 수 있도록 적극적인 소리 환경을 제공한다.	
3수준	영아가 자동차에 관심을 보이며 혼자 자동차를 밀고 있을 때, 교사가 "부웅~~빠앙~~" 소리를 반복해서 들려주는 언어적 상호작용으로 영아들의 입에서도 "부~빠~" 소리가 자연스럽게 흘러 나올 수 있도록 언어적 놀이 환경을 만든다.	
4수준	부릉부릉~뛰뛰 빵빵 소리를 반복해서 들려줄 뿐 아니라 영아가 교사의 발음을 모방해 유사한 소리를 낼 때 적극적으로 격려하고 반응해 준다. 이 때 단순한 길을 만들어 자동차를 굴리며 의미 있는 음질 내보기를 시도하는 것도 좋다.	

[그림 8-5] 발성과 발음으로 소리내기

② 표정, 몸짓, 말소리로 말하기

- '표정과 소리로 의사표현을 한다'.
- '표정, 몸짓, 소리로 의사표현을 한다'.
- '표정, 몸짓, 말소리로 의사표현을 한다'.

표 8-7 표정, 몸짓, 말소리로 말하기

내용	1수준	2수준	3수준	4수준
표정, 몸짓, 말소리로 말하기	표정과 소리로 의사표현을 한다.	표정, 몸짓, 소리로 의사표현을 한다.	표정, 몸짓, 말소리로 의사표현을 한다.	

수준	활동 개요	
1수준	'똑똑똑' 문 여는 영아 책을 제시하면, 영아의 경우는 '저게 뭐지 궁금한데'라는 의사표현을 하기 위해 그 그림책을 단순히 쳐다보거나 아주 짧은 단음 소리로 나타낸다.	
2수준	같은 '똑똑똑' 문 여는 책을 좀 더 큰 영아에게 제시할 경우, 손을 움직여 만져보거나 더 강한 표정으로 응시하면서 짧은 소리를 냄으로 의사를 표현하면 영아의 움직임에 맞추어 교사가 표현해주도록 한다.	
3수준	일단 서서 걸을 수 있게 됨으로 몸을 더 다양하게 움직여서 의사표현을 할 수 있다. 영아는 원하는 대상을 가지고 싶을 때 그 대상을 향해 두 팔을 벌려 표현할 수 있고 교사의 "주세요" 라는 말과 손 모으는 반복된 행동을 보고 따라할 수 있다. 영아의 행동을 언어로 표현해주고 상황에 맞는 적절한 문장을 반복적으로 표현해준다.	
4수준	영아는 "주세요"와 비슷한 말소리를 모방하여 자신의 의사를 표현하고, 표정, 몸짓, 말소리가 동시에 어우러진 자기만의 표현 방식을 통해 적극적으로 본인의 의사를 나타낼 수 있는데 이를 격려해주어 표현하는 데 흥미를 느낄 수 있도록 도움을 준다.	

[그림 8-6] 표정, 몸짓, 말소리로 말하기

③ 말할 순서 구별하기

- '말할 순서 구별하기'
- '말할 순서에 따라 표정, 몸짓, 말소리로 반응한다'.

표 8-8 말할 순서 구별하기

내용	1수준	2수준	3수준	4수준
말할 순서 구별하기	말할 순서에 따라 표정, 몸짓, 말소리로 반응한다.			

수준	활동 개요	사진
1수준	교사가 놀이집의 초인종을 누르며 "집에 누가 있을까. 아무도 없나요?"하고 물어서 영아의 반응을 유도하며 교사가 눈을 맞추며 긍정적으로 반응해준다.	
2수준	교사가 놀이집에 있는 영아에게 "누가 있나요?"하고 노크를 하여 영아의 반응을 유도하고 영아가 들어오라는 손짓이나 몸짓, 발성, 말소리 등을 표현하면 교사가 상호작용하여 말하는 순서를 경험할 수 있도록 한다.	
3수준	교사가 손인형을 이용하여 "안녕. 반가워"라고 인사를 건네어 영아가 인사하는 몸짓과 인사말로 반응할 수 있도록 한다.	
4수준	교사가 손인형을 가지고 서로 소개하는 간단한 이야기를 보여주며, 영아와 일상적이고 친숙한 표현을 주고받는 놀이를 한다.	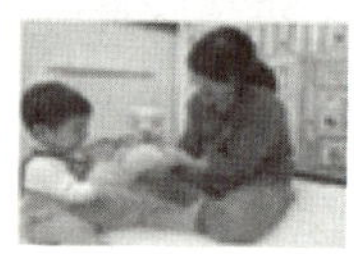

[그림 8-7] 말할 순서에 따라 표정, 몸짓, 말소리로 반응하기

3 읽기

① 그림책과 환경 인쇄물에 관심 가지기

- '그림책과 환경 인쇄물에 관심 가지기'
- '다양한 감각 책을 탐색해 본다'.
- '사물과 주변의 친숙한 환경 인쇄물에 관심을 가진다'.
- '읽어주는 짧은 그림책에 관심을 가진다'.

표 8-9 그림책과 환경 인쇄물에 관심 가지기

내용	1수준	2수준	3수준	4수준
그림책과 환경 인쇄물에 관심 가지기	다양한 감각 책을 탐색해 본다.			
			사물과 주변의 친숙한 환경 인쇄물에 관심을 가진다.	
	읽어 주는 짧은 그림책에 관심을 가진다.			

수준	활동 개요	사진
3수준	교사가 영아와 친숙한 환경 인쇄물로 제작된 큰 조각 퍼즐을 함께 맞추어 보는 활동으로 영아는 두세 가지 종류의 환경 인쇄물 퍼즐 중 똑같은 것을 찾아 붙여본다.	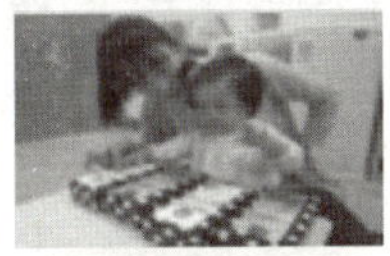
4수준	교사는 영아가두 조각으로 나눈 환경 인쇄물 퍼즐 중에서 서로 같은 짝을 찾아 붙여 보도록 한다.	

[그림 8-8] 사물과 주변의 친숙한 환경 인쇄물에 관심 가지기

4 쓰기

① 끼적이기

- '끼적이기'
- '끼적이기에 관심을 가진다'.

표 8-10 끼적이기

내용	1수준	2수준	3수준	4수준
끼적이기		끼적이기에 관심을 가진다.		

수준	활동 개요	사진
2수준	커다란 종이에 무독성 크레용을 이용하여 자유롭게 끼적여 보는 활동으로 충분히 탐색할 수 있는 기회를 제공하고 의도 없이 손과 팔을 움직여 무작정 끼적이는 영아의 시도를 격려한다.	

수준	활동 개요	사진
3수준	교사는 영아가 다양한 촉감의 종이에 마음껏 끼적이도록 격려하고, 영아가 끼적거린 결과에 관심을 보이도록 상호작용을 한다.	
4수준	이 시기 영아는 자신이 끼적거린 결과에 이름을 붙이기를 즐기므로 교사는 "이게 뭐야?" 라고 질문하여 영아가 자신이 끼적거린 것에 이름을 붙일 수 있도록 격려한다.	

[그림 8-9] '끼적이기에 관심을 가지기'

3) 3-5세 누리과정의 의사소통 영역(교육과학기술부 · 보건복지부, 2013)

(1) 의사소통 영역의 성격

의사소통 영역은 언어발달 과정을 토대로 영유아가 듣고 말하는 것을 즐기고, 상황에 맞는 의사소통 능력과 기초적인 읽고 쓰는 능력을 익히는 데 필요한 올바른 언어생활 태도와 능력을 향상시키기 위한 영역이다. 듣기, 말하기, 읽기, 쓰기의 네 영역으로 구성되어 있고 듣기, 말하기를 통해 언어이해 능력을 기르며, 읽기, 쓰기를 통해 언어표현 능력을 기른다.

(2) 의사소통 영역의 목표

의사소통 영역은 다양한 의사소통 경험과 언어활동을 통하여 영유아가 듣고 말하는 것을 즐거워하고, 상황에 맞는 언어를 익히도록 한다. 일상생활에 필요한 의사소통 능력과 기초적인 문해 능력을 기르고, 바르고 즐거운 언어생활 태도와 습관을 형성하도록 돕기 위한 목적을 가진다.

(3) 의사소통 영역의 내용 범주

표 8-11 3-4세 의사소통 영역 내용범주

내용 범주	활동 개요
듣기	• 낱말과 문장 듣고 이해하기 • 이야기 듣고 이해하기 • 동요, 동시, 동화 듣고 이해하기 • 바른 태도로 듣기
말하기	• 낱말과 문장으로 말하기 • 느낌, 생각, 경험으로 말하기 • 상황에 맞게 바른 태도로 말하기
읽기	• 읽기에 흥미 가지기 • 책 읽기에 관심 가지기
쓰기	• 쓰기에 관심 가지기 • 쓰기 도구 사용하기

(4) 의사소통 영역의 내용 구성

1 듣기

- 다른 사람의 이야기를 주의 깊게 듣는 태도와 이해력을 기른다.
- 듣기 영역에서 이루어지는 활동내용은 영아가 다양한 사물의 소리, 말소리, 주변의 소리에 관심을 가지고 구분하여 들을 수 있는 기회와 환경을 제공한다.
- 유아가 일상 대화나 동요 등을 잘 듣고 이해할 수 있는 능력을 기르는 데 초점을 맞춘다.
- 듣기 지도의 목표는 다른 사람의 말을 열심히 듣는 능력과 태도를 익혀서, 그 말에 담긴 생각과 느낌을 바르게 이해하도록 하는 데 있다.

표 8-12 3-4세 의사소통 듣기 영역 내용 구성

낱말과 문장 듣고 이해하기

3세	4세	5세
낱말의 발음에 관심을 가지고 듣는다.		낱말의 발음에 관심을 가지고 비슷한 발음을 듣고 구별한다.
일상생활과 관련된 낱말과 문장을 듣고 뜻을 이해한다.		다양한 낱말과 문장을 듣고 뜻을 이해한다.

이야기 듣고 이해하기

3세	4세	5세
다른 사람의 이야기를 관심 있게 듣는다.	다른 사람의 이야기를 듣고 이해한다.	
	이야기를 듣고 궁금한 것에 대해 질문한다.	

동요, 동시, 동화 듣고 이해하기

3세	4세	5세
다른 사람의 이야기를 관심 있게 듣는다.	다른 사람의 이야기를 듣고 이해한다.	
	이야기를 듣고 궁금한 것에 대해 질문한다.	

바른 태도로 듣기

3세	4세	5세
말하는 사람을 바라보며 듣는다.	다른 사람의 이야기를 주의 깊게 듣는다.	다른 사람의 이야기를 끝까지 주의 깊게 듣는다.

2 말하기

- 바르게 말하는 태도와 정확한 발음으로 자신의 느낌, 생각, 경험을 말로 표현할 수 있다.
- 주위 사람들과 대화하고 여럿이 함께 토론하며 서로의 의견을 나누는 경험을

할 수 있다.

- 말하기를 지도할 때에는 올바른 발음, 낱말, 문장을 말할 수 있도록 하고 묻는 말을 잘 듣고 바르게 대답하는 측면에 역점을 둔다.

표 8-13 3-4세 의사소통 말하기 영역 내용 구성

낱말과 문장으로 말하기

3세	4세	5세
친숙한 낱말을 발음해 본다.	친숙한 낱말을 정확하게 발음해 본다.	정확한 발음으로 말한다.
새로운 낱말에 관심을 가진다.	다양한 낱말을 사용하여 말한다.	다양한 낱말을 사용하여 상황에 맞게 말한다.
일상생활에서 일어나는 일들을 간단한 문장으로 말한다.		일상생활에서 일어나는 일들을 다양한 문장으로 말한다.

느낌, 생각, 경험 말하기

3세	4세	5세
자신의 느낌, 생각, 경험을 말해 본다.	자신의 느낌, 생각, 경험을 말한다.	자신의 느낌, 생각, 경험을 적절한 낱말과 문장으로 말한다.
	주제를 정하여 함께 이야기를 나눈다.	
	이야기를 지어 말한다.	이야기 지어 말하기를 즐긴다.

상황에 맞게 바른 태도로 말하기

3세	4세	5세
	듣는 사람의 생각과 느낌을 고려하여 말한다.	
상대방을 바라보며 말한다.	차례를 지켜 말한다.	때와 장소, 대상에 알맞게 말한다.
바르고 고운 말을 사용한다.		

3 읽기

- 글과 글자에 친숙해지는 경험을 쌓고 읽기에 흥미를 가진다.
- 양육자나 교사는 영유아와 함께 그림책을 보면서 그림책과 읽어주는 내용에 관심을 갖도록 기회 제공한다.
- 주변의 글자나 그림책에 흥미를 갖도록 도움을 준다.

표 8-14 3-4세 의사소통 읽기 영역 내용 구성

읽기에 흥미 가지기

3세	4세	5세
주변에서 친숙한 글자를 찾아본다.		주변에서 친숙한 글자를 찾아 읽어 본다.
읽어 주는 글의 내용에 관심을 가진다.		읽어 주는 글의 내용에 관심을 가지고 읽어 본다.

책 읽기에 관심 가지기

3세	4세	5세
책에 흥미를 가진다.	책 보는 것을 즐기고 소중하게 다룬다.	
책의 그림을 단서로 내용을 추측해 본다.	책의 그림을 단서로 내용을 이해한다.	
	궁금한 것을 책에서 찾아본다.	

4 쓰기

- 쓰기를 통해 자신의 느낌, 생각을 표현하여 쓰기에 흥미를 가진다.
- 유아에게 다양한 문자자극을 통해 말과 글의 관계를 이해하도록 돕고, 동화와 동시를 즐기고, 여러 가지 유형의 책과 쓰기 도구에 관심을 가지도록 도움을 준다.

표 8-15 3-4세 의사소통 쓰기 영역 내용 구성

쓰기에 관심 가지기

3세	4세	5세
말을 글로 나타내는 것에 관심을 보인다.	말이나 생각을 글로 나타낼 수 있음을 안다.	
자기 이름의 글자에 관심을 가진다.	자기 이름을 써 본다.	자신의 이름과 주변의 친숙한 글자를 써 본다.
	자신의 느낌, 생각, 경험을 글자와 비슷한 형태로 표현한다.	자신의 느낌, 생각, 경험을 글자와 비슷한 형태나 글자로 표현한다.

쓰기 도구 사용하기

3세	4세	5세
	쓰기 도구에 관심을 가지고 사용해 본다.	쓰기 도구의 바른 사용법을 알고 사용한다.

2. 잠재적인 언어의 교육과정 및 실제

잠재적인 언어 교육과정이란 체계화된 누리과정을 제외한 다양한 언어교육과정을 말한다. 과거로부터 현재 그리고 미래의 계속해서 발전해 되어 왔고 계속해서 다양한 언어교육과정들이 개발되고 있다. 영유아의 잠재력을 개발하는 언어지도 프로그램으로는 프로젝트 접근법을 활용한 언어교육, 스토리텔링을 활용한 언어교육, 그림책을 활용한 언어교육, 매체를 활용한 언어교육 등 그 예를 다음과 같이 소개할 수 있다.

1) 프로젝트 접근법을 활용한 언어교육

프로젝트 접근법이란? Dewey의 진보주의적 이론적 바탕 위에 Kilpatrick이 체계화한 Project Method를 미국의 Katz와 Chard가 유아교육에 맞게 재조직화 함으로써 프로젝트를 통한 학습내용 선정뿐만 아니라 기존교육보다 발전된 교수. 학습 과정을 제시하고 있다.

Katz와 Chard는 '프로젝트 접근법'을 교수 · 학습 과정에 도입한 이유는 첫째, 각 교육기관의 여러 가지 상황과 환경 그리고 지역적 특성에 따라 프로젝트를 교육과정을 다양한 방법으로 통합할 수 있다는 점이며, 둘째, 프로젝트 활동은 교육과정 내용뿐 아니라 교수 · 학습방법까지를 포함하고 있다. 여기서 프로젝트 교수 · 학습방법은 '한 명, 소집단 또는 대집단의 협동학습으로 아동이 특정 주제를 깊이 있게 탐구하는 활동'을 의미한다.

프로젝트 학습의 의미를 보다 명백하게 하기 위해서, 프로젝트 학습을 형성하는 핵심적인 요소를 알아보자. 먼저, 프로젝트 학습에서는 유아가 학습의 전 과정에 주도적으로 참여하게 된다. 여기서 주도적으로 참여한다는 말은 유아가 학습의 활동 전 과정에 스스로 참여하여 의사결정권을 행사할 수 있다. 또한 학습에 대한 책임도 동시에 가진다는 것을 의미한다. 그러나 의사결정 권한과 책임이 모두 유아에게만 귀속된다는 뜻이 아니라 유아에게 책임감과 성취감을 주고자 교사가 이를 이끌어 주어야 한다. 즉, 지도교사는 유아의 연령, 능력, 경험, 다루는 주제의 성격, 학습 환경 등의 다양한 요인에 따라서 수업활동에서는 실질적으로 제약을 받을 수 있다는 것을 감안하여 주제, 제재, 문제, 쟁점 등에 관한 탐구 활동과 그 결과에 대한 표현활동들을 유아들이 직접 참여하도록 하게 된다.

프로젝트 학습에서 유아들의 탐구 활동이란 문헌조사, 현장 조사(현장활동과 견학활동), 실험 활동, 자원인사 면담, 가정의 도움을 받는 조사활동 등의 다양한 방법을 활용하고 그 자료들을 토의하고 분류하고 정리해 보는 활동을 의미하며, 이를 위한 표현활동으로 언어, 숫자, 소리, 그림, 입체물, 신체표현 등의 표상 형식을 통하여 이야기나누기, 그림, 동화책, 조형물, 멀티미디어 컴퓨터 활동 등의 자료 형식을 만들고, 여기서 나온 결과물을 친구들과 교사 그리고 학부모에게 발표하고, 전시하고, 극활동하기 등의 다양한 방법으로 제시하는 활동이다. 또한 프로젝트 학습은 결과물만 제시하는 것이 아니라 프로젝트가 진행되어 가는 과정들을 만들어 가는 교육과정으로 볼 수 있다.

프로젝트 학습은 교사가 유아와 함께 계획하고 운영할 뿐 아니라, 유아들이 탐구와 표현활동에는 다양한 방식이 있다는 점을 알려주고 이에 따른 전개의 방향이 계속적으로 수업의 방향이 변화를 갖는 다는 것을 알아가는 과정이다.

(1) 프로젝트 접근법의 목적

프로젝트 접근법의 궁극적 목적은 '유아의 정신 계발'에 있다. '정신'이란 지식, 기능뿐 아니라 정신적, 도덕적, 심미적인 감수성까지를 포함하는 개념이다(전정민, 2009).

1 지식의 획득이다.

지식이란 너무 광범위한 개념이다. 이것저것이 다 지식이 될 수 있다. 예를 들면 아이디어, 사실, 진실, 도식 등 이런 것들을 유형에 따라 나누면 행동적 지식, 표상적 지식, 사건 지식, 대본 지식으로 구분해 볼 수 있다

2 기능의 습득이다.

어떤 한 가지 문제를 해결함에 있어 유아들은 그 해결점을 찾기 위해 다른 유아들과 협상하고, 의견을 모으고, 여러 가지 방안을 모색해 나간다. 이런 활동들 속에서 유아들은 여러 가지 기능을 습득하게 된다.

3 성향의 계발이다.

프로젝트를 통해 유아들은 바람직한 성향을 계발해 나간다. 문제가 생겼을 때

쉽게 포기해 버리지 않고 찾아나가는 인내심을 길러낼 수도 있고, 스스로 자신이 원하는 활동을 선택할 수 있는 성향, 호기심을 가지고 계속적으로 탐구하려는 성향 등을 계발할 수 있다.

4 느낌의 발달이다.

느낌은 주관적인 정서 상태로서 특히 학습자가 자기 자신을 능력 있고 가치 있는 존재로 지각하고, 소속된 집단에서 자신이 필요한 존재라고 느끼는 것을 말한다. 프로젝트 활동에서는 공동의 목적 성취를 위해 자신의 학습 스타일과 강점에 따라 다양하게 집단에 공헌할 수 있는 기회를 가질 수 있기 때문에 느낌과 자기 존중감을 발달시킬 수 있다.

(2) 프로젝트 접근법의 언어교육 교육과정

1 도입단계 – 활동계획 및 준비, 흥미 갖기

도입단계에서는 유아들의 주제에 관한 이전경험 나누기 및 표현하기, 교사와 유아의 공통 주제망 완성하기, 질문목록 구성하기 등이다.

2 전개단계 – 탐색활동과 다양한 표상

전개단계에서는 주제에 대해 도입부분에서 다루어진 질문이나 계속적으로 생기는 새로운 의문점들을 해결하기 위한 활동이 이루어진다. 사물을 정교하게 관찰하기, 관련 책이나 자료를 통해 조사하기, 주변사람들에게 질문하기, 실험하기, 현장을 직접 견학하기, 전문가의 설명 듣기 등을 통해 이루어 질 수 있다.

3 마무리단계 – 마무리와 전시 및 평가

마무리단계는 프로젝트 활동 결과를 전시하고 발표하는 경험을 통해 프로젝트 수행과정에서 얻은 다양한 정보들을 내면화하는 한편, 다른 사람들과 정보를 상호

공유하는 데 의미를 부여할 수 있다. 유아들에게 준비하고 발표하는 과정을 통해 협동의식과 공동체 의식, 책임감, 자신감을 길러 줄 수 있으며 이제까지 배운 지식들을 더욱 확장해 보는 경험을 갖게 된다.

(1) 프로젝트 접근법의 교사의 준비단계

1 예비 주제망 구성

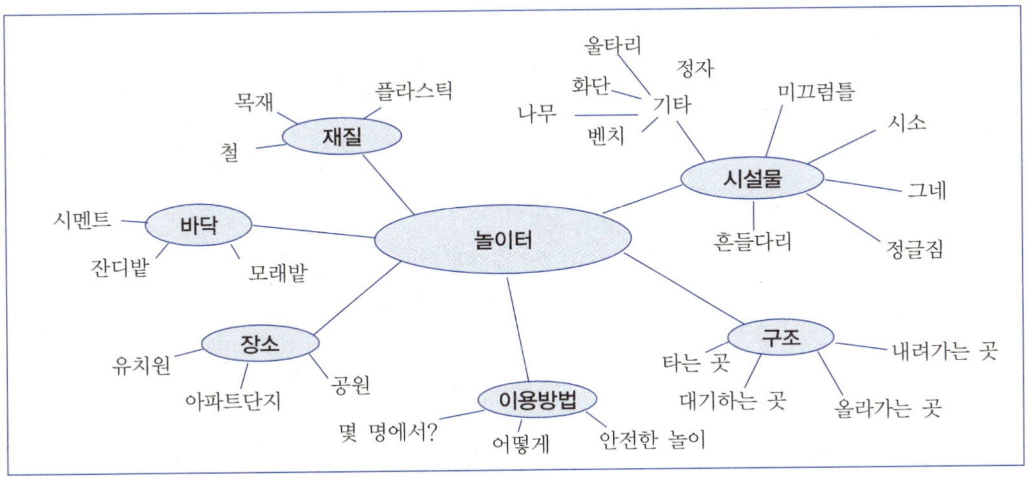

[그림 8-10] 놀이터 주제망

2 자원 점검표 작성

표 8-16 자원목록 작성 및 준비

1차적 자원	실물	여러 가지 놀이 기구
	견학 장소	유치원 놀이터, 인근 아파트 놀이터, 상희 공원, 예술의 전당(뒤 놀이터)

2차적 자원	책	놀이터 관한 정보책, 아동백과사전
	그림 화보	놀이터 사진, 유아가 그린 그림, 놀이터 그림 화보
	비디오	안전한 놀이터, 친구랑 함께 놀아요

(4) 프로젝트 시작단계

1 이전 경험나누기

① 말로 표현하기

놀이터에 대한 교사의 경험을 들려주고 유아의 경험을 이야기하게 해 본다.

"선생님은 어릴 때 놀이터에 있는 그네를 너무너무 좋아했단다. 친구들이랑 누가 높이 오르나 내기를 하곤 했었지."

"나는 아빠랑 미끄럼틀을 같이 탔을 때 참 기분이 좋았어요."

"저번에 누나랑 같이 놀이터에서 놀다가 검은 강아지를 만났어요."

"빙글빙글 도는 걸, 타면 온 세상이 다 빙글빙글 돌아요."

② 그림으로 표현하기

[그림 8-11] 놀이터 1, 2차 표상

유아들과 놀이터에 대한 경험을 이야기 한 후 자신이 알고 있거나 경험한 내용을 그림으로 표현하게 하였다(그림 8-11).

2 교사와 유아의 주제망 구성하기

① 브레인스토밍

준비물 : 포스트잇, 사인펜, 칠판

놀이터에 대해 생각나는 것들을 포스트잇에 적어서 판에 붙였다(그림 8-12).

② 유목화

브레인스토밍 과정에서 생각한 단어를 비슷한 내용끼리 찾기를 하고 정리하였다.

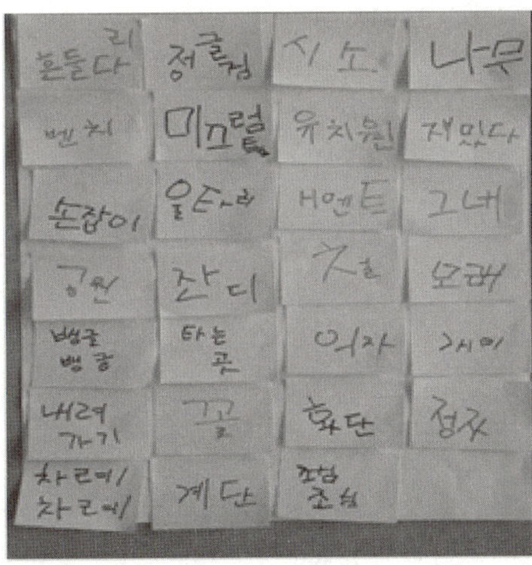

[그림 8-12] 브레인스토밍

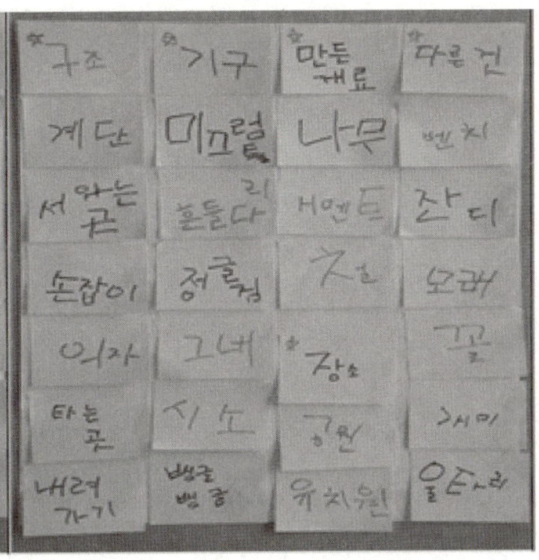

[그림 8-13] 유목화

③ 주제망 만들기

유목화한 후 유아들과 함께 주제망을 구성하였다(그림 8-14).

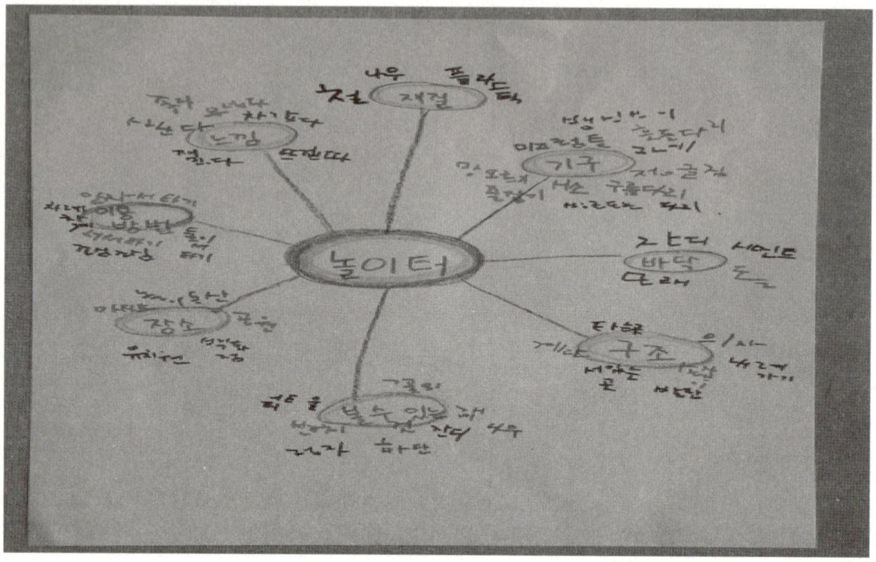

[그림 8-14] 주제망 만들기

④ 질문 목록 작성

주제망 구성의 주제에 대한 여러 가지 궁금한 내용을 모아 보았다.

- 놀이터는 누가 청소하나?
- 그네의 줄은 어떻게 달려 있을까? 또 어떻게 달았을까?
- 미끄럼틀의 길이는 얼마나 길까?
- 아주 무거운 사람이나 동물이 타도 부서지지 않을까?
- 놀이기구의 색은 왜 변할까?
- 놀이기구는 어떻게 운반할까?

궁금증을 풀기 위한 해결방법을 토의한 결과 다음과 같은 다음과 같다.

- 놀이터에 대한 책 집에 있으면 가져오기
- 놀이터 직접 관찰하기
- 놀이기구 백과사전 찾아보기

(5) 프로젝트 전개단계

[1] 놀이터 견학가기

프로젝트 수행 도중에 유아들이 현장에서 직접 보고, 만져 보며, 자세히 관찰함으로써 프로젝트 활동을 보다 의미 있고 활성화하기 위해 놀이터에 현장 견학을 갔다.

① 토의하기

- 현장에서 볼 것, 관찰할 것 예상해 보기
- 궁금한 것 확인하고 알아올 것 정하기
- 현장에서 지켜야 할 약속 정하기

② 메모용품 챙기기

기록방법이나 그림 그릴 것을 확인한다.

[2] 견학 후 활동

① 그림으로 표현하기

견학 후 그린 놀이터 그림이 점차 구체적으로 표상되는 것을 알 수 있다(그림 8-15).

② 놀이터 구성하기

여러 가지 블록을 이용하여 놀이터를 구성해 보았다.

[그림 8-15] 견학 후 3, 4차 표상

③ 동시짓기

놀이터를 다녀온 후 유아의 생각과 느낌을 이야기하고 동시를 지어보았다(그림 8-16).

④ 비닐 그림

유아들의 단체 작품으로서 함께 협동하여 작품을 만들었다(그림 8-17).

[그림 8-16] 동시짓기

[그림 8-17] 비닐 그림

⑤ 좋아하는 놀이 기구 알아보기

좋아하는 놀이 기구를 이야기해보고 그래프를 만들어 보았다(그림 8-18).

⑥ 기타

그 밖에 놀이터에 대한 동화 만들기, 놀이터에서의 신체표현 활동, 미래의 놀이터(상상) 등의 활동을 해 보았다.

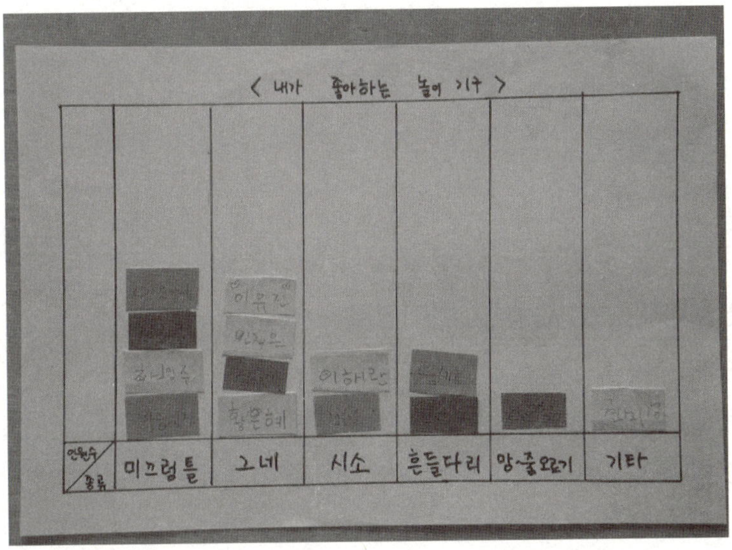

[그림 8-18] 좋아하는 놀이 기구 그래프

(6) 프로젝트 마무리 단계

1 전시회 준비

① 토의

- 프로젝트 전과정 돌아본다.
- 전시회 날짜를 정한다.
- 전시회 형식과 초대 대상을 정한다.
- 유아 각자의 역할을 정한다.

② 초대장 만들기

초대장을 어떤 모양으로 만들 것인지, 무엇을 쓸 것인지 의논한 후 초대장을 만들었다.

2 전시회 개최

전시한 것을 둘러보며 전체적으로 감상하는 기회를 갖는다. 여기서는 원에 있는 모든 유아들을 초대하여 프로젝트 활동에 참여한 유아들이 개인 또는 단체 작품을 발표하는 시간을 가졌다.

3 마무리

마무리 토의 및 정리정돈을 하였다.

2) 스토리텔링을 활용한 언어교육

스토리텔링(storytelling)이란 교육 현장에서 '구연동화' 또는 '구연하기'라고 지칭하며 이야기를 글이나 그림에 의존하지 않고 말로 들려주는 것을 의미한다. 동화의 내용을 입에서 귀로 전달하는 것으로 스토리텔링을 위해서는 이야기하는 사람, 이야깃거리, 이야기를 듣는 사람이 필요하다. 이야기하는 사람이 중심사건을 위주로 자신만의 언어로 이야기를 들려준다. 따라서 영유아의 연령이나 발달 수준에 따라 적절한 표현을 사용, 내용가감, 적극적으로 영유아의 흥미나 반응을 관찰해 이를 반영할 수 있는 장점이 있다. 영유아는 이야기를 들으며 이야기의 이미지를 자연스럽게 상상해 볼 수 있으며, 이를 통해 듣는 능력이 발달한다(성미영 외, 2012).

(1) 이야기 거리 선택

스토리텔링이 효과적으로 이루어지기 위해서는 적절한 이야기를 선택하는 것이 매우 중요하다. 영유아가 듣는 것만으로 자신의 머릿속에서 충분히 상상하고 구체화시킬 수 있어야 하기 때문에 이야기의 배경은 단순해야 한다. 발단-전개-결말의 이야기 구성이 분명해야 한다. 등장인물의 수는 2~5명 이하가 적당하며. 영유아가 이야기에 참여하는 경우에는 이야기를 더 단순화시킬 필요가 있다.

(2) 이야기 개작

동화, 동요, 동시, 만화영화 등 다양한 출처에서 찾은 이야깃거리는 스토리텔링에 적합하도록 수정하고 보완하는 과정이 필요하다. 대부분의 문학작품은 문장체, 낭독체로 쓰여 있으므로 스토리텔링의 장소, 대상, 목적을 고려해 대화체로 개작할 필요가 있다.

이야기 개작은 다음과 같은 원리에 의해 이루어진다.

> **보존** : 개작에서의 보존은 원작의 중심 내용을 그대로 살리는 것. 원작을 영유아의 발달 수준과 흥미에 맞춰 개작하더라도 원작의 철학이나 교훈은 유지해야 함

> **삭제** : 개작에서의 삭제는 원작의 내용이 현재 상황이나 시대에 맞지 않거나 불필요한 경우 생략하는 것.
> 특히 영유아에게 부정적이거나 공포스러운 표현은 삭제

> **첨가** : 개작에서 첨가란 새로운 내용이나 표현을 덧붙여 이야기하는 사람이 자신만의 독특한 이야기로 만드는 것. 재미있는 말투나 새로운 사건을 첨가해 이야기의 맛을 살림.
> 스토리텔링에서는 이야기의 의미를 더해주는 재미있는 음성과 동작이 매우 중요한 역할을 함

1 이야기의 개작 진행 방법

- 사건 중심으로 이야기를 전개함
- 문어체의 문장을 구어체 문장으로 바꿈
- 어려운 단어를 쉬운 단어로 바꿈

• 의성어와 의태어를 사용해 리듬감을 살림
• 직유법과 반복법을 적절하게 사용
• 음성언어는 목소리에 다양한 변화를 주어 이야기의 상황이나 주인공의 특징, 감정 등을 담아내며, 몸짓언어는 신체의 일부분인 얼굴표정, 눈짓, 고갯짓, 팔, 다리 등의 움직임을 사용해 감정과 함께 전달하여 이야기에 재미를 더함
• 스토리텔링에서 음성언어와 몸짓언어를 자연스럽게 사용하면 듣는 이의 집중을 돕고 불필요한 말을 생략할 수 있으며 이야기의 의미를 부각시킬 수 있음

2 개작 사례: 전래동화 〈떡 하나 주면 안 잡아먹지〉

① 개작 이전

옛날 호랑이 담배 피던 시절, 맛있는 떡을 만드는 할머니가 계셨답니다. 할머니에게는 고개 넘어 이웃 마을에 사는 손자가 있었습니다. 할머니는 손자에게 맛있는 찰떡을 만들어 가져다 주고 싶었습니다. 할머니는 정성스럽게 떡을 만들어 광주리에 담아 머리에 이었습니다. 손자네 집에 가기 위해서는 고개를 여러 개 넘어야 했습니다. 고개를 열심히 넘고 있는데 어디선가 '어흥' 하는 소리가 들려왔습니다. 그리고는 갑자기 할머니의 눈앞에 커다란 호랑이가 나타났습니다. 깜짝 놀란 할머니는 제발 살려 달라고 두 손을 싹싹 빌며 애원했습니다. 그러자 호랑이는 "떡 하나 주면 안 잡아먹지!" 라고 말했습니다. 너무나 무서웠던 할머니는 떡을 광주리째 호랑이에게 내던지고는 집으로 도망쳤습니다(성미영 외, 2015).

② 개작 이후

옛날 옛날에 떡을 아주 맛있게 만드는 할머니가 계셨어요.
"맛있는 찰떡을 만들어 우리 손자에게 갖다 줘야지."
커다란 호랑이가 나타났어요.

"어흥, 너를 잡아먹겠다."
"아이쿠 호랑이님, 살려 주세요. 제발 살려 주세요."
"좋아! 떡 하나 주면 안 잡아먹지"
"옛다!"
할머니는 떡 광주리를 내던지고 정신없이 집으로 도망쳐 왔어요.

3) 그림책을 활용한 언어교육

그림책은 영유아의 언어발달에 중요한 역할을 한다. 특히 영아의 듣기 능력 발달과 유아의 문해 능력 발달에 효과적으로 도움을 주며, 영유아는 일상생활에서의 대화를 통해 접하는 언어와 책 속의 이야기를 통해 접하는 언어에 의해 다양한 언어경험을 할 수 있다. 그림책은 언제, 어디서나 쉽게 이용할 수 있을 뿐 아니라 책을 통해 보고 만지며 성인과 상호작용하는 것 자체를 교육 활동으로 구성할 수 있다는 장점이 있다(성미영 외, 2015).

(1) 그림책이 영유아에게 중요한 이유

- 책과 독서에 대한 긍정적인 자세를 갖게 한다.
- 세상에 대한 다양한 경험과 나와 다른 사람, 환경과의 교감을 가능하게 한다.
- 다양한 인물에 대한 공감을 통해 정서가 풍부해진다.
- 상상력이 길러진다.
- 타인을 이해하고 사회의 보편적 가치를 인식하게 된다.
- 사고력이 발달한다.
- 다양한 미적 경험을 할 수 있다.
- 단어의 리듬, 소리를 느낄 수 있다.
- 듣기 능력이 정교해진다.
- 읽기 능력이 생긴다.

• 어휘력이 풍부해진다.

(2) 연령에 따른 이야기 개념 발달 단계

• 그림책이 읽기의 대상임을 이해하는 단계
• 책이 이야기의 중심임을 이해하는 단계
• 그림은 실제 사물이 아니 그 사물을 나타내는 표상임을 이해하는 단계
• 그림은 이름을 가지고 있음을 이해하는 단계
• 그림은 움직이지 않지만 사건을 표상함을 이해하는 단계
• 그림 속의 사건은 초시간적, 초공간적임을 이해하는 단계
• 그림 이야기의 세계는 현실이 아닌 가공의 세계임을 이해하는 단계

(3) 연령에 따른 이야기 개념 발달 단계

• 그림책이 읽기의 대상임을 이해하는 단계
• 책이 이야기의 중심임을 이해하는 단계
• 그림은 실제 사물이 아닌 그 사물을 나타내는 표상임을 이해하는 단계
• 그림은 이름을 가지고 있음을 이해하는 단계
• 그림은 움직이지 않지만 사건을 표상함을 이해하는 단계
• 그림 속의 사건은 초시간적, 초공간적임을 이해하는 단계
• 이야기의 세계는 현실이 아닌 가공의 세계임을 이해하는 단계

1 영아를 위한 그림책

영아는 출생과 더불어 소리를 들을 수 있으므로 생애 초기부터 양육자가 들려주는 동시, 동요, 이야기를 통해 편안한 언어적 경험을 가지게 된다. 리듬감 있게 단순한 내용이 반복되거나 의성어, 의태어가 다양하게 사용된 그림책을 선택해 영아에게 들려주면 영아의 듣기 능력을 촉진시킬 수 있다. 반복이 많고 간단한

질문이 있어 영아가 대답해 볼 수 있는 책은 영아의 말하기 능력 향상에 도움이 된다. 영아기는 읽기나 쓰기 발달을 직접적으로 촉진시키기보다 이를 준비하기 위한 기본적인 감각 및 신체발달을 증진시킬 필요가 있다. 영아의 읽기 발달을 위해서 시각적 변별력을 증진시키는 것이 중요하므로 흑백 대비가 잘 드러난 초점 그림책에서 시작해 배경과 대조되는 단순하고 밝은 그림책을 활용하는 것이 좋다. 영아의 쓰기 발달을 위해서는 쓰기 도구를 사용하는 데 필요한 소근육을 발달시키는 것이 도움이 된다(성미영 외, 2015).

〈영아가 좋아하는 그림책 종류〉

리틀 베이비 픽쳐북(한국삐아제)
달님 안녕 보드북(한림)
알록 달록 아기 그림책(시공주니어)
아기사랑 아기 그림책(한림)
샤방샤방 그림책(별똥별)
세밀화로 그린 보리아기 그림책(보리)
사과가 쿵(보림)
사랑해 사랑해 사랑해(보물창고)
열두 띠 동물 까꿍놀이(보림)
한입에 덥석(시공주니어)
뭐하니(천둥거인)
잘자요 달님(시공주니어)
그건 내 조끼야(비룡소)
누가 내 머리에 똥 쌌어(사계절)
입이 큰 개구리(미세기)
똑똑한 그림책(뜨인돌)

2 유아를 위한 그림책

유아기는 세상에 대한 호기심과 궁금증이 급격히 증가하는 시기이므로 이러한 호기심을 해결하는 과정에서 많은 수의 어휘를 획득하게 된다. 유아의 궁금증에 답을 제시해 줄 수 있는 정보동화를 들려줌으로써 유아가 자발적으로 어휘를 습득하도록 도와줄 필요가 있다. 이 시기 유아는 확장된 어휘를 통해 문장 표현 능력을 발달시키므로 글자 없는 그림책을 통해 유아가 이야기를 구성하도록 하고, 동일한 이야기를 다양한 문장으로 표현하는 경험을 가지도록 한다. 이를 통해 유아의 듣기 및 말하기 능력을 향상시키는 데 도움을 줄 수 있다. 그림책을 자주 접한 유아는 글자에 관심을 가지게 되고 자연스럽게 글자의 의미를 알게 되면서 익숙한 글자나 단어를 읽을 수 있게 된다. 글자에 대한 이해는 쓰기에 대한 관심으로 연결되므로 글자를 통해 내용이 전달되는 그림책의 이야기를 통해 유아가 자신의 생각을 글자로 표현하려는 동기를 유발시키게 된다. 글자를 쓰고자 하는 유아의 동기를 책 만들기와 같은 보다 능동적인 쓰기 활동으로 연결시켜 주면 유아는 쓰기를 의미 있는 행위로 인식하고 흥미를 가지게 된다(성미영 외, 2015).

(4) 그림책 고르기

영유아를 위한 책을 고를 때 대상 영유아의 연령과 발달 수준을 고려해야 한다. 영아는 가까이에서 그림이 변하거나 사람이 읽어 주는 이야기의 소리를 즐긴다. 이 시기에는 리듬감 있는 동시나 노래로 구성된 그림책이 효과적이다. 영아는 이야기 속에서 자신에게 익숙한 단어나 간단한 표현을 찾게 된다. 그림책에서 사용되는 언어가 그림책의 내용보다 더 중요하다.

유아는 그림책 자체를 좋아하며 내용과 등장인물에 집중한다. 그림책은 언어발달 촉진에 가장 큰 도움이 되는 자원이면서, 교육 자료로서의 역할 이외에도 영유아 생활의 한 부분을 차지하는 중요한 역할을 한다. 따라서 그림책은 영유아가 관심을 갖는 대상, 일상생활에서 접하게 되는 여러 가지 사건, 인지적 성장에 맞추어 창작되는 상상 속 이야기 등 다루는 주제나 소재가 매우 다양하다. 영유아를 위한 그림책의 주제로 적절한 것은 단순하면서도 보편적인 가치를 담고 있는 것이다. 사람과 주변 환경에 대한 따듯한 시선과 이 시기 영유아에게 요구되는 자율성이 포함된 내용 등이 해당된다. 영유아가 책 읽는 것에서 즐거움을 느낄 수 있는 재미있는 내용이 그림책의 주제여야 한다. 재질을 다양하게 활용한 책은 영유아가 독서를 놀이로 여길 수 있게 한다. 이야기의 구성이 탄탄하고 진행이 흥미로운 책은 영유아로 하여금 다른 장난감보다 책을 먼저 선택하게 할 수 있다 (성미영 외, 2015).

(5) 영유아를 위한 그림책의 유형

1 재질별 그림책

- 팝업북 : 책장을 펼치면 그림이 입체적으로 튀어나오는 형태의 책이다.
- 플랩북 : '펼쳐보기책'이라고도 불리며, 덮개처럼 만들어진 부분을 열어 책의 내용 중 궁금한 내용을 확인하게 하고, 영유아가 집중하기를 원하는 내용을 숨겨 놓는 책이다. 영유아의 흥미를 자극하고, 주의를 집중시킨다.
- 촉감책 : 오감이 급속히 발달하는 시기의 영아를 위한 책으로, 시각-촉각-후각을 자극할 수 있도록 다양한 재질과 방법으로 만들어진 책이다.
- 헝겊책 : 책을 제대로 다룰 줄 모르는 어린 영아를 위해 만들어진, 물거나 빨아도 손상되지 않고 인체에도 해가 되지 않는 책이다. 영아가 장난감 대용으로 사용하면서, 항상 곁에 두고 친근감을 느낄 수 있어 책에 대해 긍정적인 인상을 가지도록 한다.
- 보드북 : 표지와 내지가 모두 동일하게 딱딱한 종이로 되어 있고, 두꺼워서 잘 찢어지지 않으며, 손을 베일 염려가 적어 영아용으로 적합한 그림책이다.
- 하드커버 : 표지는 딱딱한 종이로, 내지는 얇은 종이로 된 일반적인 그림책
- 페이퍼백 : 표지와 내지가 모두 얇은 종이로 된 그림책이다(성미영 외, 2015).

팝업북 : 책장을 펼치면 그림이 입체적으로 튀어나오는 형태의 책

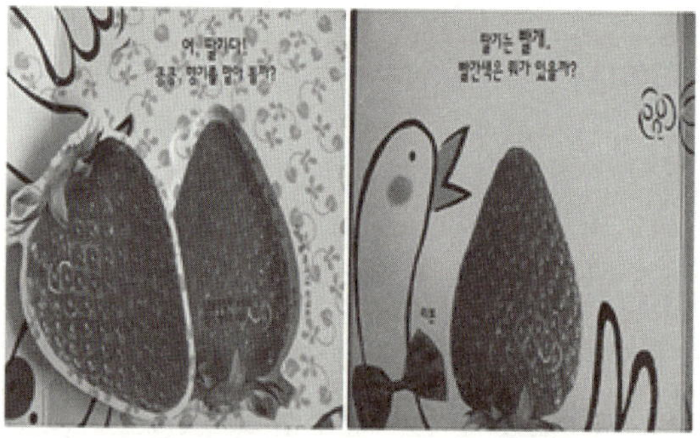

플랩북 : '펼쳐보기책'이라고도 불리며, 덮개처럼 만들어진 부분을 열어 책의 내용 중 궁금한 내용을 확인하게 하고, 영유아가 집중하기를 원하는 내용을 숨겨 놓는 책. 영유아의 흥미를 자극하고, 주의를 집중시킴.

촉감책 : 오감이 급속히 발달하는 시기의 영아를 위한 책으로, 시각-촉각-후각을 자극할 수 있도록 다양한 재질과 방법으로 만들어진 책

헝겊책 : 책을 제대로 다룰 줄 모르는 어린 영아를 위해 만들어진, 물거나 빨아도 손상되지 않고 인체에도 해가 되지 않는 책이다. 영아가 장난감 대용으로 사용하면서, 항상 곁에 두고 친근감을 느낄 수 있어 책에 대해 긍정적인 인상을 갖도록 한다.

우라 아기 까꿍!
출처: 프뢰벨유아교육연구소 역(2005).

2 주제별 그림책

팥죽할멈과 호랑이(비룡소)
출처: 소중애 글(2010).

늑대와 일곱 마리 아기염소(비룡소)
출처: 그림형제 원작.

① 전래동화

신화, 전설, 민담, 우화 중에서 영유아에게 적합한 이야기를 선정하여 재해석한 이야기이다. 동화책 제목으로 〈팥죽할멈과 호랑이〉,〈늑대와 일곱 마리 아기 염소〉, 〈표범의 얼룩무늬는 어떻게 생겨났을까?〉, 〈이솝이야기〉 등이 있다.

누가 내 머리에 똥 쌌어?(사계절)
출처: 베르너 홀츠바르트 지음(2008).

심심해서 그랬어(보리)
출처: 윤구병 지음(1997).

② 환상동화

현실과는 다른 초자연적인 소재나 대상, 사건이 중심이 되는 이야기로서 동화책 제목으로는 〈이상한 나라의 앨리스〉, 〈피터팬〉, 〈누가 내 머리에 똥쌌어?〉, 〈강아지똥〉 이 있다.

③ 생활동화

영유아의 생활 경험을 소재로 사실적인 기법을 사용하는 특성을 갖고 있는 이야기로서 동화책 제목으로는 〈엄마의 의자〉, 〈심심해서 그랬어〉 등이 있다.

10까지 셀 줄 아는 아기염소(한림출판사)
출처: 알프 프죠이셀 지음(2007).

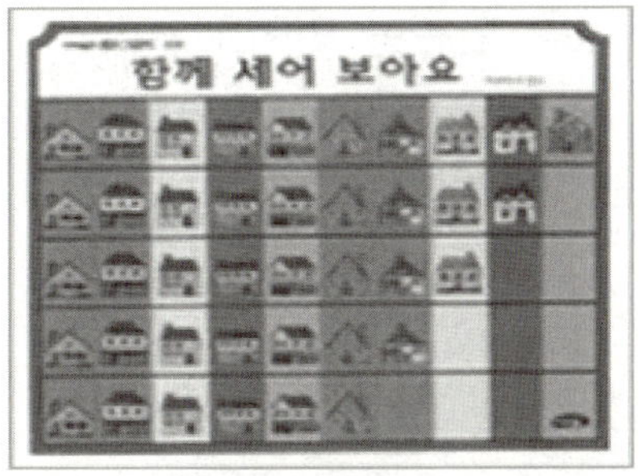

함께 세어 보아요(마루벌)
출처: 미쓰마사 안노 지음(2010).

④ 정보동화

수, 글자, 색, 모양, 동물, 식물, 교통기관, 장소, 위인 등 영유아가 흥미 있어 하는 대상에 관한 정보와 지식을 제공하는 이야기이며, 제목으로는 〈열까지 셀 줄 아는 아기염소〉 ,〈함께 세어 보아요〉, 〈기차 ㄱㄴㄷ〉, 〈사과와 나비〉, 〈엄마가 알을 낳았대〉 등이 있다.

(6) 그림책의 해독지도

4) 매체를 활용한 언어교육

(1) 융판

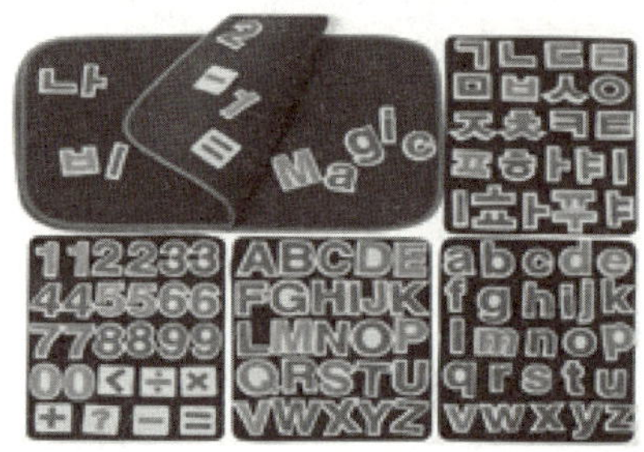

융판 자료는 교육 현장에서 보편적으로 활용되는 것으로, 이야기 나누기나 동화 감상을 위해 주로 사용된다. 융판 자료는 벨크로 테이프를 뒷면에 붙인 자료를 융이나 펠트천으로 싼 하드보드나 딱딱한 배경판에 붙여 가면서 이야기를 나누거나 동화를 들려주는 방식으로 활용된다.

유아는 이야기를 듣는 것과 동시에 배경판의 인물이나 사물의 움직임을 보게 되므로 쉽게 흥미를 갖고 집중하게 된다. 융판 자료는 이야기의 진행에 따라 순차적으로 자료를 제시할 수 있기 때문에 단어나 문장 표현을 쉽게 배울 수 있다. 이야기의 구성은 구나 문장이 하나씩 첨가되는 누적적인 이야기가 가장 적당하므로, 등장인물이나 사물을 하나씩 추가하여 붙이는 방식으로 이야기를 진행한다. 섬세하게 묘사된 그림이 원래의 문학작품에서 중요한 비중을 차지하는 동화는 융판으로 그림의 세부사항을 표현하기 어려우므로 적절하지 않다(성미영 외, 2015).

(2) 인형극

인형은 영유아가 가장 쉽게 접하며 친밀감을 느끼는 매체로 언어발달에 좋은 자극이 된다.

인형극은 인형을 이용해 극놀이를 하는 것으로, 언어뿐 아니라 미술, 음악, 동작이 통합적으로 사용되어 다양한 즐거움과 경험을 제공한다. 영유아의 발달 단계에 따라 다양하게 즐길 수 있는데, 피아제의 물활론적 사고 단계의 유아는 인형도 살아 움직이는 것으로 생각해 쉽게 감정 이입하게 된다. 따라서 인형극을 통해 문학작품을 소개하는 경우 집중도나 이해도가 높아지고 적극적인 참여를 이끌 수 있다. 유아는 인형과 대화하는 놀이를 통해 자연스럽게 말하기 연습을 하고 표현력을 향상시킨다. 또한 수줍음과 말더듬 등의 말하기 문제를 극복하는 데도 도움이 된다. 인형을 통한 의사소통의 경험은 영유아의 사회성 발달과 정서 발달에 도움이 된다.

교실에서 영유아와 함께 사용할 수 있는 인형의 종류는 매우 다양한데, 영유아와 함께 쉽게 제작하고 자유롭게 활동할 수 있는 인형으로 줄인형, 막대인형, 손인형, 손가락 인형 등이 있다(성미영 외, 2015).

1 줄인형

줄인형은 인형의 위에서 줄이나 철사로 조종하는 것으로 인형극의 원조를 한다. 줄이 많으면 많을수록 세밀하고 자연스러운 연기가 가능하나 조작하는 것이 어려워, 영유아의 수준에 맞춰 줄의 수를 조정한다. 인형의 재질로는 헝겊, 종이, 나무 등 다양하게 사용한다. 줄인형을 제시할 때는 막대가 보이지 않도록 무대의 위를 가리는 것이 일반적이지만, 교사가 영유아의 반응을 살피며 이야기를 들려주기 위해서 교사의 인형 조작 과정이 영유아에게 보여도 상관없다. 줄인형을 조종할 때는 막대를 수평으로 잡고 위에서부터 내리고 발이 허공에 뜨거나 무릎이 꺾이지 않도록 자세를 유지하며 조종해야 한다(성미영 외, 2015).

[그림 8-19] 줄인형

[그림 8-20] 막대인형

2) 막대인형

막대인형은 종이나 헝겊으로 만든 인형에 막대를 붙여서, 막대를 잡고 조작하게 된다. 막대인형은 제작과 활용이 쉬워 영유아가 손쉽게 만들고 사용할 수 있다. 평면 그림 자료부터 실제 입체물 까지 자료로 제작이 가능하며, 막대를 움직이거나 끈을 연결해 움직이게 하는 방법 등 활용법도 다양하다.

3 손인형

손인형은 장갑인형이라고도 하며, 장갑 모양의 인형 속에 손을 집어넣어 조종한다. 영유아에게 친숙하고 실행하기도 쉬워 현장에서 많이 사용한다. 손인형은 인형이 말할 때 입을 움직여 열었다 닫았다 할 수 있도록 만들거나, 손의 움직임을 표현하도록 손에 손가락을 넣게 만든다. 또 두 손을 사용해 한 손은 인형의 입 역할을 하고 다른 한 손은 인형의 손이 되어 말하는 동작과 팔의 동작을 함께 하도록 만든다. 입을 움직이는 손인형의 경우 인형의 말하는 행위에 집중하게 함으로써 주의 깊은 듣기를 촉진, 말하기에 문제 있는 영유아의 경우 자신의 대행자로 동일시해 자신의 의견이나 느낌을 손인형을 통해 쉽게 표현한다(성미영 외, 2015).

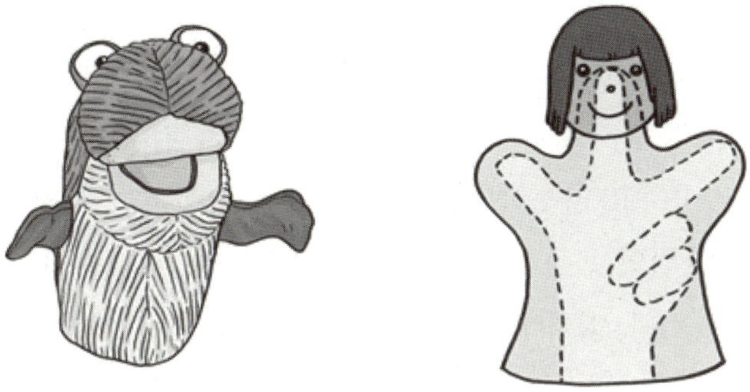

[그림 8-21] 손인형

4 손가락 인형

손가락 인형은 이야기나 활동의 진행에 따라 인형을 손가락에 끼웠다 뺐다 혹은 붙였다 떼었다 하는 방식으로 조작되는 형태를 말한다. 조작이 매우 쉬워 영유아가 직접 제작해 사용하기 좋고, 한 사람이 여러 역할을 할 수 있어 극화 활동에 효과적이다. 손가락 인형은 그림에 띠만 덧대어 반지모양으로 하거나, 골무처럼 쓰거나, 움직임을 보이도록 할 수 있다(성미영 외, 2015).

[그림 8-22] 손가락 인형

(3) 미디어

1 오디오

오디오는 청각적인 매체로 인식되기 쉬우나 영유아의 언어지도에서는 듣기,

말하기, 읽기 영역에서 다양하게 활동된다. 동화책과 함께 판매되는 오디오 자료를 이용해 영유아는 주의 깊은 듣기 활동을 하고, 책과 함께 사용해 문해력을 발달시킨다. 판매되는 자료 뿐 아니라 교사나 부모가 직접 동화를 읽고 이를 녹음해 사용하면, 익숙하고 따듯한 목소리를 통해 영유아가 안정감을 얻을 수 있다. 영유아가 직접 자신의 목소리를 녹음해 들어보거나 책을 읽고 녹음하는 활동은 영유아에게 말하기와 읽기에 흥미를 가지게 한다(성미영 외, 2015).

2 TV

TV는 비디오와 교육방송 프로그램을 통해 영유아의 언어지도에 도움을 주고, 인쇄 매체에 비해 화려한 색감과 동적인 느낌, 다양한 음향효과가 더해져 영유아에게 매력적인 매체이다.

TV는 영유아가 쉽게 몰입할 수 있는 반면. 상호작용은 불가능한 매체의 특성으로 인해 장시간 노출 시 소통의 부재로 인한 발달문제가 발생할 수 있으므로 교사나 부모의 지도가 필요하다(성미영 외, 2015).

3 컴퓨터

컴퓨터를 통한 언어활동은 교육용 CD-ROM과 인터넷 사이트를 통해 주로 이루어진다.

컴퓨터를 통한 언어지도는 게임 등을 활용해 양방향적인 프로그램으로 이루어지므로 학습 동기를 고취시키고 소집단으로 참여할 경우 의사소통과 사회적 상호작용을 촉진시킨다. 인터넷의 급속한 보급으로 이를 기반으로 한 언어교육 소프트웨어를 쉽게 접할 수 있는데, 동화나 동요를 플래시로 보여주는 것에서부터 읽기나 쓰기를 체계적으로 돕는 문해관련 프로그램까지 다양하게 제공되고 있다. 교사와 부모는 영유아의 요구와 발달적 필요에 맞춰 적절한 내용을 선별해 주고 바른 자세로 정해진 시간 동안 컴퓨터를 사용하도록 지도해야 한다(성미영 외, 2015).

참고 문헌

고문숙 외(2014). **영유아를 위한 언어지도.** 경기: 양서원

곽금주(2002). **아동심리평가와 검사.** 서울: 학지사.

곽금주 · 박혜원 · 김청택(2001). **한국 웩슬러 아동지능검사.** 서울: 도서출판 특수교육.

교육과학기술부 · 보건복지부(2013). **3-5세 연령별 누리과정 교사용 지침서.**

교육과학기술부 · 보건복지부(2013). **3-5세 연령별 누리과정 해설서.**

교육과학기술부 · 보건복지부(2013). **3세 누리과정에 기초한 어린이집 프로그램.**

교육과학기술부 · 보건복지부(2013). **4세 누리과정에 기초한 어린이집 프로그램.**

김영태 · 김경희 · 윤혜련, 김화수(2003). **영유아언어발달 선별검사.** 서울: 도서출판 특수교육.

김영태 · 장혜성 · 임선숙, 백현정(1995). **그림 어휘력 검사.** 서울: 서울장애인종합복지관.

김은심 외(2013). **영유아 언어교육의 이론과 실제.** 경기: 정민사.

김현희 · 박상희(2008). **유아문학: 이론과 적용.** 서울: 학지사.

김형태(2002). 영유아언어발달검사(SELSI)개발연구: 문항 및 신뢰도 분석. **언어청각연구**

박혜원, 곽금주, 박광배(2002). **한국 웩슬러 유아지능검사.** 서울: 도서출판 특수교육.

보건복지부(2012). **5세 누리과정에 기초한 어린이집 프로그램.**

보건복지부(2013). **어린이집 표준보육과정에 기초한 0-2세 영아보육프로그램.**

보건복지부(2013). **제3차 어린이집 표준보육과정.**

성미영 · 권윤정 · 유주연. (2012) **영유아 언어지도.** 서울: 학지사.

성미영 · 권윤정 · 유주연. (2015) **영유아 언어지도.** 서울: 학지사.

이은해 · 이미리 · 박소연(2006). **아동연구방법의 이해.** 서울: 학지사.

이차숙(2009) **유아언어교육의 이론과 실제.** 서울: 학지사.

이춘희 · 장미정(2010). **아동문학교육.** 서울: 태영출판사.

전정민(2008). **프로젝트 접근법.** 한국학술정보

프로벨유아교육연구소 역(2005). **우리 아기 까꿍!** 서울: 프뢰벨 미디어.

한유미 외(2013). **영유아 언어교육의 이해.** 학지사

한유미, 오연주(2003). **단계별 포트폴리오의 이론과 실제.** 서울: 다음세대.

홍혜경(2012). **영유아 언어교육 이론과 실제.** 서울: 학지사.

홍혜경 · 김명화 · 김정아 · 김세루(2013). **영유아 언어교육 이론과 실제.** 서울: 학지사.

황해익 외(2001). **유아교육현장에서의 포트폴리오 평가.** 경기: 양서원.

Anderson, H. (1997). *Conversation, language and possibilities*: A postmodern approach to therapy. New York: Basic Books.

Baker, G. P. (1992). *Some remarks on "language" and "grammar."* Grazer.

Brown, R. (1973). *A first language: The early stages.* Cambridge, MA: Harvard University Press.

Bruner, J. (1983). Play, thought, and language. *Peabody Journal of Education, 60*(3), 60-69.

Bzoch & League, R. (1971). *Receptive-Expressive Emergent Language Scale*(REELS).

Chomsky, Noam(1965). Language and Mind, Third Edition Noam Chomsky. Cambridge. University Press

Jalongo, M. R. (1992, 2000). *Early childhood language arts,* Bonston, MA: Ally & Company.

Jalongo, Mary Renck(1992). *Early childhood language arts. Mary Renck Jalongo.* Boston : Allyn and Bacon.

Lilian, G. Katz , Sylvia C. Chard(2013). *Katz와 Chard의 프로젝트 접근법.* 윤은주, 이진희 옮김. 아카데미프레스.

McCormick, L, & Schiefelbush, (1984). *Early language intervent.* Columbus, OH: Merrill.

Miller, J. (1981). *Assessing language production in children: experimental procedures. Baltimore*: University Park Press.

Westby C. (1980). *Assessment of cognitive and language abilities through play.* Language Speech Hear Services Schools.

Wilhelm von Humboldt(1999). *Humboldt: 'On Language' On the Diversity of Human Language Construction and its Influence on the Mental Development of the Human Species.* 2nd Edition. Michael Losonsky.

Wortham, S. C. (2005). *Assessment in early childhood education* (4th ed.). Upper Saddle River, NJ: Pearson Education.

제 9 장

유아 언어지도의 발달 기록

1. 언어평가 파일
2. 언어지도 전문가의 지도기준
3. 교사의 평가 전략

1. 언어평가 파일

교육자들과 현장에 있는 지도 교사 평가는 매우 중요하고 관심을 가져야 할 주제이다. 유아교육에서 평가는 유아교육 프로그램을 구성하고 학급을 운영하려면 중요한 몇 가지를 인지하여야 한다. 먼저 유아들의 요구가 무엇인지, 무엇을 습득해야 하는지, 습득을 위해 교육활동이 해야하는 지, 교육활동 후 결과적으로 무엇을 성취해야 하는지 등을 전반적으로 고려하는 일부터 시작해야 할 것이다. 즉 교육은 유아의 요구가 무엇인지를 알아보기 위해서는 유아의 특성에 대한 이해에서부터 시작된다.

유아의 특성에 대한 이해 없이 교육을 극대화하고 유아들의 변화를 기대하기란 곤란하다. 평가의 목적은 교육을 통한 유아의 전인격적 변화이다. 따라서 평가는 유아의 특성에 대한 이해를 기반으로 교수 · 학습과정이 효율적으로 되어야 한다. 다시 말하면 평가는 유아를 등급지음으로써 경쟁심이나 불안감을 심어 주고 유아들을 영원히 낙인찍기 위한 것이 아니라 교육의 개선을 가져오기 위한 것이어야 한다. 최근까지 평가는 교수 과정을 효율적이 되게 하기 위한 것이 아니라 유아들을 등급짓는 일에 더 많이 사용되어 온 것 같다. 그러나 최근 전 미국 유아교사협회는 평가가 교수 과정의 효율화를 위해 사용되어야 한다는 것과 교수 과정의 효율화를 위한 평가의 절차와 방법들에 대한 지침들을 밝히고 있어서 다행스러운 일이다.

유아 평가는 첫째, 유아교수과정을 계획하는 일은 유아를 위해 계획되어야 하며 부모님들과의 효과적인 의사소통을 위한 것이 되어야 한다. 둘째, 유아 평가는 특별한 도움이 필요한 유아들을 찾아내기 위한 것이어야 한다. 셋째, 유아 평가는 유아교육 프로그램이 그 목적을 잘 충족시키고 있는지 확인하기 위한 것이어야 한다.

유아 평가의 목적이 유아 개개인이 더 나은 발달과 교실에서의 교육의 성공을 위한 교수 과정을 계획하기 위한 것이라면 기존의 지금까지 많이 행해 오던 평가의 방법으로 유아들에게 집단적인 그리고 지필 위주의 표준화 검사를 통한 평가 방법은 평가의 목적에 잘 부합되지 않는다. 그리고 발달 정도에 대한 정보의 수집은 기존의 표준화 검사를 이용한 평가가 아니라 수행평가 그리고 관찰 중심의 평가를 하기 위한 준비가 될 것이다. 이런 수행평가와 관찰중심의 평가는 유아의 성장에 대한 진정한 이해와 깊이 있는 이해를 가능하게 하며 학습 결손과 발달에 지체가 나타났을 때 어떤 부분을 진단하게 되며, 결손과 지체를 보완되어 어떻게 처방해야 하는지를 알게 해 줌으로써 효과적인 수업을 이끌게 된다.

특별히 유아의 언어발달 평가는 말을 얼마나 잘하나, 글을 읽을 줄 아느냐 모르느냐의 이분법적인 문제가 아니라 얼마나 말과 글을 알고 있는지, 어떤 출발점에 있는지, 어떤 이전 경험이 있는지를 파악하게 할 줄 알아야 제대로 된 교수방법과 프로그램 투입이 가능하다. 얼마나 잘하는가의 문제는 결과 중심의 평가를 통해서 알 수 있지만 얼마나 더 효과적으로 언어사용을 하느냐와 얼마나 성장했는가의 문제는 과정 중심의 평가이기 때문에 결과 중심의 표준화 검사를 통해 유아들의 언어 발달의 정도를 알기도 어렵지만 아직은 유아들이 이런 검사 자체에 별로 관심이 없다는 것도 문제다. 유아들이 다른 유아들보다 얼마나 잘 할 수 있는지는 다른 사람들에게 증명해 보여야 할 필요도 없고 평가를 해야 할 이유도 없기 때문이다. 물론 교사들은 표준화된 지필식 검사들을 통하여 때로 유아에 관한 타당한 정보들을 끌어낼 필요는 있다. 유아의 언어발달을 지도하는 교사는 유아의 실질적인 발달을 위하여 유아의 언어발달 정도를 알아보고, 어떤 부분이 부족하고 어떤 부분이 탁월한지 반드시 알아야 한다. 따라서 교사는 효과적인 교육과정의 구성과 운영을 위하여 평소 다음과 같은 질문들을 늘 염두에 두면서 기회가 되는 대로 개별 유아들을 잘 관찰하여 유아들의 필요나 특성을 이해하는 일이 필요하며, 유아평가를 하기 위한 다음과 같은 질문을 할 수 있다.

① 이 유아에게 특별히 부족한 것이 무엇인가?

② 이 유아의 문제는 무엇인가?
③ 다른 유아들에 비해 발달이 느린가?
④ 이 유아에게는 어떤 교수가 가장 효과적인가?
⑤ 이 유아를 가르칠 때 유아는 어떻게 반응하는가?
⑥ 언어 발달에서 특별히 어떤 측면의 발달이 더 일어나야 하는가?
⑦ 초등학교에서 가르치는 내용들을 배울 준비가 되어 있는가?
⑧ 형식적인 읽기 지도를 해도 괜찮겠는가?
⑨ 이 유아는 언어 능력이 특별히 뛰어나는가 혹은 특별한 지도가 필요한가?
⑩ 잠재적으로 언어 학습에 문제가 없는가?

1) 언어평가의 역사

1920년대에 과학적인 측정과 검사 운동이 일기 시작, 유아의 행동을 계량화하는 평가에 중점을 두었다. 유아의 정신 연령을 측정하기 위한 지능검사가 실시되었다. 1930년대 후반에는 유아의 발화 길이나 문법적인 특성, 준비도를 측정하였다. 1930년대 후반 준비도 검사의 특성은 다음과 같다.

① 지필평가에 의한 집단검사, 어휘 지식과 그림, 물건, 낱장의 이름, 단어 재인, 운율의 차이를 확인하는 청각 변별 등에 초점이 맞춰졌다.

② 유아기부터 초등학교 저학년까지 받게 될 교수의 준비에 필요한 특성들을 측정할 수 있도록 고안되었다.

③ 유아의 발달 속도를 예측하고, 현재의 위치와 부족한 점들에 관하여 진단할 수 있도록 고안되었다.

1960년대에는 유아가 일정 수준의 준비도를 형성할 때까지 기다릴 것이 아니라, 유아가 일정 수준의 준비도를 형성할 수 있도록 교사가 유아를 자극하고, 환경을 조성해 주어야 한다고 보고 준비도 검사의 결과를 토대로 기능 학습과 조기교육 프로그램을 시행하였다. 1960년대의 준비도 검사의 특징은 읽기, 쓰기

교육을 위해 필요한 기능들을 세분화하고 위계화하여 단계적으로 가르치기 위하여 어휘력, 시각 및 청각 변별력, 베끼기, 음감 알기, 낱자 이름 알기, 단어 암기 속도 등을 검사하였다.

1970년대에는 세분화된 하위 기능의 측정 유지, 시각 및 청각 변별력의 변별 검사, 음소-자소의 대응 능력 측정, 운율의 유사를 변별하는 청각 변별 검사 등이 시행되었다.

2) 언어평가의 목적과 원리

평가 목적의 변화로 전통적 평가는 서열화(등급 매기기), 아동 행동의 결과를 측정하는 정량평가(quantive analysis)이었다. 최근에는 전통적 평가의 문제점을 보완하고자 총체적 언어 평가가 대안으로 대두되고 있다. 총체적 언어 평가는 아동의 학습에 작용을 하는 개인차, 학습 환경, 교사의 자질 등의 변인에 대한 이해와 교수 · 학습의 과정을 이해하는데 도움이 되는 역동적 평가(dynamic evaluation)이다.

(1) 언어평가의 목적

영유아 언어발달 평가의 목적은 언어교수활동과 언어발달 정도의 진단을 위한 기본 지침 역할을 하기 위한 것이다. 교사가 영유아들의 언어지도를 계획하고 운영하기 위해서는 평가를 통해 이들의 발달 특성을 파악하는 것이 필요하다. 영유아의 언어발달을 평가하고 언어교육 프로그램의 적절성을 평가함으로써 이들에게 최적의 언어학습 경험을 제공할 수 있다. 따라서 교사들은 영유아들의 언어발달 수준을 가장 객관적이고 효율적으로 평가할 수 있는 방법과 절차에 대한 지식을 갖추어야 한다.

(2) 언어평가의 원리

1 언어발달에 대한 평가의 기본 방향과 과정

첫째, 영유아들의 부모로부터 다양한 정보를 수집하도록 해야 한다.

둘째, 영유아들의 발달적 특성을 고려하여 이제까지의 형식화된 평가 방식이 아닌 포트폴리오 평가와 같은 대안적 평가를 통해 영유아들의 언어발달과정 및 수준에 대한 정보를 수집해야 한다.

셋째, 영유아의 일상적 활동에 대한 관찰을 수시로 실시하고 문장으로 기술하도록 한다.

넷째, 영유아 언어발달에 대한 종합적 평가체제를 수립해야 한다.

다섯째, 평가결과는 영유아의 전인적 성장, 효율적 언어교육과정 실행, 부모면담, 생활기록부 작성 등을 위한 기초 자료로 활용해야 한다.

2 준비도 검사의 제약

준비도 검사는 탈상황적인 장면 속에서 인위적인 방법에 의해 유아들에게는 아무런 의미가 없는 세분화된 기능들을 측정한다. 준비도 검사는 주로 집단적으로 시행된다. 집단적인 측정은 유아들이 지니고 있는 최고 수준의 언어 능력을 측정할 수 없다. 준비도 검사는 대부분 지필검사를 통해 이루어지는 바, 유아들의 언어활동은 매우 역동적이어서 단순한 지필 검사로는 역동적 과정을 측정할 수가 없다. 지필검사는 언어 수행의 결과에 관해서는 어떤 정보를 제공해 줄지 모르나, 언어활동의 과정에서 일어나는 인지적인 처리 과정에 대해서는 아무런 정보를 제공해 주지 못하는 것이다. 검사가 매우 구조적이고 형식적이어서 유아들의 언어 수행의 방법과 범위를 제한하게 된다.

(3) 언어지도의 대안적 평가

1 총체적 언어 평가의 방향

- 개별적인 검사
- 인위적인 아닌 자연스런 방법의 검사
- 비구조적이고 비형식적인 검사
- 인지적인 처리 과정을 알 수 있는 검사
- 통합적인 언어 능력을 측정할 수 있는 검사

2 총체적 언어 평가의 지표 설정

① 언어 사용의 태도적 측면에서 유아가 언어활동에 대해 정확한 개념을 가지고 있는가와 언어활동에 대한 유아들의 반응은 어떠한지를 파악한다.

② 언어 사용의 기술적 측면에서 언어활동에 필요한 일반적 기술과 초인지적 전략을 어느 정도나 사용하는지 파악한다. 언어 사용의 일반적 기술에 대한 질문은 다음과 같다.

- 유아가 공식적인 언어를 사용할 수 있는가?
- 유아가 일상적 단어의 의미를 알고 있는가?
- 문자 언어를 접했을 때 자동적인 해독이 가능한가?

③ 언어 사용의 지식적 측면은 낱자에 대한 지식, 음소와 자소의 대응 관계의 이해, 단어 재인(word recognition) 능력, 글의 개념, 글의 구조나 규약에 관한 이해한다.

3 총체적 언어 평가의 방법

① 관찰법

유아의 언어 사용 현상을 있는 그대로 관찰하고 기록하여 유아의 언어 능력을 이해하는 방법이다. 실험적 조작을 통해 유아의 언어활동을 통제하거나 변화시키려 하지 않고, 유아의 언어 능력이나 의지와는 상관없이 평가자 마음대로 검사할 수 있다. 또한, 유아에 대한 상세하고 깊이 있는 정보를 제공해 준다. 그러나 한꺼번에 많은 유아를 관찰할 수 없으며, 검사하는 데 시간과 노력이 많이 든다는 단점이 있다.

관찰 결과의 기록방법에서 기술적인 방법에는 나타난 현상을 있는 그대로 기술(記述)하여 유아의 언어 행동을 파악하고 이해하는 방법이며, 체크리스트법(점검기록법)으로 보아야 할 언어 행동을 미리 정해 두고 점검함으로써 유아의 언어 행동을 관찰하는 방법이다.

② 유아의 작품 수집과 분석

유아 개인의 서류철을 마련하여 유아가 그린 그림, 유아가 불러 주고 교사가 쓴 유아의 경험에 대한 이야기, 유아의 낙서, 유아가 쓴 자신의 이름, 보고서, 유아가 지은 동시 등을 체계적으로 수집하고 분석하는 방법이다.

③ 개인 문집의 제작과 분석

사회적 상호작용(교사나 부모와의 상호작용)을 통해, 즉 유아들에게 자신의 문집 속에 어떤 내용을 포함시킬 것인지 교사와 의논하게 하고. 부모에게도 문집 제작의 취지를 알려 유아들이 여러 날을 두고 문집을 제작하는 동안 문집 제작을 도울 수 있게 하여 제작된 문집을 언어적 지표에 따라 분석을 하는 방법이다.

4 질문법

여러 가지 유형의 질문을 준비하여 던짐으로써 유아의 현재의 언어 능력과 발달의 가능성을 자연스럽게, 그리고 통합적으로 평가할 수 있는 방법이다. 질문 유형은 다음과 같다.

① 다른 사람 앞에서 말할 때 너의 기분은 어떠니?

② 동화를 듣는 것은 즐겁니?

③ 너는 왜 책을 읽니?

④ 네가 읽은 것 중에서 가장 재미있는 책은 뭐니?

5 면담법

면담자와 피면담자가 서로 대면하여 면담자가 질문을 하고 피면담자가 반응한 것을 분석하는 방법이다.

(4) 언어평가의 종류

영유아 언어발달 검사란 주양육자의 관찰과 보고로 3세 이전 영유아의 수용언어 및 표현 언어 능력을 선별할 수 있는 검사도구이다. 유아기의 언어발달은 언어발달에 있어서 전체를 좌우할 수 있는 중요한 시기이며 이 시기의 언어발달에 대한 평가는 매우 중요한 의미를 갖는다. 우리나라에서는 정신연령이 3세 미만인 영유아의 정신연령을 측정할 수 있는 공식화된 검사가 없다.

공식화된 표준화된 언어검사도 2세 이전의 아동에게는 언어연령을 측정할 수 있는 도구가 과거에는 없기 때문에 다운증후군 아동과 같이 출생과 동시에 이 시기에 장애가 확인되는 아동은 언어발달 지체의 확률이 높은데도 불구하고 일정 연령에 도달하기까지 정확한 언어진단을 받기가 어려웠다. 또한 이러한 아동의 언어발달이 언어의 어떤 영역에서 지체가 언제 시작되었고 지체의 정도가 얼마나 되는지에 대한 진단을 할 수 없기 때문에 처방처치 및 언어지도 시점을 결정하거나 언어지도의 목표를 세우는데 있어서 어려움이 있어 왔다.

1 영유아 언어발달 검사의 목적

영유아 언어발달 검사의 목적은 생후 5개월부터 36개월 사이에 해당하는 영유아의 언어이해와 언어표현의 발달 정도 및 언어발달 단계를 정확하게 측정하기 위한 목적이다. 언어발달의 지체여부를 분석하면, 유아의 수용언어 및 표현 언어 발달간의 차이를 분석 가능하며, 언어발달 지체로 판정될 경우 언어의 각각 영역별 평가에 의해 대상아동에게 나타나는 언어발달의 정도를 다각적으로 평가할 수 있어 언어장애의 조기선별 기능뿐 아니라 이외에도 일반아동에게 일어나는 언어적 문제로 보이는 영역들까지 구체적인 정보를 제공해 준다.

2 영아 언어발달 평가

① 영유아 언어발달 검사(SELSI)

이 검사는 김영태, 김경희, 윤혜련, 김화수(2003)에 의해 개발된 국내 언어발달 측정 검사도구이다. 이 언어검사는 우리나라에서 개발된 유아 및 아동용 언어검사가 부족한 상황에서 외국 검사 도구를 수정, 보완한 게 아니라 국내에서 개발되었다는 점과 3세 미만의 영아 대상 검사에서 의의를 가진다.

검사의 대상은 생후 5개월에서 36개월의 영유아들로 이들의 수용언어와 표현언어의 발달지체를 조기에 선별하는 데 목적이 있다. 검사영역은 수용언어 56문항, 표현언어 56문항 총 112문항으로 구성되어 있다. 영유아의 행동에 익숙한 전문가가 영유아의 행동을 관찰하면서 실시할 수 있는 선별검사이다.

표 9-1 SELSI 검사문항

언어영역	검사의 내용	문항의 예
인지개념 및 의미론	인지적 개념을 내포하는 수용 및 표현 어휘력	크기를 나타내는 말을 이해한다.
		시간을 나타내는 초보적인 말을 이해한다.
	의미관계 또는 자신의 이해 및 표현 능력	사물의 기능과 관련된 질문을 이해한다.
		소유의 의미가 들어 있는 문장을 이해한다.
조음 및 운율	조음 능력	모음과 자음을 결합하여 서로 다른 2음절 이상의 옹알이를 한다.
	운율(prosody)	친숙한 사람의 주의 주는 음성, 화내는 음성, 다정한 음성 등을 구별하여 얼굴 표정이나 몸짓으로 반응한다.
구문론	간단한 구문 이해력 및 표현력	"소유자+소유"(예:"내 꺼", "아빠 바지")의 의미를 이해한다.
		2~3개의 낱말로 이루어진 문장을 모방한다.
	복잡한 구문 이해력 및 표현력	5낱말 이상으로 이루어진 긴 문장을 이해한다.
		관행어(명사를 꾸미는 말)가 포함된 문장을 사용한다.
화용론	이야기의 논리나 상황에 대한 화용적인 이해력 및 표현력	간단한 비유표현을 이해한다.
		다른 사람을 놀리는 말(예:메롱, 바보 등)을 사용한다.

출처: 김형태 (2002). 영유아언어 발달검사(SELSI) 개발연구 문항 및 신뢰도 분석. 언어청각연구.

생후 5~36개월 사이 정상 발달 아동뿐 아니라 언어발달 지체나 장애를 보일 가능성이 있는 아동의 언어능력을 평가하는데 사용되기도 한다. 특히 생활연령이 검사상의 정상 발달 연령보다 높은 언어장애 아동의 언어능력에 대한 대략적인 언어발달 정도를 알 수 있게 해주는 지표로 사용한다.

② 수용-표현언어 척도 (REELS)

이 검사는 출생 이후부터 36개월까지의 영유아를 대상으로 실시하는 언어선별 검사이다.

비조크와 리그에 의해 개발되었으며, 132개의 문항으로 구성되며, 만 3세까지의 수용 및 표현 언어기술에 대한 체크리스트이다. 검사 항목은 1세까지는 1개월 간격, 1~2세는 2개월 간격, 2~3세는 3개월 간격으로 구성되었으며 부모나 아동과 매일 접촉하는 사람이 보고하게 되어 있으며 소요 시간은 약 15분 부모에게 제시되는 질문지에는 미완성 문장으로 된 문항이나 예, 아니오로 응답할 수 있는 문항이 제시되어 있다. 아동은 각 항목에서 3개의 수용언어 항목 중 2개, 3개의 표현 언어 항목 중 2개를 통과하면 연령 수준을 통과했다고 해석된다.

정해진 연령에 해당하는 3개 항목 중 2개를 살피게 한 경우가 그 아동의 한계 수준 REELS는 생의 초기 12~18개월 유아에게 가장 유용한 선별도구이다.

③ 초기언어 지표 검사

이 검사는 영유아를 대상으로 말하기와 언어발달을 평가하기 위한 도구이다.

일반적으로 출생부터 36개월 아동에게 유용하게 사용되나 더 높은 연령이나, 36개월 이하의 언어기능 수준인 발달지체 아동에게도 유용하다. 총 41문항으로 구성, 문항들은 다음과 같다.

- H(History)
- T(Direct Testing)
- O(incidental Observation)
- 순서로 되어 있고, 사례 또는 관찰에 의해 채점됨

- 검사에 필요한 도구는 컵, 숟가락, 크레용, 고무공, 나무 주사위 등
- 아동의 언어발달이 정상적인지를 평가하기 위한 검사영역은 청각적 표현, 청각적 수용, 시각영역

표 9-2 초기언어 지표 검사

검사영역	세부 내용
청각적 표현	초기의 언어와 말하기 행위들을 평가하고 단일어, 구, 그리고 문장들로 구성되어 있다. 옹알거림, 재잘거림 등이 측정된다.
청각적 수용	소리에 대한 반응과 단순한 요구에 대한 이해, 요구에 대한 실행, 소리에 대한 인식, 그리고 공간에서 청각적 자극의 위치 측정하기와 같은 수행을 평가한다.
시각	시각적 자극과 몇 가지 몸짓 행동들에 대한 반응을 평가한다. 시각적 고정, 시각적 추적, 부모에 대한 시각적 재인, 몸짓 같은 언어 전 행동을 포함하고 있다.

④ 의사소통 발달 검사 (MCDI)

이 검사는 신뢰도와 타당도가 검증된 어휘 체크리스트로서 세계 각국의 언어로 표준화되어 사용되는 검사도구이다. 어머니가 영아 이해어휘와 표현어휘를 직접 체크리스트에 작성함으로써 실시된다. 이 검사도구의 한국어판인 MCDI-K는 10여 년 동안의 수정 및 보안을 통해 한국 영유아에게 적합한 신뢰도와 타당도 검증이 이루어져 있으며, 영아용은 생후 8개월에서 17개월 사이 영아 대상으로 실시, 어휘검사 이외 의사소통 행동을 작성하는 항목이 포함된다,

⑤ 의사소통 및 상징행동 평가척도

기존의 의사소통 평가척도와 달리 놀이 상황을 통해 영아의 의사소통 능력과 상징행동의 사용 여부를 측정하는 도구이며, 생후 6개월에서 24개월 사이의 영아 및 걸음마기 아동의 의사소통 기능을 측정하는 데 사용된다. 정상발달에서 벗어난 아동의 경우 72개월까지 사용이 가능하며, 의사소통 기능, 비언어적 의사소통 수단, 음성적 의사소통 수단, 언어적 의사소통 수단, 상호성, 사회 정서적 신호, 상징행동으로 구분된다. 2004년 이지연과 장유경에 의해 한국에서의 표준화를

위한 예비 연구가 실시되었다. 6~24개월의 한국 영아 844명을 대상으로 표준화를 위한 예비검사를 실시한 결과, 내적 일치도 분석을 통해 신뢰도와 타당도가 검증되었다.

3 유아 언어발달 평가

유아를 대상으로 언어발달을 측정하는 검사도구에는 대표적으로 그림 어휘력 검사, 유아 언어발달 검사, 언어 이해 인지력 검사, 문장 이해력 검사, 웩슬러 유아지능검사 중 어휘검사 등이 있다. 개별 언어발달 검사도구에 대한 구체적 내용은 다음과 같다.

① 그림 어휘력 검사

한국판 그림 어휘력 검사는 미국 그림 어휘력 검사의 저자 던과 던의 동의를 구해 2~8세까지 한국 유아 및 아동을 대상으로 표준화시킨 검사이며, 유아의 수용어휘 능력을 측정하기 위해 고안되었으며 장애 있는 유아에게도 활용될 수 있다. 검사 실시 전 연습 문항을 실시해 아동에게 미리 알려주며, 연습 문항의 경우 검사자는 그림을 주며 "여기에 있는 그림을 잘 보세요"라고 말하면서 각 문항마다 제시되는 4개의 그림을 지적한 다음에는 "이제 선생님이 말하면 손으로 짚으세요, 00"이라고 말한다. 실제 검사 문항의 경우에는 "00"라고만 말해 준다.

② 유아 언어발달 검사

3~9세까지 한국 아동을 대상으로 유아의 언어 이해력 및 표현력을 측정하기 위한 검사

총 100개의 문항으로 구성되어 있으며, 방법은 검사자의 지시에 따라 유아가 그림을 지적하거나 질문에 대답하도록 되어 있다. 결과의 해석은 연령에 따른 평균 점수와 하위 검사 점수 간의 점수 차이로 나타나는 프로파일 등으로 해석한다.

③ 언어 이해 인지력 검사

3~5세까지 한국 유아를 대상으로 한 표준화검사이며, 유아의 인지력에 기초한 개념 이해 능력을 평가하기 위한 검사이다. 총 40개의 문항 포함되어 있으며, 검사방법은 점사자의 지시에 따라 그림이나 사물자료를 지적하며, 결과는 백분위 점수와 등가연령으로 제시된다.

④ 문장 이해력 검사

문법 이해력 하위 검사를 4~6세의 아동을 대상으로 한 표준화검사이며, 총 27개 문항, 검사자가 읽어주는 문장을 아동이 듣고, 그에 해당하는 그림을 지적하도록 함으로써 검사가 이루어졌으며, 결과는 백분위 점수와 등가연령으로 제시된다.

⑤ 웩슬러 유아지능 검사(어휘검사)

어휘검사는 그림문항(1~3번)과 구두문항(4~25번)으로 구성되며 5문항을 연속적으로 실패시 검사 중지한다. 그림문항의 경우 그림을 보고 그 사물의 이름을 말하도록 하며, 구두문항의 경우 구두로 제시된 단어의 뜻에 대해 구두로 응답하도록 한다. 예를 들어, 그림문항의 경우 그림을 제시하고 "이것은 무엇인가요? 무엇이라고 부르나요?"라고 질문하고 유아의 응답이 맞으면 1점, 틀리면 0점을 부여한다. 구두문항의 경우 "이제부터 몇 개의 말뜻을 물을 거에요. 00이라는 말의 뜻은 무엇이지요?"라고 유아에게 질문하고, 유아의 응답이 맞으면 2점, 유사하면 1점, 틀리면 0점을 부여함하며, 어휘 검사 점수는 0점에서 47점의 범위이다.

표 9-3 표준화 언어검사 목록

검사도구	측정영역	기타
그림 어휘력(김영태, 장혜성, 임선숙, 박현정, 1981)	수용 의미론적 측면	미국 PPVT-R을 2~8세 아동에게 표준화한

검사도구	측정영역	기타
문장 이해력 검사(장혜성, 임선숙, 백현정, 1994)	수용 구문론적 측면	미국 TOLD를 4~6세 유아에게 표준화한 것
유타 언어 발달 검사(권도하, 1994)	언어 이해 및 표현력	미국 UTLD를 3~9세 유아 및 아동에게 기초자료를 제시한 것
언어 이해 인지력 검사(장혜성, 임선숙, 백현정, 1992)	수용 의미론적 측면	미국 Bangs Receptive Checklist를 3~5세 유아에게 표준화한 것
한국표준어음청각검사(최성규, 1996)	어음청력 (언어장애 진단과 판별)	4~17세 일반 유아 및 아동, 청각장애 아동, 기타 아동 대상
취학전 유아의 수용언어 및 표현언어 발달척도(김영태, 이윤경, 2001)	수용언어와 표현언어	5~36개월 대상
언어발달검사(이은화, 이상금, 이정환, 이경우, 이기숙, 1995)	내용 이해, 내용 표현, 형태 이해, 형태 표현	4세 유아 대상
한국 웩슬러 유아지능검사(K-WIPPSI)(박혜원, 곽금주, 박광배, 1998)	어휘	미국 WIPPSI를 3~7세에게 표준화한 것
카우프만 유아용 개별지능검사 습득도 척도 중 표현 어휘(문수백, 변창진, 1997)	표현 어휘	K-ABC를 2.5~12.5세에게 표준화한 것
계몽학습 준비도(이영석, 구학봉, 노명완, 김승훈, 차미정, 고승자, 1993)	듣기, 말하기, 읽기, 쓰기	유치원 유아와 초등학교 1학년 대상
카우프만 아동용 개별지능검사 습득도 척도 중 문자 해독, 문장 이해(문수백, 변창진, 1997)	해독 위주 읽기, 의미 이해 읽기	K-ABC를 2.5~12.5세에게 표준화한 것

출처: 홍혜경(2012). 영유아 언어교육의 이론과 실제.

2. 언어지도 전문가의 지도기준

1) 유아 평가의 기본 규칙

유아평가의 근본 목적은 유아의 학습을 향상시키는 것이며, 평가에 있어서 중요한 결정은 한 번에 실시한 한 번의 결과 평가가 아니라 일정 시간에 걸쳐 수집된 다양한 자료분석에 의한 결과에 의하여 평가가 이루어져야 한다. 특히 유아교육 전문가의 협력과 유아의 발달이 평가를 지원해야 하며, 유아평가는 부모, 지역사회 구성원들, 그리고 유아가 모두 관련되기 때문에 교육에 관한 문제일 뿐만 아니라 지역사회와 관련된 문제이며, 평가체계는 일정한 기간마다 재검토되고 향상된다.

(1) 평가의 4가지 요소

1 계획

평가는 유아를 위한 언어 교수 수준을 결정하고 다양한 학습자의 요구에 부적합할 수 있는 언어교육 경험을 계획하기 위하여 필요하다.

2 진보

평가는 교육과정을 경험하는 과정에서 언어와 문해에 관한 유아의 개인적 진보를 평가하고 유아에게 최종적으로 유익을 줄 수 있는 조언을 제공한다.

3 배치

집단화에 관한 적절한 결정을 하고 전문가를 위한 참고 자료를 제공하며 특수교육 프로그램에 참여할지의 여부를 결정하기 위하여 평가가 활용된다.

4 프로그램 평가

프로그램은 존속시킬 당위성을 제시하고 사용한 비용에 대한 효과의 정도를 증명함으로써 실시 중인 언어 관련 프로그램이 합리적이고 적절하다는 것을 보여주기 위해 평가가 실시된다.

(2) 영유아에게 적합한 평가를 위한 몇 가지 제안

유아교사는 유아들을 적절하게 평가할 수 있는 방법들을 익히고 이해해야 한다. 적절한 평가방법에 대한 안내를 위하여 전 미국 유아교사협회(1991)가 개발한 유아 평가 지침들 중 일부를 여기에 소개하고자 한다. 물론 이러한 평가지침은 언어평가에만 국한된 것은 아니지만 이해를 가지게 하는데 도움이 될 수 있다.

① 평가는 교육과정의 목표와 관련되어야 한다.

② 평가의 결과는 교육과정의 조정이나 개별 교수를 위하여 사용됨으로써 반드시 유아에게 도움을 제공할 수 있어야 한다.

③ 교사는 유아들을 관찰하고 유아들의 말을 귀담아 들음으로써 유아의 발달을 모든 영역에서 정기적으로 평가해야 한다.

④ 평가는 유아의 학습이나 발달을 지원하고, 교수 과정을 계획하고 부모들과의 의사소통을 위하여 활용되어야 한다.

⑤ 평가는 유아의 행동을 정기적으로 혹은 간헐적으로 관찰함으로써 다양한 상황에서 시간을 두고 진행되는 유아의 행동에 관해 말해 줄 수 있어야 한다.

⑥ 평가는 유아의 전형적인 활동들을 반영해야 하며 인위적인 상황이나 특별한 장소에서 일어나는 활동들은 피해야 한다.

⑦ 유아를 평가하는 도구나 방법이 다양해야 한다(유아의 작품 수집교사의 관찰이나 기록교사와의 면담이나 대화의 기록 개인적인 진보에 대한 기록들).

⑧ 평가는 개별 학습자의 학습하는 속도나 방법 언어능력에서 차이가 있음을 인정하고 받아들여야 한다.

⑨ 평가는 개별 유아들을 심리적으로 위협하거나 자존감을 다치게 해서는 안 된다.

⑩ 평가는 부모와의 관계를 지원해야 한다.

부모의 문화나 언어에 대해 깔보거나 무시해서는 안 되며 유아의 능력이나 부모의 능력에 대해 자신감을 잃게 해서는 안 된다.

⑪ 평가는 유아의 전반적인 강점이나 진보에 초점이 맞추어져야 한다.

유아가 대답하지 못하는 것이 무엇인지, 무엇을 할 수 없는지, 무엇을 모르는지에 초점이 맞추어져서는 안 된다.

⑫ 평가는 교사가 해야 할 필수적 역할이다.

⑬ 평가는 교사와 유아교사와 부모학교와 지역사회의 공동의 노력이 필요하다.

그리고 평가를 통하여 얻어진 정보들은 부모들이 이해할 수 있는 언어와 표현으로 부모들에게 설명되어져야 한다.

⑭ 평가는 유아가 자신을 평가할 수 있도록 유도하고 격려해야 한다.

⑮ 평가는 유아가 독립적으로 무엇을 할 수 있는지 뿐만 아니라 다른 사람의 도움을 받아 무엇을 할 수 있는지도 밝힐 수 있어야 한다.

개별 유아의 성장 · 발달 학습에 관한 정보들은 체계적으로 수집되고 정기적으로 기록되어 교수를 계획하는 일에나 부모들과의 의사소통에 효율적으로 사용될 수 있어야 한다. 숫자로 등급이 매겨진 통지문이 아니라 유아의 행동을 의미 있게 기술적으로 표현할 수 있는 일정한 과정이 있어서 부모와 교사가 유아의 성장이나 발달에 관한 정보를 공유할 수 있어야 한다.

(3) 유아 언어 평가 실시를 위한 기준

유아 언어적 능력을 평가하기 위하여 교사들은 다음과 같은 여러 가지 기준을 사용한다.

① 수렴적인 대답이 기대될 때 교육과정에서 가르친 내용에 대하여 맞았는지 혹은 모순이 되지 않는지를 질문한다.

② 실제적인 작동 가능성이 적절한 결과에 근거한 평가 기준으로 적용될 수 있다.

③ 아름다움을 평가하고자 할 때 심미적 기준이 평가 과정에 적용된다.

④ 독창성에 근거하여 평가할 때는 창의성이 평가의 준거로 고려된다.

⑤ 과제를 완성하는데 걸리는 시간을 고려할 때 속도가 평가의 준거가 될 수 있다.

⑥ 원하는 작업의 결과물로 교사가 제작하거나 특정 유아의 작품을 모델로 사용하고자 할 경우 결과물이나 작업 과정이 평가의 준거가 될 수 있다.

(4) 언어교육 프로그램의 질 평가하는 준거

1 물리적 환경

- 도서 영역에는 충분한 도서가 마련되어 있는가?
- 읽기, 듣기, 쓰기 영역이 있는가?
- 언어활동에 얼마나 많은 시간이 사용되는가?

2 유아의 경험

- 언어사용자로서의 유아의 자신감이 향상되었는가?
- 의사소통자로서 유아의 잠재력이 충족되고 있는가?
- 유아가 문해활동이 제공되는 것을 기대하고 있는가?

3 교사의 경험

- 교사들이 동료와 원장 등으로부터 존중받고 있는가?
- 언어교육 분야에서 전문가의 직무에 합당한 현직 교육을 받고 있는가?

4 부모와 가족의 경험

• 부모와 다른 가족 구성원들이 유아교육기관에서 환영받는 다는 느낌을 갖는가?
• 교사와 가족 간에 정기적인 쌍방 의사소통의 기회가 있는가?

5 언어교육 프로그램에 대한 지역사회의 시각

• 지역사회 구성원들이 유아교육기관의 문해 프로그램을 어떻게 평가하고 있는가?
• 다른 언어교육 프로그램과 비교해 볼 때 긍정적으로 평가되고 있는가?

3. 교사의 평가 전략

1) 교사의 유아 언어교육 평가에 대한 역할

(1) 관찰자로서의 역할

교사는 유아의 언어발달을 진단하고 자녀의 언어적 능력에 평가로 언어학습을 계획하며 언어 발달을 위한 더 나은 도전을 할 수 있도록 유아를 격려하는 과정에서 또한 객관적이고 통찰력 있는 역할을 수행하기 위하여 관찰자가 되어야 한다.

(2) 환경조성자로서의 역할

다양한 문해 자료를 통하여 풍부한 가정환경을 조성에 도움을 줌으로써 유아의 언어발달을 촉진시키는 역할을 수행한다. 유아의 언어발달을 촉진시킬 수 있는 문해 자료로는 도서들, 여러 종이류, 연필, 색연필, 크레파스 등의 쓰기 도구들을 들 수 있다.

(3) 상호작용자로서의 역할

교사는 유아와 대화할 때 유아의 언어를 확장시켜 줄 수 있는 어휘를 사용하고 유아가 하는 말을 주의 깊게 들어줌으로써 자녀의 언어 발달을 촉진시킬 수 있는 능력 있는 상호작용자로서의 역할 수행이다.

(4) 동기부여자와 격려자로서의 역할

교사는 언어를 발달시킬 수 있는 다양한 기회를 제공하고 언어 자료룰 활용하여 유아의 언어발달을 위한 동기를 부여되도록 언어발달을 격려할 수 있어야 한다. 따라서 동기부여는 생활가운데 적절한 기회를 활용하여 유아의 흥미를 자극하고 유아들의 의사소통을 위한 노력을 격려하고 함께 반응해 줄 수 있어야 한다.

2) 영유아 언어평가 방법

(1) 관찰법

관찰법은 영유아의 발달을 이해하기 위해 자연적인 상황 속에서 자연스러운 인간의 행동을 직접 관찰하여 기록하는 방법을 말한다. 특히, 영유아의 언어발달을 평가하는 데 있어서 매우 유용한 수단으로 활용되고 있다. 이는 영유아는 언어발달이 미숙하고, 의사소통이 원활하지 못하기 때문에 다른 방법의 적용이 어렵기 때문이다. 관찰법은 현상을 있는 그대로 기술하여 영유아의 행동을 파악하고 이해하는데 활용된다. 관찰의 기록방법에 따라 일화기록법, 행동목록법, 평정척도법으로 구분할 수 있으며 자세한 내용은 다음과 같다.

1 일화기록법

일화기록법은 어떤 짧은 내용의 사건, 즉 일화에 대한 서술적 기록으로 영유아들의 한 가지 행동이나 상황에 초점을 맞춘 것이다. 일화기록은 영유아들의 전반적 언어발달을 나타내는 의미 있는 사건을 기록하기 위해 사용한다. 사건이나 행동을 서술할 때의 상황(시간, 날짜, 장소 등) 물리적 · 사회적 맥락(활동, 다른 영유아의 행동, 교사 등), 특정 영유아의 가장 중요한 관찰 가능한 행동(신체적 반응, 말, 표정 등)을 포함하는 행동에 관한 간단한 에피소드를 기록한다(Jalongo, 1992).

일화기록법은 영유아의 행동에 대한 구체적인 설명과 상활을 파악할 수 있다는 장점이 있지만, 시간이 많이 소요되는 단점이 있다. 일화기록 시 유의할 점은 다음과 같다.

첫째, 한 가지 상황을 기록한다. 가능하면 한 영유아에게 초점을 맞추며 언어발달에서 의미 있는 행동이 나타나면 바로 기록한다. 다른 시기에 일어난 여러 가지 일화를 총괄적으로 기록하는 것이 아니라 각각의 일화를 독립적으로 기록한다.

둘째, 비구조화된 기록 양식을 사용한다. 사건이 일어난 장소, 일어난 사건에 대한 간단한 요약, 영유아가 사용한 언어와 행동에 대해 구체적이고 간단명료하게 기술하며, 가급적 관찰된 직후에 기록하는 것이 좋지만, 가능하지 않을 경우 간단히 메모해 두었다가 수업이 끝난 후에 기록하거나 녹음기를 이용해 기록하는 것도 한 가지 방법이 될 수 있다. 관찰자의 의견이나 해석은 관찰 내용과 분리하여 별도의 칸에 기록한다.

2 행동목록법

행동목록법은 영유아의 언어 능력을 평가하기 위해 말하기, 듣기, 읽기, 쓰기 행동의 목록을 만들어서 각 행동의 출현 여부를 '예' 또는 '아니요'로 표시하는 방법이다. 또한 관찰자의 주관적인 평가를 가능한 한 배제하기 위해서 관찰하려는 행동의 목록을 미리 자세하게 분류하고, 이것을 기초로 한 행동이 나타났을 때 표시하는 방법이다. 관찰하고자 하는 언어행동을 행동목록에 포함하므로 포괄적인 관찰이 될 수 있으며, 관찰 시간이 절약되고, 간편하게 관찰할 수 있는 이점이 있다. 또한 행동목록법을 학기 초, 중간, 말에 주기적으로 사용하면 시간에 따른 언어발달의 변화를 파악하는 데 용이하다. 반면 행동의 빈도, 지속 시간, 행동 특성에 대한 구체적인 자료는 제공하지 못하는 단점이 있다.

3 평정척도법

평정척도법은 관찰된 언어발달의 질적인 특성을 여러 수준으로 구분하여 척도 상에 기록하는 방법이다. 행동목록법과 마찬가지로 관찰하려는 행동에 대하여 미리 기록 양식을 준비하여 사용한다. 그러나 행동목록법에서는 특정 행동의 출현 여부만을 파악할 수 있으나 평정척도법은 행동의 특성이란 질적 수준에 따라 점수를 부여하여 수량화한다는 점에서 차이가 있다(이은해 · 이미리 · 박소연, 2006). 평정척도의 단위는 3~5점으로 한다.

(2) 면담

면담은 관찰법 사용 시 영유아의 언어 행동을 파악하기 어렵거나 일화기록에서 추가적인 정보가 필요할 경우 활용되는 방법으로, 영유아 자신이 정보 제공자 역할을 하는 자기 보고식 관찰이다. 읽기, 쓰기 능력이 부족한 영유아의 발달 특성에 적합한 평가방법이라 할 수 있으나, 영유아들을 대상으로 면담하는 것은 많은 훈련을 요하는 일이므로 신중하게 계획하고 준비해야 한다. 영유아의 면담 시간은 10분 정도로 짧아야 하며, 녹음할 뿐 아니라 노트를 준비하여 정보를 간단하게 적는 것이 좋다. 또한 개인차가 심해 면담이 어려운 영유아들이 있을 수 있으므로, 반드시 모든 영유아를 면담해야 하는 것은 아니다.

면담 계획을 수립해야 하며, 면담 이전에 면담 일시와 장소, 주제를 정하는 면담 계획을 수립해야 하며, 면담 과정에서도 편안한 분위기를 조성하는 것이 중요하다. 성공적인 면담을 위해서는 다음과 같은 점을 고려해야 한다.

(3) 작품 수집

작품 수집이란 영유아의 작품(그림, 낙서, 이야기 꾸미기, 글씨 쓴 것, 동시 등) 뿐 아니라 교사가 여아유아의 말을 받아 적은 글과 같은 작품을 지속적이고 체계적인 방법으로 수집하여 영유아의 현재 언어 능력뿐 아니라 언어발달 과정을 이해하는 것을 의미한다. 작품 수집의 주요 절차는 다음과 같다.

첫째, 작품 수집을 위한 기준을 정한다.

둘째, 영유아들의 자발적인 작품 수집을 중요시한다.

셋째, 작품의 이름, 날짜, 당시 상황과 같은 일반적인 내용을 기록해 두며, 작품 샘플에 대한 영유아와 교사의 의견을 함께 기록한다.

(4) 포트폴리오 평가

포트폴리오는 거의 대부분의 대안 평가체계의 일부이며, 교육의 모든 수준에 있는 교사와 아동 그리고 부모에게 잘 알려져 있다. 포트폴리오는 폭넓은 흥미를 끌면서 다양하게 개발되어 여러 곳에서 사용되고 있다. 포트폴리오는 시간의 경과에 따라 아동의 발달이나 학습과 관련된 기록 및 작업한 것을 조직적 · 유목적적으로 정리한 것이다. 즉, 영유아의 다양한 활동을 통하여 나온 결과물을 수집하고, 유아들의 결과물을 근거로 평가하는 수행평가의 한 형태다.

진정한 의미의 포트폴리오 평가는 단순한 작품 수집 차원을 넘어서 작품샘플을 선정하는 과정과 이런 선정과정에 뿐만 아니라 평가에는 교사뿐 아니라 영유아, 또래, 가족 등을 참여시켜 작품에 대한 의견을 첨부하고, 이를 심화학습의 자료로 활용하는 것이다. 포트폴리오가 유아의 언어 학습에 도움이 되는 평가 도구로서 기능하기 위해서 다음과 같은 요소들이 갖추어져야 한다(황해익 외, 2001).

첫째, 일정 기간 동안 목적을 가지고 체계적으로 모아 놓은 유아의 언어활동 관련 작품이 있어야 한다. 일회적 작품 수집이 아니라 유아의 성장과 발달을 반영할 수 있는 일정 기간에 걸친 유아의 작품이 포함되는 것이 중요하다.

둘째, 유아의 작품이나 활동에 대한 교사의 의견이 포함되어야 한다. 유아의 작품이 이전과 비교하여 달라진 점, 작품 활동을 할 때의 특이한 점 등에 대해 기록해 두어야 한다. 교사의 맥락이 있는 평가 기록이 유아의 작품에 함께 첨가될 때 의미 있는 참 평가도구가 될 수 있다.

셋째, 유아의 언어 행동에 대한 관찰 결과가 포함되어야 한다. 관찰기록은 유아의 독특한 흥미, 장점 및 요구를 잘 나타내 주기 때문이다.

넷째, 교사 자신이 포트폴리오의 목적과 활용방법에 대해 잘 이해하고 있어야 한다. 포트폴리오 자료를 자신의 교수활동을 계획하고 수정하는 데 활용할 수 있어야 한다.

포트폴리오 평가를 위한 절차는 유아들의 발달 상황과 학습활동을 더욱 효과적으로 이끌어 가기 위해 다음과 같은 10단계 과정을 실행하도록 고안되어 있다 (Shores & Grace, 1998).

① 포트폴리오 계획 세우기
② 유아의 작품 샘플을 수집하기
③ 사진 찍기
④ 학습활동을 기록한 내용을 주제로 협의회 열기
⑤ 유아 면접하기
⑥ 체계적으로 기록하기
⑦ 일화기록하기
⑧ 서술식 보고서 준비하기
⑨ 영유아와 교사 그리고 부모가 함께 포트폴리오 회의하기
⑩ 연계할 포트폴리오 준비하기

참고 문헌

고문숙 외(2014). **영유아를 위한 언어지도.** 경기: 양서원

교육과학기술부 · 보건복지부(2013). **3-5세 연령별 누리과정 교사용 지침서.**

교육과학기술부 · 보건복지부(2013). **3-5세 연령별 누리과정 해설서.**

교육과학기술부 · 보건복지부(2013). **3세 누리과정에 기초한 어린이집 프로그램.**

교육과학기술부 · 보건복지부(2013). **4세 누리과정에 기초한 어린이집 프로그램.**

김은심 외(2013). **영유아 언어교육의 이론과 실제.** 경기: 정민사.

보건복지부(2012). **5세 누리과정에 기초한 어린이집 프로그램.**

성미영 · 권윤정 · 유주연(2012). **영유아 언어지도.** 서울: 학지사.

이차숙(2009). **유아언어교육의 이론과 실제.** 서울: 학지사.

한유미 외(2013). **영유아 언어교육의 이해.** 서울: 학지사.

홍혜경 · 김명화 · 김정아 · 김세루(2013). **영유아 언어교육 이론과 실제.** 서울: 학지사.

인터넷 출처

http://www.chosun.ac.kr/~hskang/class

http://blog.naver.com/PostView.nhn?blogId=leechasuk&logNo=40117168558

제 10 장

언어장애아의 지도

1. 언어장애의 분류 및 정의
2. 언어장애의 분류 기준
3. 언어장애의 치료 및 교육

사례

태희는 현재 5세 여아다. 어린이집에서 실시한 발달평가에서 발달장애라는 진단을 받고 의뢰된 경우로 첫인상은 웃으면 반달눈이 되고 선뜻 손부터 잡고 인사도 아주 잘하는 귀여운 모습이었다. 하지만 "안녕하세요" 라는 인사말부터 도통 알아들을 수 없는 발음이었다. 대충 배꼽인사와 함께 말을 했으니 "안녕하세요"란 의미인지 아는 것인지 발음만으로는 알아 듣기 어려웠다. 일단 발달평가를 다시금 실시했고 그 결과 대근육, 소근육발달도 또래보다 1년 이상 지체되고 특히 언어는 또래보다 2년 정도 지체되었으며 이전에 큰 상처를 받은 기억이 있는지 자발적인 표현자체가 부족하고 말수도 적었다. 표현된 언어의 발음은 연구개음인 ㄱ계열부터 오조음이 나타났다. 2녀 중 막내여서 양육에 대한 자극이 부족했고 부모 모두 최고 대학을 나온 엘리트로 금융권에 근무 중이며 종일 아이양육을 전담하는 베이비시터가 어린이집 하원 후부터 근무 중이라고 하였다. 태희는 표현의 제한으로 신경질이 많았고 조작을 두려워해서 쉽게 포기를 하고 도전적인 과제에는 냉담했다(잔트만아동청소년상담센터 월례사례보고회, 2014).

유아의 언어는 많은 발달적 정보를 제공해 주는 신호가 된다. 발달이 잘 진행되고 있는지 가늠할 수 있는 통로가 되기도 하고 다른 발달에 미치는 영향도 크다. 현재 언어장애에 대한 치료는 의사소통장애에 대한 접근으로 대체되고 있다. 의사소통이란 사람들 사이의 생각이나 감정, 정보를 교환하는 것으로 이런 교환에 장애가 있는 것을 의사소통장애라고 한다. 의사소통장애는 말장애와 언어장애를 통칭해서 부르는 것으로서, 여기서는 말장애와 언어장애의 분류 및 정의, 특성 그리고 통합교육을 위한 교육적 접근에 대해 살펴볼 것이다.

1. 언어장애의 분류 및 정의

언어장애란 언어발달의 이상이나 지체를 의미하는 의사소통장애의 한 유형이다. 호흡, 발성, 조음 등의 기관의 이상으로 발생하는 말장애와 구별된다. 언어의 구성요소는 형태, 내용, 사용 등으로 구별할 수 있는데 이들 구성요소에 어려움을 겪는다.

Van Riper(1973)는 언어장애를 말씨가 보통사람과 현저하게 달라서 듣는 사람이 그 말씨 자체에 주위가 끌려 의사소통에 방해가 되거나 또는 그런 말씨를 쓰는 사람에게 부적응을 일으키는 경우 말은 장애를 입고 있다고 설명하고 있다(황성원 외 4인, 2010).

미국 장애인교육진흥법(IDEA, 2004)에 의하면, 의사소통장애란 언어 또는 비언어적 형태의 정보를 교환하는데 장애가 있는 것이다. 의사소통장애에는 말장애, 언어장애로 나눌 수 있다(이미숙 외, 2013). 교육적 성취에 부정적인 영향을 미치는 말더듬, 조음장애, 언어장애, 음성장애 등과 같은 것을 의사소통장애라고 한다(이소현 · 박은혜, 2012).

장애인 등에 대한 특수교육법(2007)에 따르면, 의사소통장애를 지닌 특수교육대상자, 다음 각 항목의 어느 하나에 해당하는 특별한 교육적 조치가 필요한 사람을 의미한다.

① 언어의 수용 및 표현 능력이 인지능력에 비하여 현저하게 부족한 사람
② 조음능력이 현저히 부족하여 의사소통이 어려운 사람
③ 말 유창성이 현저히 부족하여 의사소통이 어려운 사람(이미숙 외, 2013)
④ 기능적 음성장애가 있어 의사소통이 어려운 사람(이소현 · 박은혜, 2012)

위에 제시된 두 가지 정의에 포함된 하위 장애에 대한 구체적인 정의를 미국말-청각협회(1993)에서는 정의하고 있다.

의사소통장애는 개념이나 구어, 비구어 및 그래픽 상징체계를 수용하고 전달하고 처리하는 능력에 있어서의 손상을 의미한다. 의사소통장애는 청각, 언어, 또는 말의 처리과정에서 분명하게 나타날 수도 있다. 의사소통장애는 경도에서 최중도에 이르는 범위를 보이며 발달적 혹은 후천적으로 나타난다. 한 가지 이상의 의사소통장애가 혼합적으로 나타나기도 한다. 의사소통장애는 주장애로 또는 기타 장애의 2차적인 장애로 나타날 수 있다.

① 말장애란 말소리의 발성, 흐름, 음성에 있어서의 손상을 의미한다. 발동부(공기가 움직이게 하는 곳으로 일반적으로는 폐, 후두, 구강의 안쪽 부분), 발성부(후두와 성대), 발음부의 기관 손상이나 잘못으로 인한 의사소통장애의 일종이다. 말소리를 산출하거나(조음장애), 말의 흐름과 관련하거나(유창성장애), 목소리를 조절하는(음성장애) 등의 장애가 있다. 구어장애라고도 불린다(이소연 · 박은혜, 2012; 이미숙 외, 2013).

② 언어장애는 말, 문자, 기타 상징체계의 이해 및 활용에 있어서의 손상을 의미한다. 언어장애는 언어의 형태(음운론, 형태론, 구문론), 언어의 내용(의미론), 언어의 의사소통 기능(화용론)에 있어서의 손상을 포함한다(이소연 · 박은혜, 2012). 교사는 특히 언어의 의사소통 기능 향상에 주안점을 두고 교육을 진행하는 것이 적절하다.

2. 언어장애의 분류 기준

유아의 연령에 따른 신체운동, 인지언어, 사회정서 등의 발달의 각 영역에 대한 특성을 구체적으로 이해하고 발달을 돕기 위해 어떤 환경적 자극을 제공해 주어야 할지를 명확하게 파악해 한다. 또한 교사는 영유아가 보이는 발달의 보편성에 대한 지식을 가지고 있어야 하며 이는 특별한 요구를 필요로 하는 대상을 선별하고 적절한 도움을 제공할 수 있는 근거가 되기도 한다. 다음은 영유아의 언어적 발달에 대한 보편적 기준이다.

표 10-1 골드버그의 언어발달이정표

연 령	언 어
0–3개월	1. 좋으면 소리를 내어 반응함 2. 소리를 들으면 말소리를 내어 반응함 3. 미소짓기 4. 좋으면 까르르 소리를 내며 반응함 5. 두서없이 모음과 비슷한 소리내기(ㅏ, ㅓ, ㅗ, ㅜ) 6. 큰 소리에 말소리를 내어 반응함
3–6개월	7. 사람 말소리에 같이 말소리를 내어 반응함 8. 음성에 변화를 주면 말소리를 내어 반응함 9. 얼굴 표정에 말소리를 내어 반응함 10. 친숙한 사물의 이름을 인식함 11. 사람의 이름을 인식함 12. 옹알이하기 13. 소리 흉내내기 14. 장난감이나 거울을 보고 소리내기
6–12개월	15. 리듬에 말소리를 내어 반응함 16. 단어와 비슷한 소리내기 17. '엄마', '아빠' 비슷한 소리내기 18. 혼자 있을 때 장난스러운 소리내기 19. 간단한 소리나 운율을 즐김 20. "안돼" 또는 "앉아"와 같은 한 개 혹은 두 개의 단어를 이해하거나 반응함
1–1.5세	21. 약10개 정도의 단어를 사용함 22. 말을 흉내내기 23. 억양을 사용하여 말하기 24. 단어 하나를 사용하여 요청하기 25. 얼굴 한 부분과 몸의 부분 몇 개를 알기 26. 간단한 지시에 따르기 27. 두 개의 단어를 사용하여 말하기
1.5–2세	28. 문장 형태의 말을 흉내내기 29. 자기 이름을 말할 줄 알고 자기를 '나'라는 대명사로 표현하기 30. 50–300개 단어를 인식하기 31. 얼굴의 각 부분을 인식하기 32. 옷의 각 부분의 이름을 알기 33. 보다 복잡한 지시에 따르기

연 령	언 어
2–3세	34. 복수형 단어 사용하기 35. 도움 요청하기 : “주스 먹고 싶어요” 36. 물건의 기능을 설명할 줄 알기 37. 크기, 모양, 색깔로 물건이 분류되는 것을 알기 38. 그림 속에 사물 이름 대기 39. 복잡한 지시에 따르기 40. ‘무엇’, ‘어디’, ‘언제’를 사용하여 질문하기 41. 3–4개의 단어로 이루어진 문장 사용하기
3–4세	42. 성과 이름 말하기 43. 유아원에서 배운 노래, 동시 외우기 44. ‘텅빈’과 ‘꽉찬’ 같은 비교 단어 사용하기 45. 간단한 문장으로 이야기하기 46. 기본적인 정보 이해하기
4–5세	47. ‘왜’, ‘어떻게’를 사용하여 질문하기 48. 하루 일과에 관해 이야기하기를 좋아함 49. 몸의 거의 모든 부분의 이름 대기 50. 그림 이야기를 순서대로 맞추기 51. ‘그의’, ‘그녀의’, ‘우리의’과 같은 소유격 대명사를 사용하기 52. 기본적인 언어적 정보를 이해하기 53. 읽기 기술이 시작됨 54. 보다 발전된 이해력을 보임

출처 : 한국보육진흥원, 2010.

교사가 만나게 되는 모든 유아는 말/언어능력에 있어서 일반적으로 다음과 같은 네 가지 유형으로 나누어진다.

① 앞으로의 교육적, 사회적 필요를 충족시키기 위한 적절한 말/언어를 지닌 유아

② 잘못된 말이나 언어 기술을 보이지만 발달함에 따라 점차 교정되는 유아

③ 언어적 자극이 필요한 유아

④ 언어병리학적인 치료에 따라 점차 교정되는 유아

특히 ③과 ④의 유아는 교사와 언어치료사의 협력적인 접근을 통한 효율적인 언어교육을 필요로 하는 유아이다(이소현 · 박은혜, 2012).

3. 언어장애의 치료 및 교육

1) 언어치료의 목적

언어치료의 목적은 광의적 의미로는 언어를 적절히 이해하고 사용하기 위해서이고 현재와 미래에 연령에 상응한 언어구사이다. 이를 위해 특히 강조되는 핵심단어는 '자연적'이다. 자연적 치료 절차는 고안된 것보다 자연스럽게 훈련 기회를 주는 것을 의미한다. 이것은 의사소통기능과 대화기술에 보다 많은 관심을 준다. 의사소통 상호작용을 통하여 구어 기능의 확장에 초점을 둠으로써 고도로 구조화된 과업 체제에 전적으로 의존하는 것이 지양될 수 있다. 표적반응은 의사소통 상황에서 가르치며 일반화의 가능성을 증가시키기 위한 활동으로 계속한다.

2) 언어치료의 방법

언어발달장애는 동연령의 아동과 비교해서 언어의 이해력 또는 표현력 내지는 그 양면에서 열등한 경우다. 유아기에서 볼 수 있는 언어발달지체의 구체적 증상은 다음과 같다.

- 말을 들을 수 없다.
- 말을 알아듣지 못한다.
- 어휘의 수가 적다.
- 말이 연결되지 않는다.
- 언제까지나 아기말로 말한다.
- 바르게 발음할 수 없는 음이 많다.

- 말수가 적다.
- 말하려고 하지 않는다.
- 사람 앞에서는 말할 수 없다.
- 말이 불명료하다.
- 유치한 어린아이의 말투에서 벗어나지 못하고 그 이상 진전이 없다.
- 조사의 사용과 용언의 활용 능력이 부족하다 등이다(황성원 외, 2010)

구체적인 장애별 지도법은 다음과 같다.

(1) 조음장애

조음장애란 조음기관(혀, 이, 입술, 구개, 턱)이 그 위치 혹은 조음점이 바뀜으로써 후두에서 공기의 흐름이 가감되어 틀리게 발음이 되는 것으로 여기에는 크게 생략, 대치, 첨가, 왜곡 현상이 있다(이경화 외, 2005). 생략은 단어를 발음할 때 그 일부만을 발음하는 것이며, 대치는 '곰'을 '돔'으로, 즉 'ㄱ' 계열을 모두 'ㄷ' 계열로 말소리를 바꾸어 발음하는 경우 등이 그 예가 되겠다. 왜곡은 말소리가 받아들여지는 것과 비슷하나 정확하지 않은 것이며, 첨가는 필요 없는 말소리가 추가되는 것이다(황성원 외, 2010). 말소리 산출의 어려움, 실수의 빈도, 유형, 일관성, 연령, 발달특성, 말의 이해 가능성을 고려하여 조음장애 여부를 판단해야 한다. 부모나 교사는 잘못된 발음을 지적하고 즉시 교정을 요구하지 말고 치료사의 조언을 따라야 하며 정확한 진단이 필수적으로 선행되어야 한다.

(2) 유창성 장애

유창성 장애에는 말더듬과 수다증 혹은 말빠름증이 있다. 심리적인 영향을 가장 많이 받는 장애가 말더듬이며, 보통 유아가 말하기를 시작하는 생후 2-5세 사이에 나타나기 시작한다. 이 시기는 언어습득이 현저하게 발달하는 언어발달의 민감기로 언어발달의 미숙으로 인해 언어의 단절이나 반복이 많이 나타나게 된다. 말더듬의 현상으로는 첫음이 완전히 막히는 것, 낱말의 반복과 첫음의 막힘, 후음에 다른 말이 말하기 전에 막힘, 첫음 또는 음절의 되출이와 첫음을 길게 끄는 것(연장), 아---, 에---를 반복하는 것, 말하기 전에 막힘 등이 있다. 심리적인 이유인 경우와 발달적인 자연스런 현상인지 여부에 대한 판단이 필요하다. 심리적인 이유라면 부모나 교사는 유아가 말을 더듬거나 해도 중간에 차단하거나 거들지 말고 끝까지 들어주어야 하며 말할 수 있는 기회를 자주 만들어 주어야 한다. 최대한 자연스럽게 행동하는 것이 필요하다. 긴장도가 높을수록 말더듬은 강화되기 때문이다(이경화 외 5인, 2005). 2-4세 아동 중 80%가 말을 더듬지만 대부분 회복된다. 정신분석이론에서는 정서적 갈등으로 인한 것으로 보며, 진단적 이론에서는 부모의 말더듬에 대한 지나친 지각 때문으로 본다. 기질론에서는 청각조직의 결함이 원인이라고 보며, 학습이론에서는 부적 감정에 대한 회피, 두려움의 극복형태로 본다(황성원 외, 2010).

(3) 언어발달지체

생물학적 연령에 기대되는 수준까지 언어발달이 정상적으로 이루어지지 않고 의사소통에 지장을 가져오고 있는 상태를 말한다. 동일 연령 대비 발달기준에서 6개월 혹은 1년 이상 지체되고 있는 경우다. 말을 전혀 못하거나 말수가 적거나 문장의 구조가 불확실하거나 대화가 안 되는 문제 등이 나타난다. 정상적인 언어발달에는 중추신경계의 통합, 적절한 지적 기능, 여러 가지 감각 경로의 정상적인 기능, 순조로운, 정서의 발달, 환경으로부터의 풍부한 언어 자극, 그리고 신체의 성숙 등의 기반이 필요한데 언어발달지체는 이 과정의 발달이 일시적 또는 영구적으로 지체되는 것이다. 다른 장애 예를 들면, 자폐증, 지적장애, 청각장애 외성마비, 정신과적 질환 등이 일차적인 원인으로 인해 동반된 언어발달지체인지 식별하여 적절한 지도가 이루어져야 한다.

3) 가정 및 유치원에서의 지도상의 배려

(1) 가정에서의 지도

부모가 가정에서 언어장애 유아를 지도하게 되면 자녀에 대한 높은 기대와 무리한 요구로 오히려 장애를 심화시킬 수 있다. 언어장애의 치료는 전문적인 영역이므로 언어 치료사에게 의뢰하여 장애의 심화를 막고 전문적인 치료를 우선적으로 받도록 해야 한다. 그러나 가정과 치료사의 협력은 유아의 언어 능력을 개발하는데 효과적인 것이 사실이다. 언어장애 유아의 가정지도를 위해서 고려해야 할 주의사항은 다음과 같다.

1 심리적으로 안정되어야 한다.

언어는 심리적인 면과 밀접한 관계가 있다. 가정 내의 심리적 환경에 따라 큰 영향을 받으므로 온화한 가정의 분위기 조성을 위해 노력해야 한다.

2 여러 측면에서 조화로운 발달을 촉진시켜야 한다.

유아의 언어 이외의 여러 가지 능력의 발달에 관심을 가져야 한다. 언어는 다른 면의 발달에 기초가 되어 신장되는 것이므로 건강증진, 신체운동 기능발달, 정서 및 사회성의 발달 등 여러 가지 능력을 촉진하도록 항상 배려해야 한다.

3 언어장애에 대한 정확한 지식을 가져야 한다.

부모는 유아의 현실을 정확히 이해하고 언어장애를 냉정히 받아들여 장애 유아에게 힘이 되어 주어야 한다.

4 언어 환경을 정비하여야 한다.

일반적으로 대중 앞에서 언어 표현을 할 때 긴장되어 말이 잘 나오지 않는 경우가 많다. 따라서 이런 경험을 하지 않도록 부모는 수용적인 태도로 언어장애 유아의 말을 잘 들어주어야 한다. 또한 유아에게 말을 많이 하도록 적절한 자극을 주는 것도 중요하다. 이와 같은 언어 환경으로 가장 좋은 장면은 놀이이다. 유아는 즐거운 놀이를 통하야 자연스럽게 좋은 발성을 할 수 있다.

5 언어치료사와 가정의 협력체제가 필요하다.

언어치료사와 가정이 서로 같은 목표를 가지고 협력체제가 이루어지면 유아에 대한 지시나 태도 등에 혼란이 생기지 않고 치료의 효과를 최대화할 수 있다. 그러므로 유아의 치료 과정과 병행하여 부모의 면접과 지도를 수시로 행하는 것이 유아의 언어치료에 유효하다.

(2) 유치원에서의 지도

언어장애 유아의 치료에 있어서 유치원과 협력 체제의 유지는 중요한 문제이다. 유치원에서 언어장애 유아를 위해 특히 고려할 점은 다음과 같다.

1 유아가 부모와 좋은 인간관계를 갖게 한다.

언어장애 유아가 있으면 유아 자신뿐만 아니라 부모도 신경질적으로 되는 경우가 많다. 말하는 것은 인간의 여러 가지 활동에 크게 관여하고 있으므로 단순한 언어장애 이외의 2차적인 여러 가지 문제를 일으킨다. 특히 심리적인 면에 큰 영향을 준다. 불안정한 심리 상태의 유아와 부모 사이에 교사가 신뢰할 수 있는 인간관계를 형성시키면 유아에게 좋은 영향을 미칠 수 있다.

2 언어장애에 관한 지식을 습득한다.

언어장애 유아의 원인과 실태에 대한 지식을 습득함으로써 올바른 대처방안을 세우고 유아를 지도하는데 도움이 된다.

3 교육집단 내에서 지도해야 한다.

언어장애는 유아를 집단에서 볼 경우에는 빠뜨리게 되는 경우가 많다. 장애의 형태와 치료의 진행 상태에 따라 배려하여야 한다. 특히 언어장애로 인해 집단 내에서 소외되지 않고 잘 적응하도록 지도하는 것이 중요하다.

4 언어치료사와 협력해야 한다.

유아교육의 전문가라 할지라도 언어장애에 대해서는 전문가가 아니므로 언어치료사의 의견을 존중하는 태도가 필요하다. 의문점은 항상 확인하고 교육현장에서의 의견을 적극적으로 제시하며 조기에 치료사의 진단과 치료를 받을 수 있도록 배려하여야 한다(박화문 외, 2001).

(3) 언어활동에의 참여기회의 제공

장애유아들이 풍부한 언어활동에 참여하도록 격려한다. 장애가 있는 유아들은 또래들과의 상호작용을 가질 기회가 적다. 따라서 그들은 대화기술의 부족을 경험하게 된다. 장애가 있는 유아들의 대화기술을 촉진시키기 위해 인형을 이용하여 말하도록 유도하거나 극놀이에 참여하도록 격려한다.

극놀이에 적극적으로 참여하기 위해서 미리 유아가 놀이영역을 둘러보고 그 영역들에 익숙하도록 한다. 충분히 영역들을 탐구할 시간을 주고 각 유아들이 놀이에서 맡을 역할들을 담당하여 지도하게 한다. 일반 유아들에게 장애유아가 지닌 어려움을 소개하고 함께 놀이하며 도움이 필요한 경우 도움을 제공할 수 있도록 장애체험활동을 계획해 본다.

1 장애유아의 반응격려

장애유아들이 다른 아동들에게 반응하도록 격려한다.

2 언어모델의 제공

교사는 장애유아의 모델이 되어야 한다. 교사는 장애유아들을 관찰하고 그들과 상호작용하면서 유아의 행동을 자연스럽게 묘사하고 서술해 준다. "너는 모래를 파고 있구나". "모래 구멍 안에 있는 건 손이구나" 같은 교사의 서술은 유아의 행동을 묘사해 주고 행동의 의미를 알게 한다. 또한 교사 자신의 하는 행동도 자연스럽게 이야기해 준다. 예를 들면, 유아의 지퍼를 채우면서 "지퍼를 이렇게 양손으로 잡고 길이를 맞추고 있어". "왼손으로 잡고 오른손으로 지퍼를 올리는 거야."

3 단어학습을 위한 경험의 제공

단어의 수를 늘려갈 수 있도록 사물 개념을 위한 단어들을 학습하도록 구체적이고 실질적인 경험을 제공한다. 예를 들면, 간식 시간이 끝난 후 정리하면서 "치우다"를 간식먹기 전 손씻기를 하면서 깨끗하다" 혹은 "닦다"라는 단어를 알려주면 훨씬 쉽게 단어의 의미를 이해할 수 있다. 이때 반복된 일상 경험과 매치하면 빨리 습득가능하다.

4 흥미로운 언어활동의 제공

언어사용에 흥미와 즐거움을 줄 수 있는 이야기, 노래, 손유희 등을 사용한다. 특히 책이나 동시 이야기, 노래 등에서 반복되는 재미난 구절은 장애유아에게 언어의 리듬패턴을 인식하도록 돕는다.

5 언어사용 기회의 제공

장애유아들이 배운 언어를 적용하고 사용할 상황을 제공해 준다. 예를 들면 실외놀이 시간에 공놀이를 하면서 장애유아가 "공놀이 하자"라고 말했다면 "나는 너랑 공놀이 하고 싶어"라는 식으로 말을 확장시킬 것을 격려한다.

6 다양한 언어의 소개

일반 유아들에게 언어에는 다양한 종류가 있다는 것을 이해하도록 돕는다. 우리 한글 외에 영어, 일본어, 중국어 등과 같은 외국어도 있고 수화와 점자도 있다는 것을 소개한다(강성화 · 김경회, 2008)

참고 문헌

강문희 · 이혜상(2008). **아동문학교육**. 서울: 학지사.

강성화 · 김경희(2008). **영유아를 위한 언어지도**. 서울: 동문사.

이경화 · 조순옥 · 김정의 · 심은희 · 이연규 · 이문정(2005). **유아언어교육**. 서울: 창지사.

이소현 · 박은혜(2012). **특수아동교육**. 서울: 학지사.

잔트만아동청소년상담센터(2014). 잔트만아동청소년상담센터 월례사례보고서.

한국보육진흥원(2010). 1급승급교육 자료집.

황성원 · 김경희 · 오승아 · 조현주, 권정임(2010). **아동심리 및 상담**. 서울: 창지사.

저자 소개

✍ 김숙이

박사: 미국 University of Massachusetts at Amherst 대학원
석사: University of Massachusetts at Amherst 대학원
학사: Oklahoma City University
대표논문: The Effects of Storytelling and Pretend Play on Cognitive Processes, Short-term and Long-term Narrative Recall
현재, 호원대학교 유아교육과 교수

✍ 김연진

박사: 숙명여자대학교 대학원
석사: 숙명여자대학교 대학원
학사: 숙명여자대학교
대표논문: 탁아 프로그램의 질에 영향을 미치는 원장 및 교사변인
현재, 상지영서대학교 유아교육과 교수

✍ 유준호

박사: 이화여자대학교 대학원
석사: 이화여자대학교 대학원
학사: 이화여자대학교
대표논문: 만 4,5세 혼합연령 종일반 유아들의 관계형성에서 나타나는 특성에 관한 문화 기술적 연구
현재, 을지대학교 유아교육학과 부교수

✍ 전정민

박사: 성균관대학교 대학원
석사: 성균관대학교 대학원
학사: 성균관대학교
대표논문: 가상놀이 집단과 가상놀이 및 이야기구술 연계 집단 간 유아들의 기억능력 및 표상능력의 차이에 관한 연구
현재, 한국복지사이버대학 아동복지학과 조교수

오승아

박사: 성균관대학교 대학원

석사: 성균관대학교 대학원

학사: 성균관대학교

대표논문: The Influence of Personal and Socio-environmental factors on Juvenile Delinquency in Korea

현재, 경동대학교 유아교육과 조교수

성숙향

석사: 명지대학교 대학원

학사: 한국방송통신대학교

대표논문: 동화의 그림책 변용양상에 관한 연구

현재, 인천재능대학 외래교수

유아언어지도

Sykim
2017. 3.

초판발행 2015년 8월 30일
3판발행 2017년 3월 5일

저 자 김숙이 · 김연진 · 유준호 · 전정민 · 오승아 · 성숙향
발행인 김현태
발행처 태영출판사

주 소 (08301) 서울 구로구 구로동 104-10 동남오피스텔 201호
전 화 02 · 839-3757, 839-3752
팩 스 02 · 837-3754
등 록 2005년 5월 30일 제12-421호
홈페이지 http://www.taeyeongbook.co.kr
E-mail tys2005@hanmail.net
ISBN 978-89-6302-172-0 93370
정 가 18,000원

NAVER 태영출판사

* 잘못 만들어진 책은 교환해 드립니다.